AF833563

Annie Ernaux beyond Words

Chiasma

General Editor

Laurent Demanze (*Université Grenoble Alpes, France*)

Editorial Committee

Bruno Blanckeman (*Université Sorbonne Nouvelle, France*)
Martine Boyer-Weinmann (*Université Lumière Lyon 2, France*)
Michael Brophy (*University College Dublin, Ireland*)
Barbara Havercroft (*University of Toronto, Canada*)
Philippe Met (*University of Pennsylvania, USA*)
Isabelle Roussel-Gillet (*Université d'Artois, France*)
Dominique Viart (*Université Paris-Nanterre, France*)

Founding Editor

Michaël Bishop

Previous General Editor

Bruno Thibault

VOLUME 50

The titles published in this series are listed at *brill.com/chia*

Annie Ernaux beyond Words

Images and Scenes

Edited by

Michèle Bacholle
Jacqueline Dougherty

BRILL

ISSN 1380-7811
ISBN 978-90-04-76020-2
ISBN 978-90-04-76021-9 (PDF)
DOI https://doi.org/10.1163/9789004760219

Library of Congress Control Number: 2026942963

© 2026 Koninklijke Brill BV, Plantijnstraat 2, 2321 JC Leiden, The Netherlands

All rights reserved. No part of this publication may be reproduced, translated, stored in a retrieval system, or transmitted in any form or by any means, electronic, mechanical, photocopying, recording or otherwise, without prior written permission from the publisher. Text and datamining for commercial purposes requires the publisher's permission.

Brill and Koninklijke Brill BV are part of De Gruyter Brill.
www.degruyterbrill.com

Questions about General Product Safety Regulation: productsafety@degruyterbrill.com

Cover illustration: Cover drawing by Sienna Uliase (2025). Reproduced with kind permission.

Contents

List of Figures

Abbreviations

Les Armoires vides	AV
Ce qu'ils disent ou rien	CQD
La Femme gelée	FG
La Place	LP
Une femme	UF
Passion simple	PS
Journal du dehors	JD
La Honte	LH
«Je ne suis pas sortie de ma nuit»	JNSP
L'Événement	LE
La Vie extérieure	VE
Se perdre	SP
L'Occupation	LO
L'Usage de la photo	UP
L'Écriture comme un couteau	ECC
Les Années	LA
Écrire la vie	ELV
Le Vrai lieu	VL
L'Autre fille	AF
L'Atelier noir	AN
Mémoire de fille	MF
Regarde les lumières mon amour	RLL
Le Jeune homme	JH
Les Années Super	AS8
Retour à Yvetot	RY
Simple Passion	SP
Getting Lost	GL
The Use of Photography	UP
A Girl's Story	GS
The Years	TY

Notes on Contributors

Michèle BACHOLLE
is CSU Professor of French Studies at Eastern Connecticut State University (USA). Her research primarily focuses on contemporary women writers and film directors, most notably Céline Sciamma, Julia Ducournau, Linda Lê and Annie Ernaux – *Annie Ernaux. De la perte au corps glorieux*, Presses Universitaires de Rennes, 2011, in addition to more than 30 articles and edited book contributions. She published two articles on Ernaux as ph-auto-biographer in *Women in French Studies* (2013, 2014). Her most recent article on Ernaux is "Annie Ernaux: Une autre 'idée de la France'" (*The French Review*, 2025). Her book, *Violence and Rebellion in Contemporary French Women's Autofiction: We stand up and we split*, which features one chapter on Ernaux's *Mémoire de fille*, appeared in 2026 at Bloomsbury. Together with Jacqueline Dougherty, she is the co-founder of the first book series on Ernaux, *Annie Ernaux International Studies* (de Gruyter).

Stéphanie BOULARD
est professeure de littérature et arts visuels à Georgia Tech (Atlanta, États-Unis). Sa recherche porte sur la création littéraire et la relation texte-image du XIXe siècle au contemporain. Son dernier livre *Hugographies: Rêveries de Victor Hugo sur les lettres de l'alphabet*, co-écrit avec Pierre Georgel, est paru aux Éditions Hermann en 2022.

Jacques DEMANGE
est docteur en études cinématographiques et chargé de cours à l'Université Toulouse-Jean Jaurès et en classes préparatoires (Ciné-Prépa). Spécialiste du jeu et des représentations de l'acteur de cinéma, il consacre ses recherches aux rapports entre cinéma, littérature et arts visuels, mais également à l'évolution des technologies du numérique au cinéma. Collaborateur à la revue *Positif*, essayiste, il a publié plusieurs ouvrages sur des actrices (*Natalie Portman. Dualité(s)*; *Kate Winslet, la discrète*), des acteurs (*Les Mille et un visages de Jim Carrey*; *Leonardo DiCaprio, un acteur américain*; *L'Amérique de Robert Redford* et *Joaquin Phoenix, reflet(s) dans le miroir*) et des réalisateurs (*Michelangelo Antonioni, d'un regard à l'autre*; *Les Mauvais rêves de Wes Craven*; *James Gray. Au cœur de la lumière*). Il a également publié aux côtés de Michel Cieutat, Christophe Damour et Christian Viviani un ouvrage consacré à l'Actors Studio (*Actors Studio. Histoire et esthétique d'une Méthode, de Broadway à Hollywood*).

Jacqueline DOUGHERTY

holds a Ph.D. and is a Lecturer in Foreign Languages and Managing Editor for *French Forum* at the University of Pennsylvania (USA). She specializes in contemporary French literature, with a particular focus on Annie Ernaux. Her publications include "Errance identitaire et entre-deux chez Marguerite Duras et Annie Ernaux" (co-authored with Martine Antle) and "*L'Événement* from Page to Screen: Annie Ernaux, Audrey Diwan and the Subversion of Patriarchal Authority." In December 2022, she organized a university-wide roundtable discussion of Annie Ernaux's works during which she presented a talk titled "'La même fille scandaleuse': Annie Ernaux's Social, Cultural and Literary Transgression." Her recent international conference papers include "'Je suis entrée dans l'image et je crève': *Les Années Super 8* and the Emancipation of the Frozen Woman" at the 2024 International Colloquium of 20th and 21st-Century French and Francophone Studies and "Auto-photo-filmography: Annie Ernaux's Ekphrastic Intermediality" at the 2024 international conference "1974-2024: Annie Ernaux's Years – A Global Perspective" (Edinburgh and St. Andrews, UK). In 2025, she and Michèle Bacholle co-founded *Annie Ernaux International Studies* (de Gruyter), the first and, to date, only book series dedicated to Ernalian studies.

Sara DURANTINI

is an Italian writer and the author of the first Italian biography dedicated to Nobel Prize laureate Annie Ernaux (*Annie Ernaux. Ritratto di una vita*, deiMerangoli, 2022). She has published several works that blend autobiography, fiction, and essay, including *L'evento della scrittura* (2021), *La terra inesplorata delle donne* (2023), *Pampaluna* (winner of the Women's writing Prize "Il Paese delle Donne", 2024), *Ritorno in Pianura* (2024), and most recently *Questo mio corpo* (2025), a work that lies between memoir, novel, and essay, and is centered on the theme of sexual consent. She also collaborates with the French literary journal *Collateral revue*.

Delphine EDY

est spécialiste de théâtre contemporain, enseignante, critique et traductrice pour le théâtre. Docteure en littérature comparée et agrégée d'allemand, elle enseigne en classes préparatoires et à l'université de Strasbourg. Son livre *Thomas Ostermeier: explorer l'autre face du réel pour recréer l'œuvre en scène* est paru aux presses du réel en 2022. Elle a également co-dirigé avec A. Petitjean le numéro *Théâtre contemporain: Écritures et Représentations* (Pratiques, n°191-192, 2021) et consacré de nombreux articles au théâtre et à la littérature contemporaine au croisement des questions éthiques, esthétiques et politiques. Elle travaille actuellement à articuler les liens entre littérature, théâtre et sciences sociales et s'intéresse en particulier aux récits de vie.

Benoît MONGINOT
est titulaire d'un doctorat en littérature française (2012). *Ricercatore* de littérature française à l'Université de Turin (Italie) et professeur agrégé de Littérature (France), ses travaux portent sur la poésie française des XIXe et XXe siècles, la théorie littéraire, la relation entre philosophie et littérature, et les pratiques d'écriture créative. Il a récemment publié plusieurs articles sur Annie Ernaux: « La politisation de l'autobiographie dans *Les Années* d'Annie Ernaux » (*Rivista Allegoria*, n°87, Palermo 2023) et « Nous n'avons que des formules et elles ne sont pas à nous: devenir (des) formules dans *Les Années* d'Annie Ernaux » (La Littérature en formules. Fabula-LHT, n°30, Paris 2023). Sa communication au colloque international « 1974-2024: Annie Ernaux's Years – a Global Perspective » (Édimbourg, octobre 2024) paraîtra sous le titre « Representation of the Diary and Subjectivation Forms: Ernaux and the Beauvoirian Legacy » dans le premier volume de *Annie Ernaux International Studies*.

Justine MULLER
est actuellement doctorante en littérature française à l'Université catholique de Louvain (Belgique). Dans ses recherches qui portent principalement sur Annie Ernaux et Simone de Beauvoir, elle interroge les fondements existentiels et esthétiques de leur poétique, explorée à travers l'éclairage croisé des dynamiques de couples d'écrivains et des études intertextuelles. Elle a publié divers articles sur l'œuvre ernalienne, notamment dans les revues *Les Lettres romanes*, *Roman 20-50* ou encore *Nottingham French Studies*.

Jean-Baptiste RICHARD
est docteur en arts, diplômé de l'Université Polytechnique Hauts-de-France. Il enseigne l'analyse de spectacles en études théâtrales à l'Université de Lille et travaille sur les enjeux sociaux, cognitifs et esthétiques de l'activité spectatrice et sur les dramaturgies contemporaines – comme celle de Chloé Delaume – au tournant du vingt-et-unième siècle. Ses travaux de recherche portent notamment sur les évolutions récentes de la dramaturgie et sur l'impact des nouvelles esthétiques théâtrales sur les arts de la scène.

Isabelle ROUSSEL-GILLET
est professeure des Universités. Elle accompagne les projets muséographiques du Master expographie-muséographie de l'Université d'Artois. Elle est l'auteure d'essais littéraires (JMG Le Clézio, Annie Ernaux), du catalogue réunissant les

livres d'artistes réalisés avec Michel Butor (Fondation Martin Bodmer, Genève), d'écrits enthousiastes grâce à des peintres (Marie Morel, Mylène Besson). Elle a *Le Goût des musées* (Petit Mercure de France avec S. Chaumier), ce dont témoignent *Les Visiteuses* (Éditions invenit, 2023), ou *Le Tour des abandons. Une nuit au MuFIm* (2024) avec Colette Nys-Mazure. Elle a accompagné la conception de l'exposition *Annie Ernaux, une lutte des places*, inaugurée à Arras, le 26 mars 2025.

Ritika SHAH
is a Delhi-based researcher and writer. She holds an MSc in Theoretical Psychoanalysis from University College London and an undergraduate degree in Economics from University of Delhi. Her research interests lie at the intersection of psychoanalysis and philosophy, with a particular focus on postcoloniality and feminism. She is currently writing a monograph on the director Nicolas Roeg. Previously she was a researcher at Queen Mary University of London and at Indian think tanks. She has written for *The Print*, *Mint*, *Hindustan Times*, and the *Journal of Indian Law and Society*, among others.

Tommaso TESTOLIN
est actuellement doctorant en littérature française à l'Università degli Studi di Padova (Italie), en cotutelle avec l'École des Hautes Études en Sciences Sociales (France), sous la direction de Marika Piva et Sabina Loriga. Son projet, situé à l'intersection de l'histoire, de la philosophie et de la littérature, vise à étudier les phénomènes temporels dans l'œuvre littéraire et philosophique de Jean-Paul Sartre.

Lyn THOMAS
is a writer and Professor Emerita of Cultural Studies at Sussex University (UK). At Sussex she is the founding Editor of Life Writing Projects for the Centre for Life History and Life Writing Research: http://reframe.sussex.ac.uk/lifewritingprojects/. She has published widely on Annie Ernaux, including two books: *Annie Ernaux, an introduction to the writer and her audience* (Berg, 1999) and *Annie Ernaux, à la première personne* (Stock, 2005) and numerous chapters and articles. She has also published on feminist fan cultures, "suspect communities" in Britain, and religion and media. Her creative writing includes a memoir *Clothes Pegs: A Woman's Life in 30 Outfits* at http://www.clothespegs.net/.

Jing WANG
est doctorante en cotutelle entre l'Université Normale de Chine du Sud (Guangzhou) et l'École Normale Supérieure – PSL (Paris) et affiliée à l'Insti-

tut des textes et manuscrits modernes (ITEM/ENS-CNRS). Ses travaux portent sur les écritures contemporaines à dimension sociologique et engagée (Annie Ernaux, Didier Éribon, Han Kang), dont deux articles consacrés à Annie Ernaux. Elle les aborde à travers la génétique textuelle, l'anthropologie littéraire et les transferts intermédiaux vers le cinéma. En croisant l'analyse des avant-textes et la sociologie des écritures, elle explore la mise en corps du réel dans les manuscrits préparatoires et leur circulation médiatique. Elle a présenté ses recherches au XIIe Congrès annuel de Philosophie Française en Chine (Université Renmin, 2023) et au symposium « Réflexions sur la théorie critique occidentale au XXe siècle » (Université Sun Yat-sen, 2024).

Introduction

Michèle Bacholle and Jacqueline Dougherty

Nothing predestined the little girl born 1 September 1940 in a family of farm day workers, *tisserandes*, factory workers, and shopkeepers to enter the Stockholm Konserthuset one 2022 winter day and receive from the hands of king Carl XVI Gustav the Nobel prize in literature. One can imagine that there is no sweeter revenge than to stand in front of a roomful of dignitaries and deliver a speech entitled *i will write to avenge my people*,[1] the "petites gens." One could say that writing came easily to Annie Duchesne—Ernaux's maiden name—but as a child who would eventually become a "transfuge de classe" (class defector), she first had to learn to use "proper" French, as *La Place* shows.[2] Even though she stated in 1999 that there was no sign of a literary "vocation" in her childhood and adolescence, Annie Ernaux mentions two short stories written around age 9–10—one clearly a piece of fiction, the other one maybe autofictional, i.e., with a little girl who must be saved from the "écroulement d'une meule de foin" ("Vocation?" 21), maybe the way to process the news of the existence (and death) of an older sister, Ginette, recounted in *L'Autre fille*—and the "beginning of a novel" written in 5ème (at age 13) entitled "Paris," reproduced in Annie Ernaux's *Cahier de l'Herne* and which transposes the encounter of a boy by Annie and her cousin.[3] An avid reader from a young age, Ernaux used the style(s) she read to nurture her own production, i.e., naturalist in the case of "Paris," a "novel" that, however, already bears the seeds of Ernaux's autofictional work. It is in 1960, outside London, where she had escaped the aftermath of the summer 1958 events,[4] that Annie Duchesne started writing her first (unpublished) novel,[5] felt the urge to write, and decided to dedicate her life to literature. Life got in the way—an illegal abortion, marriage and the birth of her son Éric in 1964, the birth of her son David in 1968, the everyday duties of a working wife and mother in patriarchal France, as *La Femme gelée*

1 The book's title appears in lower-case in the US edition (Seven Stories Press), as opposed to the UK (Fitzcarraldo).

2 The child, corrected by the teacher, corrects her father; Ernaux remembers language being a source of arguments, much more than money matters (LP 64). In *Les Armoires vides* already: "Tout consistait à passer tranquillement d'un monde à l'autre sans y penser. […] Ça ne s'est pas passé comme ça, j'ai mélangé les deux, souvent au début" (AV 57).

3 See Ernaux's "Vocation?" for more details about her coming to writing.

4 See *Mémoire de fille*.

5 Still written "under the influence"—of the French New novelists she was then reading.

© 2026 KONINKLIJKE BRILL BV, LEIDEN | HTTPS://DOI.ORG/10.1163/9789004760219-002

shows—but Ernaux kept on writing and published her first novel, *Les Armoires vides*, in 1974, to her mother's and her husband's astonishment.[6] Two novels followed, based on her life, and with *La Femme gelée* Ernaux could no longer deny the autobiographical nature of her work.

As is commonly known in Ernalian circles, *La Place* is a benchmark in her production. That is when she adopted her signature writing style, "l'écriture plate" (LP 24); it is also the first time she included "prose pictures"—the *ekphrases* of existing photographs—in a narrative, a trait that she will develop over the course of her publications, eventually including actual photographs in certain works—starting with *L'Usage de la photo*. The Renaudot prize garnered by *La Place* certainly contributed to legitimizing her writing—both form and content—which the reception of later publications contested.[7] In 2011 came another recognition: the publication of twelve of her books, eleven short texts, and a "photo-journal" in Gallimard's Quarto collection, *Écrire la vie*. By 2022, Ernaux had published 26 books.[8] 2022 was a landmark year for Annie Ernaux with the publication of *Le Jeune homme* and her *Cahier de l'Herne* one day apart in May, the release of her son David Ernaux-Briot's *Les Années Super 8* (a co-creation) in October in New York City, with its official release in December, the week after the Nobel award, the international consecration for this writer who had an international reach early on.[9]

If the very first article published on Ernaux was Janine Altounian's "De l'Arménie perdue à la Normandie sans place" in 1988 in *Les Temps modernes*, followed by a book chapter by Jean-Claude Lebrun and Claude Prévost in *Nouveaux territoires romanesques* in 1990, sustained academic research started in the UK (with Loraine Day and Tony Jones), followed the next year in the US (with Claire-Lise Tondeur's first critical book, *Annie Ernaux ou l'exil intérieur* in 1996).[10] Élise Hugueny-Léger remarked that academia in the Anglosphere, more dynamic than French academia in the fields of gender and women's studies, contributed to establishing Annie Ernaux within French Studies in the US, UK, and Australia (190). It also contributed to hoisting her up to international fame. The first international colloquium on Annie Ernaux happened to

---

6 See *Les Années Super 8* for these comments relating to Ernaux's writing and publication, up to *La Femme gelée*.

7 For the reception of Ernaux's work, see Isabelle Charpentier and Lyn Thomas.

8 The Nobel Prize committee read nine of them—*L'Atelier noir, Ce qu'ils disent ou rien, Une femme, Le Jeune homme, L'Occupation, Les Années, La Honte, L'Usage de la photo* and *Écrire la vie*.

9 *Les Armoires vides* was published in Spain as early as 1976 (Hugueny-Léger 189).

10 By then, Ernaux had already started presenting her work on Consulate-led "missions" in 1990 in the United States.

take place in France though—organized in 2002 by Fabrice Thumerel. The current international volume is thus another step in Ernalian studies but, unlike previously edited books, it does not proceed from a colloquium/conference.[11] In addition, after an opening section that sheds new light upon photography, a medium that Fanny Cardin, along many others, deems "structurante" in Ernaux's writing, this volume will offer pioneering analyses and research on film—the documentary *Les Années Super 8* and the cinematic adaptations, *L'Autre*, *Passion simple*, and *L'Événement*—and theatrical adaptations, all of which are testimonies to Ernaux's "écriture imageante" (Cardin 1).[12]

"Le 'texte' éclaire la photo, qui en est aussi l'illustration" (LH 90–91). Ernaux's concise statement validating the intermedial interdependence of text and image in *La Honte* applies equally throughout her substantial post-*La Place* corpus. Even her *journaux extimes*, although lacking "prose pictures," adopt "l'écriture photographique du réel" (JD 9). Indeed, scholars—primarily in literature—continue to be fascinated by the photo-textuality characterizing Ernaux's works. Yet, research on her cinematic modes of representation as well as on the cinematic and theatrical productions she has inspired still remains

11 Fabrice Thumerel (Arras, 2002), *Annie Ernaux, une œuvre de l'entre-deux* (Artois Presse Université, 2004); Danielle Bajomée and Juliette Dor (Liège, 2008), *Annie Ernaux. Se perdre dans l'écriture de soi* (Klincksieck, 2011); Sergio Villani (Toronto, 2008), *Annie Ernaux: Perspectives critiques* (Legas, 2009); Thomas Hunkeler and Marc-Henry Soulet (Fribourg, 2010), *Annie Ernaux. Se mettre en gage pour dire le monde* (MétisPresses, 2012); Francine Best, Bruno Blanckeman and Francine Dugast-Porte (Cerisy, 2012), *Annie Ernaux, le temps et la mémoire* (Stock, 2014); Robert Kahn, Laurence Macé and Françoise Simonet-Tenant (Rouen, 2013), *Annie Ernaux: L'Intertextualité* (Presses universitaires de Rouen et du Havre, 2015); Pierre-Louis Fort et Violaine Houdart-Merot (Cergy, 2014), *Annie Ernaux, un engagement d'écriture* (Presses Sorbonne Nouvelle, 2015); Aurélie Adler, Julien Piat and Véronique Montémont (Amiens, 2017, proceedings of "Annie Ernaux: les écritures à l'œuvre" published on Fabula); Florence de Challonge and François Dussart (Lille, 2019, proceedings of "Annie Ernaux: une écriture romanesque" published in the journal *Littérature*); Ève Morisi (Oxford, 2023, "Annie Ernaux: Writing, Politics"); Élise Hugueny-Léger and Fabien Arribert-Narce's conference (Edinburgh/St. Andrews, 2024) will be the first issue of the *Annie Ernaux International Studies* book series under the tentative title *Annie Ernaux Across Borders* (De Gruyter 2026).

12 Auto-socio-biographical in nature, Ernaux's work has been studied by sociologists, such as Isabelle Charpentier and Gisèle Sapiro. Historians recently reflected on Ernaux's work through the lens of her discipline. In October 2024, in Yvetot, historians Carole Christen and Anne-Marie Cheny organized *Annie Ernaux, les historiennes et les historiens*, a conversation between Annie Ernaux and Michelle Perrot, Ivan Jablonka, Emmanuelle Loyer, Carole Christen, and Jean-François Chanet (see François Mathou's report). Philosophers are still to contribute to Ernalian Studies; James Conlon's presentation, "Annie Ernaux and Augustine: Life-writing as philosophy," at the Edinburgh/St Andrews 2024 colloquium is a first and promising step.

overall vastly uncharted territory.[13] Recalling the aforementioned film adaptations, documentaries, theatrical adaptations and public (on-stage) readings, it is clear that we can no longer ignore Ernaux's irrefutable influence on visual artists—photographers, film directors, and even a painter[14]—, dramaturgs and performers, all of whom are in the business of making and showing images and scenes. Thus, the present volume opens scholarship on Annie Ernaux to multiple and innovative areas of inquiry that surpass focus exclusively on the literary, sociological, feminist, historical, and philosophical resonance of her writing. At the forefront of research on Ernaux's photo-cinematic intermediality, this volume seeks, above all, to interrogate the stakes of her intermedial practice and the transformation of Ernaux's texts—her words—into images and scenes situated concretely (on the page, on the screen and on the stage) and abstractly (in her memory or in her readers' imagination).

In recent years, we have witnessed a proliferation of Annie Ernaux's works across artistic media both in France[15] and abroad.[16] The *imageante* as well as transpersonal nature of Ernaux's work is such that we are moving beyond mere adaptations, such as Nadège Fagoo's 2023 publication of *L'Autre fille* (a book where Ernaux's original text is illustrated, supported, yet also disrupted

13 Fanny Cardin and Nathalie Froloff's February 2023 study day on *Les Années Super 8* is in this respect noteworthy (https://u-paris.fr/cerilac/je-annie-ernaux-et-les-annees-super-8-des-textes-au-film/ Last access 03/02/2025). Its *dossier* was published online with *Textimages* in fall 2025 (https://www.revue-textimage.com/conferencier/sommaire/15_sommaire.html Last access 09/14/2025).

14 Blanche Şerban's 2013 *The Abortionist's Studio*, reproduced in Robert Kahn et al.'s edited book.

15 Beside those examined in this volume, let us mention Laurence Cordier's *Le Quat'sous* (2016); Marie-Laure Crochant's, Les fous à réaction's, and Cie Pièces Montées' *Regarde les lumières mon amour* (2016, 2017); Cécile Backès' *L'Autre fille* and *Mémoire de fille* (2017, 2018); Nadia Rémita's *L'Autre fille* (2019); Pierre Pradinas' *L'Occupation* (2019); Violaine Vérité's *Le Monologue de la femme gelée* (2020); Cie le Cri Dévot's *La Femme de la photo* (*Les Années*, 2021); Sarah Freynet and Karine Monneau's *Nos années* (2021); Corinne Mariotto's *Passion simple* (2023); and Pauline Ribat's and Veronika Bachfischer, Sarah Kohm and Élisa Leroy's *Mémoire de fille* (2024–2025, 2025). We must also acknowledge Marie Paccou's flipbook, *Les Années* (2018). In November 2024, actress Judith Godrèche announced working on the adaptation of *Mémoire de fille* (https://www.liberation.fr/culture/cinema/une-perte-qui-se-confirme-un-peu-plus-chaque-jour-les-consequences-couteuses-pour-judith-godreche-de-sa-prise-de-parole-20241223_3QFQTGWBL5BOHC6KPQ5GHQEDQ4/ Last access 03/02/2025).

16 Claudia Seigmann's *Die Jahre* in Austria (2020); Stina Werefels' *Ein Leben* in Switzerland (*Les Années, L'Événement, Le Jeune homme, Mémoire de fille*, 2023/24); Nina Réglelo's *La Mujer helada* in Spain (2024); Eline Arbo's *De Jaren* in the Netherlands (2022) and *The Years* in the UK (2025).

by Fagoo's photographs), the January–May 2024 *Extérieurs—Annie Ernaux et la photographie* exhibit at the Maison Européenne de la Photographie in Paris (where commissioner Lou Stoppard used photographs from the MEP collection to "converse" with Ernaux's *Journal du dehors*—translated as *Exteriors* in English, hence the exhibit's title), and Susan Diab's exhibition *Palimpself: A Sculptural Exploration into Materiality in the Works of Annie Ernaux* in St. Andrews (UK) in October 2024.[17] Considering the international recognition garnered with the Nobel, which took Ernaux on literary circuits as far as India, it is fair to assume that more intermedial adaptation and artistic creations inspired by Ernaux's words and images will blossom further and further—beyond Europe—and that indeed, "[t]outes les images demeureront" (Bacholle 9). This volume is a steppingstone for future research.

An internationally diverse cohort of academics, doctoral candidates, performance artists, and independent scholars, based in Europe, Asia and the United States, contributed to *Annie Ernaux Beyond Words: Images and Scenes*. Equally diverse are their rich, groundbreaking avenues of investigation and the wide-ranging subjects of their essays, including photography, cinematic adaptation, dramaturgy, theatrical adaptation, performance, and even dance. The volume is organized into three parts, each of which is centered around a specific (audio)visual medium.

Part 1 expands the definition of the photographic image to encompass material images and immaterial images situated in the author's memory and her photographic writing practice. Opening the volume, Isabelle Roussel-Gillet interrogates the potential passivity and activity of the several types of photographs present in Ernaux's works, i.e., images in family albums, as well as those images in her memory, the photographs taken by Marc Marie for *L'Usage de la photo* and finally, photos taken by Nadège Fagoo for the collaborative re-release of *L'Autre fille*. She also explores the notion of agency as it might be applied to Ernaux's myriad photographs. Next, Ritika Shah's study deploys psychoanalytical theoretical apparatuses—in particular, Freudian and Lacanian principles—to explore the intermedial aspects of Ernaux's representation and interpretation of memory, whether that memory is an immaterial image recalled in the author's mind, or a material photograph. Shah's chapter posits conclusions on the limits of the self and of its *ekphrastic* representation. In the third contribution, Justine Muller investigates Ernaux's transgressive writing of images created by men in Ernaux's life, namely, Marc Marie's photographs in *L'Usage de la photo* and Philippe Ernaux's films in *Les Années Super 8*. Muller

17 Cf. the blog for the exhibit: https://www.susandiab.com/?p=963 Last access 03/02/2025.

argues that since images can be considered sites of power, Ernaux undermines that power with her writing and thus regains agency over the images. Concluding the first part of the volume, Tommaso Testolin then examines the relationship between literature and photography and presents Annie Ernaux as the subject of freelance photographer Sophie Bassouls. He further enriches his study by including excerpts of his interview with the photographer.

The chapters comprising Part 2 examine the film adaptations *L'Autre* (from *L'Occupation*), *Passion simple*, *L'Événement* as well as the documentary *Les Années Super 8*. Opening the chapter, Michèle Bacholle proposes that David Ernaux-Briot's *montage* of his father Philippe Ernaux's "family movies" and his mother's voiceover narrative seeks to amend the (quasi) absence of his deceased father on screen and within the family unit post-divorce, thereby revising his mother's less than favorable portrayal of him in her writing. Bacholle argues that *Les Années Super 8* presents Ernaux-Briot's quest for agency (as a child of divorce) and artistic self-affirmation (vis-à-vis his famous mother) as a "professionnel de l'image." Stéphanie Boulard brings to light the aesthetic choices made by Audrey Diwan in her adaptation of *L'Événement*. Grounded in Gilles Deleuze's theories and referring to Agnès Varda and Cristian Mungiu, Boulard's contribution focuses on the *mise en scène* of protagonist Anne's body in motion, confronting in particular the film's rhythm with that of Anne's pregnant body. Jacques Demange examines the films *L'Autre* and *Passion simple* alongside their source material, *L'Occupation* and *Passion simple*, respectively. He determines that the documentary, truth-revealing nature of Ernaux's texts lends itself quite easily to cinematic adaptation due to cinema's aspirations toward the real. Jacqueline Dougherty revisits Annie Ernaux's third and final novel and argues that *Les Années Super 8* can be read as the epilogue of *La Femme gelée* and the prologue to *Les Années*. The film reveals visible, but false images of familial contentment (filtered through the gaze of Philippe Ernaux) that are re-viewed and then reinscribed into the film by Ernaux to relay her invisible but true memories of disenchantment. Ultimately, Dougherty argues that it is Ernaux's foray into writing—particularly *La Femme gelée*—that was central in the author's emancipatory trajectory. Benoît Monginot takes us to Italy and introduces us to Sara Fgaier's short film, *Gli Anni*, which reveals a significant reinterpretation of its source material by de-contextualizing *Les Années*, the Italian filmmaker opting instead to present the subject's temporal existence as a sort of archetype and exposing a sort of re-enunciation and re-subjectivization that stand in stark contrast with Ernaux's objective enunciative gesture. Monginot concludes with a discussion of the "elegiac tone" of Fgaier's film. Jing Wang investigates the manner in which cinema deploys haptic aesthetics to represent visually and with sound, the suffering, both individual and collective, of the female body. Wang calls out gendered reactions to the film, positing that, through Diwan's use of film (*pellicule*) as an epidermal membrane, female viewers—even those who have not undergone a clandestine abortion—can identify with her protagonist Anne's agony, while male viewers cannot. Ultimately, the haptic aesthetics deployed by Diwan resist, deconstruct, and subvert patriarchal oversight of the female body.

Before proceeding with Part 3, we offer the readers an *intermezzo* consisting of interviews with two contemporary actresses who have recently "played" Ernaux in theatrical adaptations and/or who have performed live readings of her works—Marianne Basler who interpreted *L'Autre fille* and *L'Événement* over the last seven years and Françoise Gillard who performed *L'Événement* at the Comédie-Française in 2017 and resumed it in 2025. The *intermezzo* also presents two reviews from Ernaux scholars. In the penultimate contribution, Lyn Thomas reports on the 2025 British theatrical adaptation of *The Years*. Finally, we invited Tommaso Testolin to introduce us to an art form that is new in the realm of adaptations of Annie Ernaux's texts: dance.[18] Italian choreographer Marco D'Agostin's adaptation of *Les Années* premiered in Florence in 2022 and is, thus far, to our knowledge, the only choreographed representation of Ernaux's narrative, *Les Années*. D'Agostin's interpretation is grounded in corporeal movement and features Marta Ciappina, who used her personal family trauma on stage and invited the public to take part in the musical construction of the performance. Aside from his observations on the February 2024 representation of *Gli Anni*, Testolin's contribution also contains excerpts from his interview with D'Agostin, in which the choreographer reflects upon the similarities and differences between his rendition and the source material, upon memory inscribed in the body, and upon the body as a sort of archive.

The third and final part of this volume presents studies on international theatrical adaptations of *Mémoire de fille*, *L'Événement*, and *Les Années*. Jean-Baptiste Richard examines the minimalist theatrical adaptation of *L'Événement* by Françoise Gillard and Denis Podalydès. He posits that the adaptation causes us to rethink the notion of temporality, for the play must be contained in "une durée du vécu," and therefore, the "retour au temps" in the text is impossible. Richard implements Bergsonian theories to elucidate how the transformation of a literary text into a theatrical representation affects our reception of the narrative. Delphine Edy considers the ways in which two adaptations of *Mémoire*

18 Of note as well is L'Éolienne's acro-choreographic performance of *Passion simple* in 2013 (https://www.eolienne-cirque-choregraphie.com/passion-simple?lang=en Last access 03 /02/2025).

de fille—Silvia Costa's at the Comédie-Française and Sarah Kohm's at Berlin's Schaubühne—adhere to or distance themselves from Ernaux's narrative. Edy focuses in particular on how these adaptations memorialize trauma and forge paths for a transpersonal—that is, individual and collective—memory. Writer Sara Durantini closes the volume; she investigates the theatrical adaptation undertaken by fellow Italian artists Daria Deflorian, Monica Demuru, and Monica Piseddu within the context of contemporary Italian feminism. Durantini presents Annie Ernaux's photographic writing—including *ekphrasis*—, her navigation of memory, her notion of "words as traces" and her introspection as sources of inspiration for the three actresses, creating fusion of personal, collective, and temporal experiences that prompt discussion on the current status of women.

Works Cited

Bacholle, Michèle. *Annie Ernaux. De la perte au corps glorieux*. Presses universitaires de Rennes, 2011.

Cardin, Fanny. "Introduction. Accorder un film à trois voix: *Les Années Super 8* ou la partition d'un remontage." *Textimage* 2025 (https://www.revue-textimage.com/conferencier/15_annie_ernaux/introduction1.html Last access 09/14/2025).

Charpentier, Isabelle. "Anamorphoses des réceptions critiques d'Annie Ernaux: Ambivalences et malentendus d'appropriation." *Annie Ernaux, une œuvre de l'entre-deux*, edited by Fabrice Thumerel, Artois Presses Université, 2004, pp. 225–242.

Day, Loraine, and Tony Jones. *Ernaux: La Place/Une Femme*. University of Glasgow French and German publications, 1995.

Ernaux, Annie. *i will write to avenge my people: the nobel lecture*. Translated by Alison L. Strayer. Seven Stories Press, 2023.

Ernaux, Annie. "Vocation?" *Le Cahier de l'Herne*, edited by Pierre-Louis Fort. L'Herne, 2022, pp. 21–23.

Ernaux, Annie. *Mémoire de fille*. Gallimard, 2016.

Ernaux, Annie. *L'Autre fille*. NiL, 2011.

Ernaux, Annie. *Écrire la vie*. Gallimard Quarto, 2011.

Ernaux, Annie. *La Honte*. Gallimard, 1997.

Ernaux, Annie. *La Place*. Gallimard, 1983.

Ernaux, Annie. *La Femme gelée*. Gallimard, 1981.

Ernaux, Annie, and Marc Marie. *L'Usage de la photo*. Gallimard folio, 2005.

Les Années Super 8. Directed by David Ernaux-Briot, Pelléas, 2022.

Hugueny-Léger, Élise. "La Vie des textes." *Le Cahier de l'Herne*, edited by Pierre-Louis Fort. L'Herne, 2022, pp. 189–192.

Kahn, Robert, Laurence Macé, and Françoise Simonet-Tenant. *Annie Ernaux: L'Intertextualité*. Presses Universitaires de Rouen et du Havre, 2015.

Mathou, François. "Annie Ernaux et les historiennes et historiens." *Revue d'histoire culturelle XVIIIe–XXIe siècles*, vol. 9, 2024. https://journals.openedition.org/rhc/13687 Last access 02/27/2025.

Thomas, Lyn. *Annie Ernaux: An Introduction to the Writer and her Audience*. Berg, 1999.

Tondeur, Claire-Lise. *Annie Ernaux ou l'exil intérieur*. Rodopi, 1996

PART 1

Annie Ernaux and the Photographic Image

1

L'Agir des photographies chez Annie Ernaux

Isabelle Roussel-Gillet

Abstract This chapter differentiates and analyzes the agency of Annie Ernaux's personal, erotic and iconic photographs, demonstrating the author's reactivation of mythical images by drawing on models linked to the image and the gaze. The material image's existence and its enactment, sometimes on another stage, are crucial in the interplay of a doubling and intermediality, reenacted originally in each of the texts in the corpus examined here.

Keywords photography – photo-literature – distance – agency – sociogram

> […] durant plus d'un siècle et demi, la photographie a brûlé d'un tison de réel l'univers paisible et idéal des images, qui semblait fait pour nous en protéger à jamais. Brûlé, mais non consumé. La morsure de la lumière, devenue instrument à peindre, n'a cessé de rappeler que les images les plus parfaites ne pouvaient nous émanciper de la matière du monde, de la blessure du temps, et de la fragilité de nos visées. (Laurent Jenny, *La Brûlure de l'image*, p. 141)

Les récits d'Annie Ernaux proposent une variété d'images, dont trois types d'artefacts photographiques : celles du souvenir, de l'album familial (les deux photos publiées dans la première édition de *L'Autre fille* ou celles publiées sous le terme de « photojournal » dans l'édition Quarto[1]), celles érotiques produites par Ernaux dans *L'Usage de la photo* avec Marc Marie, et celles produites par un tiers, la photographe Nadège Fagoo, mises en regard du texte pour la réédition de *L'Autre fille*, ce qui interroge l'agir de l'image sur un texte d'abord publié sans ces images. Sans rapport d'illustration, ces encarts photographiques créent une esthétique de l'écart, qui vient mettre en tension le texte. D'un point de vue chronologique Ernaux ouvre donc récemment ses textes, et peut-être spécifiquement la part visuelle de son œuvre, à la saisie par un tiers, ce qui affirme autrement la dimension collective de sa démarche. L'agir des images dans son œuvre appelle ainsi un autre geste, réalisé en 2024 par Lou Stoppard,

1 Ajoutons celles des *Années super 8*, montage documentaire réalisé par son fils, David Ernaux-Briot, d'après les films d'archives familiales.

© 2026 KONINKLIJKE BRILL BV, LEIDEN | HTTPS://DOI.ORG/10.1163/9789004760219-003

curatrice de l'exposition *Extérieurs, Annie Ernaux et la photographie*, celui de prélever des citations de *Journal du dehors* pour les accompagner de photographies du fonds de la Maison Européenne de la Photographie (MEP). Dans ce cas précis, un *faire-image* du texte est activé par un dialogue entre l'*ekphrasis* ernausienne – ou ce que nous nommons un *sociogramme*, trait sociologique en un fragment textuel concis, tel un instantané visuel et une photographie de collection. Dans un geste inverse, Ernaux a rédigé, sur commande ou sollicitation pour des livres spécifiquement de photographies, deux textes brefs : l'un pensé par le journaliste Vincent Josse à partir de ses propres clichés pris à Paris, l'autre regroupant des archives collectives ou de collections privées dans un catalogue grand format de photographies de travailleurs du XIXème au XXème siècle. Ernaux écrit alors à partir de photographies non personnelles, même si elles la relient à des enjeux sociologiques vécus, notamment à travers les conditions de vie des dominés.

C'est une banalité de dire que la photographie est toujours paradoxe, paradoxe de la brûlure quand il s'agit de traces refroidies. Un premier constat est la fréquence de la brûlure de ces photographies, de leur *punctum*, pour Ernaux face à la rareté des *ekphrasis* picturales (sinon le tableau *Birthday* de Dorothea Tanning[2]). Rien d'étonnant de prime abord à ce que l'œuvre sociobiographique de cette transfuge de classe déhiérarchise les arts, délaissant les beaux-arts, les rares musées visités, au profit de l'art moyen cher à Bourdieu, quoique la rareté de la référence picturale, par contraste, la fasse saillir. Dans cette élection de la photographie (privée puis rendue publique, quelques visuels d'affiches et des photographies de professionnels), selon diverses modalités de mise en dialogue propre à certains récits photolittéraires contemporains, il semble qu'Ernaux explore toutes les façons de creuser une dissonance, dans une structure de séparation, un clivage qui se mue en esthétique de l'écart avec Nadège Fagoo. Le dispositif creuse l'ambivalence de toute photographie, qui l'aide à penser ce qui sépare, sans « fuir l'inconfort de son ambivalence » selon l'expression du théoricien Laurent Jenny (12). Dans chaque dispositif inventé et maîtrisé par Ernaux, nous explorerons comment la manipulation de l'image pourrait conférer à celle-ci, dans cet inconfort, un pouvoir, une agentivité, une « hapticité »[3].

---

2 Cf. mon article « Annie Ernaux, De *Birthday* au photojournal » (2014).

3 Cf. https://www.revue-textimage.com/22_hapticite/introduction1.html Dernier accès le 18/12/2024.

1 La photographie familiale, ce qui sépare

La photographie familiale est inconfortable. Le portrait de soi plus encore. La présence orchestrée d'artefacts photographiques d'album de famille marque toujours un écart entre soi présent et passé, entre soi et soi comme une autre. Dans une opération de montage, les photographies manifestent un effort toujours lacunaire de reconstitution, elles participent de moments d'enfance sous le regard d'un autre au moment de la prise et sous le regard de l'écrivaine au moment d'écrire. Si la petite fille n'existe plus et que le moi reste insaisissable, évoluant sans identité assignée, demeure un palimpseste sur lequel s'écrit le récit d'une trahison de classe, d'une séparation, d'un

> gouffre entre ce qu'était ma mère et ce que je suis. Mais aussi entre la petite fille que j'ai été et ce que je suis. Cette petite fille n'aurait pas voulu de cette femme que je suis comme mère. Cette petite fille est pour toujours du côté de sa mère. Je suis une figure ennemie. La mère et cette petite fille-là sont mortes, la petite fille depuis plus longtemps que la mère. [*23 janvier 1998*] (ELV 20)

Au commencement donc, l'album familial dans ses usages sociaux. La photo d'archive privée est en soi une image clivante : elle est ce qui sépare (distancie de soi d'une part de façon matérielle et d'autre part par l'activité réflexive) et ce qui relie malgré tout.

Des tensions activent l'agir d'une image, entre affect/désaffection et irrationnel/distanciation. Les photos sont d'abord des portraits et un rapport au deuil. Ernaux pense le temps, la mémoire et la mort, à travers un corps, une incarnation ; la photographie est une trace, une preuve, un réel, un élément documentaire et génétique, un déclencheur. Elle active une mémoire, et en cela est une image agissante (Bredekamp 15). Une mémoire et une histoire. Pour l'autrice, « Décid[er] de faire autrement, immédiatement, l'histoire », c'est la faire « avec les voix ou les photos, les gestes » (AN 122). Des images argentiques du passé auraient la même puissance d'immédiateté que des voix ; images à faire parler, avec pour point de départ du *parcours photographique* d'Ernaux un attachement à un usage privé, féminin : l'album de famille.

La photographie, sa pratique en studio et sa circulation, participe des habitus de classe. Elle pointe les marqueurs sociaux : photographies de naissance, manière de vêtir un bébé, « mise en scène rituelle, sur le mode petit bourgeois, de l'entrée dans le monde » (LA 21)[4]. Dans *Les Années* l'écrivaine revient sur une

4 Ce type de précision manifeste la présence légitime d'une analyse sociologique. Comme l'écrit

photographie familiale de bébé qu'elle avait déjà évoquée sept ans plus tôt dans « Première enfance ». Cet outil génétique nous fait mesurer quelques écarts et le désir de s'ancrer dans l'histoire collective, notamment par la référence à l'art pictural. Dès les premières lignes, Ernaux, commentant cette photographie d'un bébé « sur un coussin au centre d'une table sculptée », le compare à un modèle pictural (ou contre modèle ?), « tout vise à représenter un amour ou un angelot de peinture », ce qui accentue le contraste avec la phrase suivante :

> Ainsi, tandis que le pays était occupé par les Allemands, la moitié des hommes prisonniers, que les rafles de Juifs et de Tziganes commençaient, on continuait de conduire les nouveaux nés chez le photographe, de célébrer leur entrée dans le monde par une œuvre d'art dont tous les membres de la famille, des deux côtés, recevraient un tirage. (« Première enfance » n.p.)[5]

La vie et la mort se côtoient. Avant de commenter une seconde photo de bébé prise chez le même photographe, une autre de ces « pièces d'archives familiales » qui ne lui « disent rien sauf 'c'est moi' – en écho au 'c'est toi', qu'on a dû répéter en me les montrant » (« Première enfance » n.p.), observons que tout le texte « Première enfance » est structuré par des oppositions constantes : entre scène privée et arrière-plan historique d'une guerre, photographie familiale et images en mouvement vues à la télé, soi-même se regardant bébé sur deux photos et soi-même écoutant son écho, ce que l'on voit de soi et ce que l'on dit de soi etc. Ernaux parle de « deux scènes », « Autre diptyque », « Deuxième image » et structure son texte par une dualité séparatrice. Ici, le clivage est spatial, temporel, ontologique puisque le lecteur comprend qu'il s'agit de deux bébés : sa sœur défunte et elle-même, enfant de substitution. De fait, il est toujours question d'une autre scène, d'une réalité à double tiroir, à double porte. Une image peut en cacher une autre. Avec Ernaux, regarder une image reviendrait à voir tous les temps ensemble, à saisir la succession des âges. L'image matérielle existe toujours, parfois sur une autre scène ; la mise en jeu et en perspective de cette autre scène est capitale dans le jeu d'une « intermédialité agissante » (Reverseau 5), conçue très différemment dans les dispositifs que nous allons analyser.

Dominique Viart, il est « apparu nécessaire aux écrivains que ce rapport des Littératures de terrain aux sciences sociales *soit pensé dans l'œuvre* » (114).

5 La description de cette photographie dans *Les Années* (21) ne fait pas allusion aux Allemands.

Marqueur de la réflexivité sur son usage sociologique, au sein de sa famille d'épiciers-cafetiers qui n'était plus ouvrière, la photographie est omniprésente dans l'œuvre, d'abord *in absentia*, telle celle gardée dans le portefeuille du père, « Photo typique des livres d'histoire pour 'illustrer' une grève ou le Front populaire » (LP 22), photographie en noir et blanc. Ernaux confie à Nathalie Crom : « [L]e noir et blanc, c'est ma mémoire » (18)[6], ce qui met en relief l'appel de la couleur dans l'*ekphrasis* de la photo de sa mère (dans *«Je ne suis pas sortie de ma nuit»*), couleur que le.la lecteur.rice ne verra pas.

Dans l'édition Quarto, la mère apparaît aux âges de 45, 59 puis 66 ans mais aucune photo n'est datée de 1956, la photo de ce passage de *«Je ne suis pas sortie de ma nuit»* :

> Avril [...]
>
> Dimanche 20
>
> Regardé des photos d'elle, à cinquante ans. Sensation qu'elle est vivante, débordante, les cheveux blonds roux. Une photo en noir et blanc, et c'est comme si je voyais la photo en couleurs, avec du soleil. (ELV 655)

C'est bien là un principe de photo active, d'une brûlure de l'image qui dégèle le noir et blanc de son tropisme positiviste comme reflet mécanique. La mère est hallucinée en rousse, radieuse, en gloire peut-être, mais en toute conscience, sans pensée magique. À l'ombre de la mère défunte, la fille veut la lumière du soleil. Ce pourrait être un acte d'image, et c'est aussi une activité de l'image projetée par sa regardeuse : une énergie (*energia*) contre la mort.

L'aura peut renvoyer à l'éducation religieuse transmise par une mère très croyante. Elle éclaire aussi un mécanisme psychique à l'œuvre en situation de deuil : le clivage met à l'écart la cause du trouble (séparation), le sujet transformant la réalité en représentations illusoires nées de réactions substitutives. La représentation apaise l'angoisse et la croyance se développe aisément sur le terrain du deuil, même si Ernaux, si lucide, pointe toujours la conscience

6 « Je m'interroge sur mon goût pour le noir et blanc. Il me semble que c'est lié à ma biographie. Je suis en quelque sorte née dans le noir et blanc : les photos de famille, les images de livres scolaires, celles du cinéma et de la télévision... Le noir et blanc, c'est toute une partie de ma vie, c'est ma mémoire » (21). Puis elle évoque un projet avec un ami photographe, né d'un lieu où elle ressent la présence de ceux et celles qui y ont travaillé, l'ancienne filature Levavasseur à Pont-Saint-Pierre (Eure), « nous avions même envisagé d'en faire, ensemble, un livre » (21).

du clivage: « C'est comme si », annonce-t-elle. Et nous pensons à l'expression « je sais bien mais quand même, je sais bien que ce n'est pas vrai mais j'y crois » empruntée à Octave Mannoni dans *Clefs pour l'imaginaire ou l'Autre scène*, dans le chapitre où il forge l'expression d'un « demi-croire »[7]. Jenny écrit, quant à lui, qu'« [u]ne ontologie réductrice de la photographie qui la rive au réel, a pour corollaire la dénégation de sa puissance imaginaire », il ajoute que reflue « en elle la dimension de l'image » (62). Nous pouvons alors émettre l'hypothèse que plus elle serait voulue comme rivée au réel et à un contexte, plus elle en tirerait sa force pour s'en libérer, sous l'effet d'un affect.

« Parmi les rares photos de famille… », texte de commande publié dans le livre de photos *Acteurs du siècle*[8] offre, comme nous allons le voir, un autre exemple d'inscription de l'image dans notre imaginaire. Ernaux y évoque la vie d'usine, la culture ouvrière du XIXème siècle, en fort lien avec le milieu d'origine au-dessus duquel ses parents se sont élevés et le milieu ouvrier qui constituait leur clientèle. Elle insiste sur la vie d'usine comme espace clos versus un « dehors » (48), des femmes assignées au mari, le confinement de l'ouvrière – par un champ lexical marqué: « clôture », « enfermement » (46). L'atelier est à la fois le lieu de l'asservissement, et celui qui a rendu possible la libération des filles devenues des femmes qui gagnent leur vie (48). L'écrivaine regarde les mains de travailleur.euse.s sur les photographies, mains-témoins d'une condition sociale. Le texte insiste sur la valeur du travail dans une vision lucide, par la répétition du mot « anomie » qui désigne la disparition des valeurs communes à ce groupe social des travailleur.euse.s. Enfin, Ernaux évoque précisément une photographie de Marc Riboud, mais soixante pages séparent son texte de la page où est reproduite la photo (52, 119).

La photo de Riboud qui figure dans le livre représente le peintre de la tour Eiffel, l'évocation d'Ernaux renvoie à la photo iconique, la plus célèbre de la série: « En équilibre entre ciel et terre, il est l'image à la fois pascalienne, crâne et fragile, de la condition humaine », celle de la « beauté de l'attitude », « caractère insolite », « exemple saisissant »[9].

---

7 L'exposition *Le Troisième œil* (MEP, 2004), consacrée aux photographes spirites, retrace la pratique d'une dernière rencontre avec le disparu défunt fixée sur plaque de verre donnée à la famille pendant les guerres. Cette pratique concomitante du développement de l'occultisme depuis la fin XIXème apaisait les familles des disparus, sans corps ni sépulture.

8 Selon l'usage (en poésie par exemple), les premiers mots du texte (sans titre) font fonction de titre.

9 Je choisis de reproduire ici la planche contact qui remet en contexte la photographie publiée dans les *Acteurs du siècle* (en haut à gauche) et celle iconique en bas à droite.

FIGURE 1.1 *Peintres, Tour Eiffel, Paris, 1953*. Crédits © Marc Riboud / Fonds Marc Riboud au MNAAG

Le pouvoir agissant de l'image iconique prend le pas sur celle publiée dans le livre, autre variante d'une image qui peut en cacher une autre. Un des intérêts de ce texte réside dans son mouvement. Sa structure épouse le *parcours photographique* que nous suivons dans cet article : d'abord l'évocation d'une photo familiale, celle du mariage de ses parents – « À chaque fois que j'ai regardé cette photo, je n'ai pu me détacher facilement de ces mains » de travailleurs (43) – puis, regardant toutes les photos du livre édité par Thibault, ces « corps au travail » (51), elle dit la nécessité de remettre chacune en contexte – « Comme toute photo, celle qui représente l'individu au travail, plus qu'une autre, tend à enfermer celui qui la regarde dans la vision contingente d'un être là, mais dans son geste et son décor, détaché du reste de la société » (46). Et Ernaux de resituer la taylorisation, l'exploitation des enfants, la division sexuelle du travail et de noter l'« [e]ffet pervers de la photographie dont la plaque impressionne nos mythes en même temps que la réalité » (47). Elle contrebalance, encore ici, une photo en appelant une autre, à propos de la première colleuse d'affiches : « Comme à l'allumeur de réverbères, dont elle est le pendant urbain, la ville lui appartient. » (49). Puis avant d'évoquer une scène de sa vie (celle de la caissière au supermarché), elle évoque l'« esthétisation » du peintre photographié par Riboud. Sublimation.

2 La photo érotique[10] *in presentia* dans *L'Usage de la photo* (2005), ce qui dédouble

Ni corps à l'image, ni figuration – à l'opposé de ce qui précède – la photo n'est plus qu'un déclencheur, elle active le dispositif du livre même[11]. Pour écrire autrement, la démarche est ici plus conceptuelle, d'où le rapprochement fréquent de ce livre avec les protocoles d'écriture de Sophie Calle.

Ernaux inaugure un dispositif d'écriture auto-photo-biographique autour de ces photos. *L'Usage de la photo* est structuré par quatorze photos, principalement des vêtements jetés au sol dans les préliminaires sexuels, suivies pour chacune d'un texte d'Annie Ernaux puis d'un texte de son compagnon Marc Marie. Ernaux introduit par un prologue et conclut par un épilogue. Le dispositif narratif suit le développement de l'image : prendre l'image avec un appareil photo, ne pas voir l'image avant de la découvrir ensemble une fois développée, mesurer des écarts entre le souvenir et la photo, entre ce qu'on a cru voir, ce qu'on voit, puis plus tard lire dans le texte de l'autre ce qu'on n'a pas vu – inconscient optique, tache aveugle. Penser la photographie comme trace, sans mise en scène (ce qui est attesté, au sens où les deux amants ne touchent pas aux vêtements, ni ne retouchent la photo), c'est néanmoins minorer sa construction par le cadrage et le choix de faire figurer celle-ci plutôt qu'une autre de la série. Ce dispositif d'entre-deux est à double détente : d'une part, entre l'indice (la part de soi dans la taille du vêtement, de la chaussure) et l'index (la monstration d'un élan), et d'autre part dans la tension constitutive de la photo doublée par le texte de chacun des deux auteurs qui écrivent sur une même photo. Les deux textes sont d'une certaine manière en regard. Le redoublement textuel ruine tout verrouillage d'un sens unique d'une image et donne à voir le dispositif dans cette fonction réflexive. L'image nous situe entre ce qui est montré et

10 La photographie est ici en lien avec l'érotisme, mais d'une autre façon que chez les surréalistes qu'Ernaux a étudiés pendant ses études de lettres – voir notamment son mémoire sur André Breton.

11 Ce qui est le ferment du photojournal ultérieur de l'édition Quarto dans la quête de toujours chercher une nouvelle forme, dans ce cas précis penser autrement l'album de famille.

FIGURE 1.2 Couverture de *L'Usage de la photo* avec photographie en couleurs sur bandeau amovible. Crédits Marc Marie et Annie Ernaux. Gallimard

caché, entre dépouille et corps, champ et hors-champ. Cette forme d'exposition de soi s'écarte d'un acte d'image schématique « replié sur lui-même afin que la fusion de l'art et de la vie devienne le modèle à suivre » (Bredekamp 110) mais s'inscrit dans la forme même d'un déplacement, d'un dépouillement de soi. Si Ernaux provoque ce qui fait acte d'écriture et d'image, elle se défie toujours de ce qui fait art ou fait littérature. Dans *L'Usage de la photo*, photographier est un geste de défense active contre le cancer et conjure d'autres images : les radiographies. Sur son cancer au sein droit, Ernaux écrit dans son journal le 20 octobre 2002 : « Je vis ce qui m'arrive dans le dédoublement. Images maintenant de mon corps comme un bloc, une machine dans lequel on fait passer des produits, des jets d'eau » (L'Herne 119). La scène érotique est la contre-scène cathartique des intrusions que subit le corps médicalisé. Aucun portrait ne montre les effets de sa chimiothérapie, aucun portrait ne donne visibilité ou ne majore l'agir d'une image médicale. La photographie d'Ernaux chauve sera publiée plus tard, dans le photojournal d'*Écrire la vie*, dans une approche encore duelle, comparative entre deux photographies l'une sous l'autre, ainsi légendées : « En chimiothérapie » versus « Sous perruque » (97). La photographie sans corps est un contrepoint : c'est Eros contre Thanatos.

> Toute photo est métaphysique. On raconte dans l'Évangile selon Jean que Marie-Madeleine, venue voir le Christ après sa mort, a trouvé le tombeau vide. Il ne restait que des linges dont le corps avait été enveloppé, posés à terre, et le suaire qu'on avait mis sur la tête de Jésus *non cum linteaminibus positum, sed separatim involutum in unum locum*, non posé avec les linges mais plié à part dans un endroit. (UP 110)

Mise au tombeau encore, mais ce n'est pas Véronique, patronne de la photographie qu'elle cite, mais bien Marie-Madeleine ; les images catholiques (marqueur sociologique d'une éducation) persistent et renvoient à une double origine de l'image. Selon Vera Icon, le visage du Christ pressé sur un linge y laisse son empreinte, selon la légende du VIème siècle, « c'est le corps organique qui vient à créer une image » (Bredekamp 160). Autant dire qu'Ernaux, par la référence au Christ, opère le retour du corps : un corps saint par excellence et un corps souffrant, mais plus ressuscité que mort. De leurs vêtements ne finit-elle pas par penser sa tentative d'en faire « nos *ornements sacrés* » (UP 139) ? Là encore Ernaux opère un dédoublement, cette fois de l'origine en image. À l'orée du livre figure une autre origine que celle peinte par Courbet, son pendant qui représente un sexe masculin. Ernaux, dans un processus non plus d'élucidation mais de création, s'empare d'une image (photographique) contre une autre image persistante, picturale ou mythologique.

> Sur la photo, on ne voit de M., debout, que la partie du corps comprise entre le bas de son pull gris, à larges côtes torsadées, tombant au ras de la toison rousse, et le milieu des cuisses sur lesquelles est baissé son slip, un boxer noir avec la marque Dim en grosses lettres blanches. Le sexe de profil est en érection. La lumière du flash éclaire les veines et fait briller une goutte de sperme au bout du gland, comme une perle. L'ombre du sexe dressé se projette sur les livres de la bibliothèque qui occupe toute la partie droite de la photo. On peut lire les noms d'auteurs et les titres écrits en gros caractères : Lévi-Strauss, Martin Walser, *Cassandre, L'âge des extrêmes*. Un trou est repérable au bas du pull. (UP 15)

Cette photo érotique, prise par l'écrivaine, non publiée, donne lieu à la première *ekphrasis* : le sexe masculin en érection, « sa toison rousse »[12] est hors champ par rapport à la goutte de sperme comparée à « une perle ». Derrière « L'ombre du sexe dressé » de l'amant dans sa lumière crue créée par le flash[13], se profile le geste de Dibutades réinventé (le déclencheur de la photo et non le trait de dessin, le profil du sexe et non du visage) et la description, des torsades du pull à la toison, se clôt sur un trou, qui peut dans ce contexte avoir maille à partir avec le *pinhole*, cette simple boîte percée d'un trou d'épingle dépourvue d'objectif de viseur[14]. Cette première image jouerait en somme son rôle d'avertissement au lecteur : l'agentivité d'une photographie se joue dans une recherche d'une nouvelle forme littéraire, d'un livre nouveau qui interroge toujours peu ou prou le temps. Cette photographie *in absentia* entre-t-elle dans une des catégories pensées par Arnaud Claass ? Moment crucial au pic de l'événement (mais passé) ? Moment subitiste qui devance un affect (neutralisé dans un autre trou) ? Moment de validation d'une mise en scène (double lecture orientée, de la marque Dim aux noms d'auteurs et du bout du gland au trou) ? Moment fluvial où rien ne bouge, dans « une temporalité imperfective » (Claass 84) – mais la projection et le mouvement des yeux dans la lecture active un déplacement vers la surface murale ? Agnès Fayet relève « quelques dérives imaginaires » dans *L'Usage de la photo* : « on dirait un buste en décolleté, amputé de ses bras », « la flaque sombre des vêtements », un « jean assis sur le parquet » (305). En effet, des vêtements, plus proches de formes que

12 On remarque l'appel de la couleur encore. Il aurait fallu publier les images développées en couleurs, ce que Gallimard a refusé.

13 L'image fait diptyque et opposition avec celle (floue) du sexe vue sur Canal brouillé dans l'incipit de *Passion simple* – dans le cadre du présent article, je n'analyse que des images fixes.

14 Voir mon article, « La Photographie en regard, avec Annie Ernaux » où est souligné l'encadrement du texte par l'évocation du pull.

de traces, se détachent de leurs corps, s'autonomisent, telle la chaussure de Marc Marie «baillante comme une gueule ouverte», dotée «d'un caractère dévorant» (UP 45), «des vêtements tombés dans une posture humaine» qui «a quelque chose de menaçant» (UP 89). «Image persistante» selon Ernaux que celle d'être entravé par un jean et la nécessité de délacer ses bottes. La botte résiste, intruse jusque dans l'artefact, au point que l'écrivaine a envie de «découper la chaussure» de la photo. L'artefact pousserait à agir sur la photo même.

Un bref texte, «Les Médusantes», qu'Ernaux a écrit à partir d'une photographie du grand dessin des *Femmes qui rient* de Mylène Besson – trente femmes nues à l'échelle 1 qui rient – évoque «des images qui hantent universellement l'inconscient des deux sexes» (115). Pour elle: «Ce sont des vies déposées dans les corps» (115). Que nous disent cet acte de déposition et ces corps-réceptacles? Méduse – comme les Gorgones – finit décapitée, séparée. On se protégeait de son regard pétrifiant par un bouclier, mieux, par un miroir, et même on recouvrait d'un voile sa représentation, nous dit Horst Bredekamp – «l'image de Méduse de Peter Paul Rubens ne pouvait être supportée que recouverte» (217)[15] – ce qui atteste du caractère vivant de l'œuvre d'art, de sa force. Mais Bredekamp ajoute ceci: «l'acte d'image intrinsèque, dont l'origine se trouve dans le mythe de Méduse, est générée par le regard de l'œuvre sur le regardeur. Le mythe de Méduse, lorsqu'il glorifie l'art, rappelle lui-même l'origine de ce dernier: l'angoisse de la mort et sa mise à distance» (219). Rire à la mort! Toutefois, le titre du texte d'Ernaux n'est pas les Méduses ou les Gorgones, mais les «Médusantes». Le participe présent agissant, actif, souligne l'effet-méduse qui repose sur la possibilité d'un chiasme des regards (Bredekamp 219): voir et être vu. Il s'agit bien d'investir l'artefact d'un pouvoir spécifique au regard. Les images nous regardent, comme analysé par Georges Didi-Huberman dans *Ce que nous voyons ce qui nous regarde* (1992) et *L'Image survivante* (2002), dans la lignée de l'approche phénoménologique du *Visible et l'invisible* de Maurice Merleau-Ponty.

3 Avec les photographies de Nadège Fagoo dans *L'Autre fille*, ce qui hante

Dans *L'Autre fille*, Ernaux raconte comment à l'âge de 10 ans, elle apprend au hasard d'une conversation l'existence d'une sœur, morte avant qu'elle-même ne

15 Comme *L'Origine du monde* pour Courbet, son auteur, et Lacan, son propriétaire.

naisse. *L'Autre fille* est une lettre qu'elle adresse à cette sœur qu'elle n'a jamais connue et dont ses parents ne lui ont jamais parlé. Silence, secret, méprise, dans la relation différée et impossible à la sœur, la photo de l'enfant est un révélateur à retardement: «Quand j'étais petite, je croyais – on avait dû me dire – que c'était moi. Ce n'est pas moi, c'est toi» (AF-2023 7). L'image de Ginette n'était pas agissante pendant l'enfance, ni ensuite lors de la longue phase de latence de sa révélation, de son développement littéraire. Sa première évocation dans *Une Femme* n'a fait l'objet d'aucune analyse distanciée. Avec *L'Autre fille*, Ernaux retourne aux morts dans la sphère familiale, à leurs photographies. «Un néant qui n'a pas trouvé à se dire rôde dans la photographie et, à travers elle, dans toutes les formes de représentations à venir» nous rappelle Jenny quant à l'esthétique mortifère (17). Comme Didi-Huberman le dit explicitement, «rien n'est jamais 'déposé' une fois pour toutes, de la même manière et à la même place dans l'appareil psychique» (*Brouillards* 444). Nous assistons alors à une nouvelle déposition ou lecture lorsque ce récit, qui ne contenait que deux photographies en noir et blanc issues des archives personnelles de l'autrice, est republié par Nadège Fagoo en récit photolittéraire avec 34 photographies.

Cette réédition augmentée des photographies accentue le trouble (voire la croyance de l'enfant d'«être le double d'une autre vivant à un autre endroit», 50) par un jeu de dédoublement entre deux petites filles photographiées, habillées de manière similaire[16], mises en scène dans l'ancienne lingerie, hors d'usage, de l'EPSM. Dans ce lieu clos, les photographies de corps tantôt immobiles sur étagères, tantôt fantomatiques debout pourraient neutraliser la possibilité d'une brûlure de l'image. D'ailleurs, sur l'une d'elle (p. 19), une fille est allongée sur une étagère en fond d'image, dans l'enfilade des bois alignés d'autres étagères, à la fois jeu de perspective et point de fuite[17]. Par ce cadrage et ces cadres, elle est enfermée dans une structure. Mais le dédale de cet enfermement ne cadenasse nullement l'image, elle lui donne cette perspective qu'on pouvait déjà visualiser dans le tableau *Birthday* de Dorothea Tanning[18]. De ce tableau vu une seule fois en 1964, cité à deux reprises dans *L'Atelier noir* et une fois dans *Les Années* (ELV 988), Ernaux a gardé un artefact, reproduit dans le catalogue d'exposition. Une photographie, donc, sur laquelle elle va revenir jusqu'à publier un texte daté d'octobre 2002: «Ces portes sont les années

16 Pour une analyse plus approfondie d'une esthétique de l'écart, lire mon article «Annie Ernaux, à l'accueil d'une autre photographie».

17 Dans le diaporama monté par Fagoo, cette même image apparaît lorsqu'Ernaux prononce le mot «mortifiée»: «J'étais dupe dans le sens populaire, mortifiée. J'avais vécu dans l'illusion. Je n'étais pas unique. Il y en avait une autre surgie du néant» (20).

18 Ce que j'avais pointé dans «Annie Ernaux, De *Birthday* au photojournal».

écoulées mais pendant longtemps j'ai vu ces portes comme les années à venir. [...] À partir du moment où je l'ai vu, le tableau est devenu l'icône de ma vie » (« Anniversaire » 142). À chaque évocation, Ernaux choisit non pas le titre original *Birthday*, qui désigne littéralement « le jour de la naissance », mais sa traduction française *Anniversaire*[19], que l'étymologie rapporte au mouvement de revenir et qui désignait « d'abord en religion une cérémonie, une messe faite au retour annuel du jour du décès » (Rey 149). Dans le tableau, la femme se tient *devant* une enfilade de portes ; elle tient la poignée de la première porte, comme si elle pouvait maîtriser l'ouverture ou la fermeture. Fagoo lui offre son pendant, une image inversée avec une figure plus fantomatique *derrière* une enfilade de cadres, une mise en abyme. Et comme Ernaux veut « Faire passer dans un autre monde – l'écriture – l'image unique » (« Anniversaire » 142), Fagoo de faire passer, dans la photographie, un texte unique.

La structure de la photographie et son retour en variations dans le livre nourrissent l'obsession du temps. La dernière de la série met en abyme un regard, qui nous est dérobé ; une femme de dos regarde la fille endormie sur l'étagère. Comme si une femme plus âgée était enfin entrée au lieu de l'autre, dans l'image. Fagoo offre une chambre d'échos, plus douce, au sentiment du gouffre.

4 Les photos du dehors, sociographie critique et *sociogramme* : l'agir d'un regard, ce qui provoque le duel

En 2024, l'exposition à la MEP s'appuie sur *Journal du dehors*, où Ernaux évoque la tentative d'écrire comme si elle faisait des images : « J'ai cherché à pratiquer une sorte d'écriture photographique du réel, dans laquelle les existences croisées conserveraient leur opacité et leur énigme » (Préface, ELV, 500). Après le RER du *Journal du dehors*, autre transport en commun, le bus. Le *sociogramme* cède alors à la fiction. En 2023, Vincent Josse publie *Le Bus 72*, emprunté entre le 8ème et 16ème arrondissement de Paris. Pour accompagner les photos qu'il prend des passager.e.s à leur insu, à moins d'un mètre et avec son téléphone portable, il sollicite dix auteur.rice.s, leur fait choisir une photographie à partir de laquelle ils/elles écrivent. Chaque texte a pour titre une station de la ligne 72 selon le souhait du photographe. Le texte d'Ernaux, écrit en 1997, s'intitule donc « Victor Hugo » ; son choix se porte sur un portrait de femme âgée assise, les mains tenant son sac.

Le texte liminaire du journaliste photographe, inspiré dans sa démarche par Henri Cartier-Bresson et Diane Arbus, caractérise sociologiquement ces usa-

19 Le titre n'est pas traduit dans l'exposition de 1964 qui présentait *Birthday* à Paris. Ernaux francise également le prénom de la peintre dans la première occurrence.

gers « sans doute plus aisés que sur d'autres lignes », « dames souvent âgées » (5) qui « n'ont pas renoncé à leur coquetterie comme en témoignent les sacs de 'grande marque' » (6). Ernaux, scrutant les rides de « sa » passagère, écrit la vieillesse et leur façon de « regarder en face ce qu'ils ne veulent pas voir, l'inadmissible, la fascinante obscénité d'un visage ravagé par le temps » (79). Elle imagine une veuve héritière « à l'abri du besoin pour des siècles » (80 – comme les citations suivantes). Le ton se fait caustique : « Bronzée l'hiver à Courchevel, l'été sur un yacht », elle l'imagine au-dessus d'une volonté d'être belle : « La beauté c'est la dot des filles pauvres ». Nul besoin d'être belle, de faire des études, pour trouver un beau parti : « vous avez épousé à Saint Honoré d'Eylau quelqu'un d'assorti, fondé de pouvoir à la banque Rothschild ». L'adresse se meut peu à peu en droit de réponse : « Je vous invente une vie », « Vous êtes l'effigie accablante de la durée riche », « vous m'obligez à la violence des mots, vous me subordonnez à votre désir que j'expose ma violence », « Vous m'obligez à me souvenir de la servitude » (81). Et Ernaux de désigner ce qui les sépare : une « vieillerie bolchévique », « la lutte des classes » ; c'est le regard qui au fil du texte condense l'assurance de cette héritière : « deux billes noires » « me toisent, me défient », extrapolées en un « regard qui juge, jauge, sépare – vous sépare instinctivement de tous ceux qui sont dépourvus des signes d'appartenance à votre monde. Le regard inflexible de quatre-vingts ans de domination et de transmission d'héritages, de certitudes morales et financières » (80). Tout est dit, à l'extrême. Les affects de honte de la transfuge de classe sont à l'assaut, le souvenir d'expressions de son milieu d'origine affluent, celles qui disent la condition sociale dédaignée. La photographie, outil de fiction, devient ici un instrument idéologique dans un texte à charge.

La réflexion sur le médium photographique vient tempérer la diatribe : toute photographie est liée à celles antérieures, « photos rangées dans des albums où vous figurez à tous les âges, [...] aux côtés de gens disparus pour la plupart » (79). La conclusion du texte renvoie à une incomplétude inhérente à toute photographie en tant qu'image partielle.

> C'est précisément parce qu'elle est partielle que nous pouvons l'investir en tant qu'image. Une image "totale" (si une telle notion a du sens) nous fascinerait sans doute mais il n'est pas sûr que nous pourrions la voir, au sens où "voir" c'est arpenter, inférer et prolonger imaginairement une représentation nécessairement lacunaire,

explique Jenny (63)[20].

---

20 Qu'il tienne ce raisonnement à propos des quatre photos prises à Auschwitz en 1944, ana-

La fin du texte d'Ernaux institue l'image comme agissante et revient sur le medium photographique :

> Vous êtes ma colère.
> Vous êtes ma révolte contre cet ordre du monde qui vous a donné ce regard-là. Vous regarder, c'est la faire brûler. En un sens, vous pourriez vous enorgueillir une fois de plus de votre pouvoir, mais ce n'est pas le vôtre, c'est celui de la photo. Plus exactement, de la *volonté* mystérieuse, admirable de la photo qui m'a jetée dans ce corps à corps avec vous et forcée à dévoiler ma vérité. La vôtre reste muette et insaisissable. (81)

Parler à la femme de la photographie c'est affirmer le remarquable chiasme des regards quand l'autrice se pense regardée par l'image (Bredekamp 155). Le vous anaphorique, scandé, finirait par faire oublier qu'il s'agit d'un artefact. Ernaux, tout comme son.sa lecteur.rice, sait que la passagère ne la regarde pas (« je sais bien mais quand même, je sais bien que ce n'est pas vrai mais j'y crois », comme nous le disions plus haut).

La question fondamentale de l'essence de l'image posée par Bredekamp consiste à savoir si l'image est un matériau passif ou un vis-à-vis actif (155). Pour Ernaux c'est d'une part un matériau froid, une trace des corps hiératique, des âges de la vie, métaphorisés par des portes en enfilade, un masque à l'absence de tout sourire qui amplifie l'impression de fixité et de temps de pause. C'est d'autre part un vis-à-vis actif brûlant. L'acte d'image schématique est rare chez Ernaux, à une exception près – une photo hallucinée, animée d'une couleur – ainsi que l'acte d'image substitutif, sinon dans *L'Usage de la photo*. La déclinaison de modèles liés à l'image et au regard – Marie-Madeleine, Véronique et Marie, Méduse, Dibutades – est au contraire bien étayée. Enfin, c'est dans deux textes « adressés », *L'Autre fille* (lettre à la sœur) et « Victor Hugo » (à la passagère du bus 72)[21], que le chiasme des regards est remarquable quand l'écrivaine se pense regardée par l'image, jusqu'à apostropher la femme de la photographie. L'usage de telle ou telle photographie est toujours, avec Ernaux, intrinsèquement lié à la forme littéraire choisie.

---

lysées par Didi-Huberman, donne une profondeur toute autre à son affirmation qu'une image « totale nous clouerait à son réel, nous laisserait muets et interdits et finalement perdrait toute signification » (63).

21 Cf. mes articles « *Le Bus 72*, l'image volée » et « Les Photographies de Nadège Fagoo dans *L'Autre fille* d'Annie Ernaux » dans les actes du colloque *L'Acte d'image en littérature/The Image-Act in Literature (1880-2020)* dirigé par Anne Reverseau avec Andrés Franco Harnache et Yorik Janas, Les Ateliers [de Sens public] (https://ateliers.sens-public.org/).

Ouvrages cités

Bredekamp, Horst. *Théorie de l'acte d'image*. La découverte, 2010.

Claass, Arnaud. *Du temps dans la photographie*. Filigranes, 2014.

Crom, Nathalie. « Annie Ernaux dialogue avec la photographie : 'Le noir et blanc, c'est ma mémoire'. » *Télérama*, no. 3869, 2024.

Didi-Huberman, Georges. *Brouillards de peines et de désirs*. Minuit, 2023.

Didi-Huberman, Georges. *L'Image survivante*. Minuit, 2002.

Didi-Huberman, Georges. *Ce que nous voyons ce qui nous regarde*. Minuit, 1992.

Ernaux, Annie. « Victor Hugo. » *Le Bus 72*, dir. Vincent Josse, Le bec en l'air, 2023, p. 78-81.

Ernaux, Annie. *L'Atelier noir*. Busclats, 2011 (réédition augmentée Gallimard. 'L'imaginaire', 2022).

Ernaux, Annie. « Anniversaire. », *Le Cahier de l'Herne*, dir. Pierre-Louis Fort, L'Herne, 2022, p. 142.

Ernaux, Annie. « Les Médusantes. » *Les Femmes qui rient*, dir. Mylène Besson, Regard éditions Marie Morel, 2018, p. 111-115.

Ernaux, Annie. *Les Années*. Gallimard, 2008.

Ernaux, Annie. « Première enfance. » *Jardins d'enfance*, dir. Clarisse Cohen. Le Cherche midi, 2001, p. 79-88. Non paginé en ligne, https://www.annie-ernaux.org/fr/textes/premiere-enfance-2/ Dernier accès le 21/10/2025.

Ernaux, Annie. « Parmi les rares photos de famille… » *Acteurs du siècle*, dir. Bernard Thibault, Le Cercle d'Art, 2000, p. 43-53.

Ernaux, Annie. « *Je ne suis pas sortie de ma nuit* ». Gallimard, 1997.

Ernaux, Annie. *Journal du dehors*. Gallimard, 1993.

Ernaux, Annie. *Une femme*. Gallimard, 1987.

Ernaux, Annie. *La Place*. Gallimard, 1983.

Ernaux, Annie, et Nadège Fagoo. *L'Autre fille*. Light Motiv, 2023.

Ernaux, Annie, et Marc Marie. *L'Usage de la photo*. Gallimard, 2005.

Fayet, Agnès. « Les Images fantômes du texte. » *Études romanesques*, vol. 10, 2006, p. 305-314.

Fort, Pierre-Louis. « À l'épreuve de la photographie : sensibilité ancienne et visibilité nouvelle chez Annie Ernaux. » *Nouvelles Études Francophones*, vol. 20, no. 1, 2005, p. 129-136.

Jenny, Laurent. *La Brûlure de l'image, L'imaginaire esthétique à l'âge photographique*. Mimésis, 2019.

Josse, Vincent. *Le Bus 72*. Le bec en l'air, 2023.

Lahouste, Corentin, et Marcela Scibiorska. « Texturations iconopoétiques. » *Textimage*, printemps 2023 (https://www.revue-textimage.com/22_hapticite/introduction1.html Dernier accès le 18/12/2024).

Mannoni, Octave. *Clefs pour l'imaginaire ou l'Autre scène*. Seuil, 1969.

Merleau-Ponty, Maurice. *Le Visible et l'invisible.* Gallimard, 1964.

Reverseau, Anne. « La Genèse imagée comme mode énonciatif. Lorsque la collection 'Musées secrets' (éditions Flohic) fait écrire à partir d'images. » *Textimage*, 13, printemps 2021 (http://revue-textimage.com/19_genese/reverseau1.html Dernier accès le 23/12/2024).

Rey, Alain, *Dictionnaire historique de la langue française.* Le Robert, 2006.

Roussel-Gillet, Isabelle. « Annie Ernaux, à l'accueil d'une autre photographie. » *Roman 20-50*, vol. 79, juin 2025, p. 93–107.

2

Annie Ernaux's *Extimité*: The Limits of Self and Representation

Ritika Shah

Abstract This chapter draws on the psychoanalytic concept of *extimité* to illuminate two concurrent tensions in Ernaux's writing: the movement from the self to the Other, and from representation to its limits. The significance of these movements, their interrelation, and how they facilitate a glimpse into the beyond of reality is explored through *Simple Passion* and *Getting Lost*, and also examines the books' adaptation into Danielle Arbid's 2020 film *Simple Passion*.

Keywords *ekphrasis* – alienation – extimacy – *extimité* – memory – real – Other – psychoanalysis – adaptation

Annie Ernaux's "genre-less" works present unique challenges for those attempting to analyze them: how should the various frames of analysis and sites of translation contend with the autobiographical, sociological, and historical currents in her work?[1] What kind of historical reconstruction is entailed in Ernaux's construction of reality from memory, where the narration is sometimes chronological and other times not? For example, *The Years*, written from the perspective of one woman, follows the events that unfolded over more than six decades in France and across the world in chronological order, but *A Girl's Story*, which deconstructs the agonizing events of the summer of 1958, or *Simple Passion*, which identifies the singular symptoms of a passion, refuse a linear form. Many have also pointed to the indeterminate subjects of her work: what is it that Ernaux ultimately aims to capture? What is the "real" subject of her works?[2] Others have tried to make sense of the tools and literary devices she uses: what underpins Ernaux's fascination with photographs and images?[3] To

1 For a discussion of how Ernaux's seemingly autobiographical oeuvre has a historical and sociological quality, thus rendering it ethnographical, see Siobhán McIlvanney (4–7) and Akane Kawakami (103).

2 See, for instance Alison Fell, who argues that the "'real' subject" of *The Use of Photography* is Ernaux's breast cancer (68).

3 On the various uses of photographs in Ernaux's self-representation, see Kawakami (88–130).

© 2026 KONINKLIJKE BRILL BV, LEIDEN | HTTPS://DOI.ORG/10.1163/9789004760219-004

what extent does self-reflexivity, characteristic of her works, make the limits of photographs and writing apparent? While these challenges are relevant to scholars, they also arise for those seeking to translate her works and adapt their potency across different media. For instance, should texts such as *Simple Passion* be understood as chronological representation of phenomena? And what dimensions should one pay attention to when translating her works from words to images?

This essay argues that a term is necessary to think through the limits of self and representation operative in Ernaux, a term that allows us to consider these two limits in conjunction. That is: how can something so personal also be so transpersonal? And how can a style of writing that repeatedly reclaims its faith in the power of representation nevertheless cast a doubt on that very power of words to capture reality? To better understand these issues—between self and the Other, on the one hand, and representation and its limits, on the other—this essay turns to the psychoanalytic notion of *extimité*, developed by Jacques Lacan and subsequently Jacques-Alain Miller. Because of its status as a term that bypasses the opposition between exterior and interior, assisting us to conceive of an exteriority that is within interiority, and because these metaphors of space are concerned ultimately with the interrelations between self and Other and real and symbolic, *extimité* is particularly suitable for exploring Ernaux's work which is similarly concerned with these themes and oppositions.

In developing this argument, I first elaborate the ways in which Ernaux employs photographs and *ekphrasis* in order to problematize her approach to reality and writing. I then demonstrate that while Ernaux remains committed to reality, the movement is ultimately from reality to the "real that resists" representation (GS 79). This will also raise the question of the multiple meanings of real and reality in Ernaux's works. Following from this, through the term *extimité*, I underscore the interrelatedness of the two gestures: from reality to the real and from the self to the radically Other. The various themes of her work underlined through this discussion and the difficulties of interpretation and representation they raise are then discussed in relation to Danielle Arbid's 2020 film *Simple Passion*. With the stakes in Ernaux's work underscored through the term *extimité*, we see, when considered in relation to the film *Simple Passion*, how blunting one edge of her work—namely, its critique of the Other—undermines Ernaux's intended effect.

1 An *ekphrasis* of Transformations in Reality

Memory in Ernaux's work is more than a wellspring from which she draws the raw material for writing. The capacity to review one's past at every stage of life is deemed one of the highest forms of self-knowledge: "Of all the ways in which self-knowledge may be fostered, perhaps one of the greatest is a person's ability to discern how they view the past, at every time of life and every age" (TY 73). Whether it is the world of the 18-year-old Ernaux in *A Girl's Story* or of the woman who lived from 1941 to 2006 in *The Years*, many of her works elaborate truncated traces and markers of personal and impersonal memory. Yet this transcription of memory into narrative is no simple task. The form varies depending on the project's intention or the lived experience. Family objects, particularly photographs and films, with their capacity to approximate reality as closely as possible, sustain ethnographic investigation. The collective and personal meanings attached to the emergence and acquisition of new technologies—technologies with which Ernaux and her milieu preserve reality such as the Bell and Howell Super-8 camera mentioned in *The Years*—are recognised as moments in memory. Acute experiences are retold in discomforting detail: her illegal abortion in the 1960s France in *Happening*, her transition from a working-class family to a dominant culture and the fracturing of love this entailed in *A Man's Place*, and the helplessness of her first sexual experience in *A Girl's Story*. On the one hand, through remarkably terse prose and a relentless examination of material objects and facts, Ernaux renders the past accessible to inquiry in new ways, exhausting in the process the various media through which we come to acquire such knowledge of the self and the world. Yet in her efforts to transcribe reality as objectively as possible, she also takes the reader to the limits of narration—and thus of rendering lived experiences in writing and images. How do her works approach these limits?

Given Ernaux's fascination with photographs, to the extent that her works are considered "photographic writing" (Kawakami 11), we may begin this inquiry by asking what prompts the omnipresence of photographs in Ernaux's work. As we explore this, it will become equally important to consider the descriptions of photographs and images in works such as *A Girl's Story* or *The Years* and the purposes these descriptions serve. In this process, the following paragraphs will also define the sense in which the term *ekphrasis* is understood in this essay.

An explanation of her fascination with photographic images is offered by Ernaux in *The Use of Photography*, a photobiography chronicling the fervent love affair between Ernaux and Marc Marie. In its opening sentence, she recalls gazing at an image of "the dinner table, which had not been cleared, at the chairs out of place, our tangled clothes that had been thrown all over the floor the night before" during lovemaking (UP 11). She finds that the only "objective trace of pleasure" from their sexual encounter lies in the arrangement of objects left behind: clothing, lingerie, shoes, and furniture, all moved recklessly in the oblivion of passion, reflecting bodily gestures that were made and forgotten soon after (UP 11). Seeking to locate and preserve these traces, Ernaux and Marie photographed many such scenes throughout their relationship. They realized that what they sought to record was absent from the photographs: "The love-making of the night or the morning, the date of which we already struggled to recall, had taken on a material form and at the same time been transfigured, as if it now existed elsewhere, in a mysterious space" (13). To lessen this gap between photographs and their memories of lovemaking, writing became necessary: "It was as if what we'd thought until then would be enough to preserve a trace of our moments of love—the photos—was not enough, and we needed something more—writing" (13).

To further explore this interplay between image, word, and reality, let us consider Ernaux's use of the literary device of *ekphrasis* and the ends toward which it is employed. If we define *ekphrasis* as "the verbal representation of visual representation" (Heffernan 3), Ernaux's descriptions of photographs stand out as its most apparent form. But unlike contemporary *ekphrasis*, which often focuses narrowly on "verbal representation" of "visual representation," i.e., representation of representation, Ernaux's work echoes the ancient notions of *ekphrasis* by rendering transformations of reality, including sensory effects involved, into words in order to transpose images and scenes from her lived experience to others.[4] Even in texts as early as *The Frozen Woman*, her *ekphrastic* strategies extended beyond purely photographic descriptions. Her works have included not only verbal representations of visual memories (such as images seen and recalled) but also sensory evocations (how it felt and sounded). Further, *ekphrasis* in Ernaux often expresses transfigurations of objects and images in time, that is, it extends beyond descriptions of static objects to include places, people, events, and their metamorphoses over time.

To elaborate on this broader use of *ekphrasis* in Ernaux, three examples are valuable. First, consider the importance of "sensations" as emphasized by Ernaux in her Nobel Prize acceptance speech, where she expressed that the "authenticity" of her work rests on the use of "sensations" to "guide and guarantee" its correspondence to reality (*I Will Write to Avenge my People* 20). The idea

4 See Ruth Webb for the divergence between contemporary and ancient definitions of *ekphrasis*.

that sensations serve as her criterion for both writing and truth is also affirmed by Ernaux in *L'Écriture comme un couteau*. She often mines forgotten sensations, presenting to and evoking in the reader an inventory of sounds, images, and smells typically at the edge of perception and memory—both theirs and Ernaux's. For example, in *The Years*, she contrasts the poetic language memorized at school with the visceral language of home: "language that clung to the body, was linked to slaps in the face, the Javel water smell of work coats, the sound of piss in the chamber pot, and the parents' snoring" (33).

Second, Ernaux's preoccupation with the passage of time and the external and internal transformations it entails cannot be unlinked from the *ekphrasis* used to conjure those transformations. In the description of objects, images, and actions—such as "eating noisily and displaying the progressive metamorphosis of food in the open mouth" in *The Years* (30)—the mark of time is often retained. Here, for instance, she compares photographs and songs in their relation to time: "Photos cannot capture a span of time. They lock you into the moment. A song is expansion into the past, a photo is finitude" (UP 89). What the reader experiences is a much larger and richer inventory of images, still and moving, as opposed to a straightforward rendering of static visual representation into words.

Finally, classical *ekphrasis* is less concerned with the subject matter and more with the effect it generates. This is another point of alignment with Ernaux's work. Writing, Ernaux notes, is "nothing less than the possibility of transfiguring reality itself" (*I Will Write to Avenge My People* 13). Through her rendering of images and scenes, she seeks to "enable beings to reimagine themselves" (*I Will Write to Avenge My People* 22). While this quality is not exclusive to Ernaux, it is particularly striking in her work, given her position as a class defector and feminist.

I have situated Ernaux's writings within this broader definition of *ekphrasis* due to the differing and contentious meanings of the term in current debates. However, the assertion that Ernaux is concerned with transcribing and analyzing lived experiences as they occur in reality and are excavated from memory might lead one to conflate her work with naïve realism. The next section demonstrates that, although her works are initially concerned with reality, they transcend it and move toward the real.

2 From Reality to the Real: Representation and Its Limits

The question of how Ernaux moves from the transfigurations of reality in time to the real that defies language is inseparable from the question of memory and its meanings in her work. To explore the tensions between representation and remembering, I will primarily draw on examples from *A Girl's Story*, for Ernaux contends that this text comes closest to testing the limits of writing's ability to capture reality, with other books fading in comparison on this criterion (GS 52). I will argue that the difficulty of the work lies in its engagement with the memory not only of things remembered but of things forgotten, repressed, and buried, and therefore in her preoccupation with reality Ernaux is truly preoccupied with the real.

Is memory the recollection of contents from one's past? In *On Memory and Reminiscence*, Aristotle wrote that memory is neither an image nor a perception but a "state" or "affection" arising from them. This affection, he argued, is conditioned by a lapse of time, for there is no memory of the present—only sense perception. Understood this way, memory unites bodily sensations, such as perceptions, with mental phenomena, such as thoughts, across time. Writing one's lived experiences, in this sense, could be conceived of as representation of recollected "material" found in the impressions left upon the mind, much like the *ekphrasis* of a photograph. Then, is the writing from/of memory a writing simply of those impressions, containing as they may both language and perceptions, but remaining nevertheless within the order of the imaginary? This line of thought resonates with Ernaux's work, where the act of writing is likened to photography. She notes: "I realize that I am fascinated by photos in the same way I've been fascinated, since childhood, by blood, semen, and urine stains on the sheets. [...] I realize I expect the same from writing. I want words to be like stains you cannot tear yourself away from" (UP 65). In likening photography to writing, does Ernaux view the writing of past events as merely a resurrection of past reality, albeit with some distortions, much like those found in any photograph?

In *A Girl's Story*, when Ernaux speaks of her need to "retrieve all the images, fantasies and thoughts about sex that drifted around inside the self" of the 18-year-old Ernaux (28), this retrieval does seem like an act of resurrecting a reality that once was—memory as remembered. If we follow this line of thought, we might equate memory with recollection and writing with capturing photographs of a reality that once existed. Both writing and photography may be conceived as representations of lost images that have left impressions on the mind.

Yet Ernaux's position on photographs in relation to memory complicates this equivalence. The photograph is neither a form of memory nor a tool for recollection. Reflecting on the relationship between writing, photography, memory, and time, she writes:

> I am trying to describe the photo from two points of view, one past, one present. What I see now is not what I saw that morning [...] It's my imagination that deciphers the photo, not my memory. *I absolutely need to get it out of my field of vision*, so that after a while, images of spring 2003 come back to me with a sort of delayed remembering, so that thought itself will be set in motion. (UP 22, emphasis mine)

It appears that for Ernaux memory is something other than photographs, but then, why the continual recourse to photography, a recourse that started with *A Man's Place*, in which Ernaux arduously attempts to draw a portrait of her father—a portraiture shaped not by subjective memories but by "external evidence" (22). And, continuing our inquiry, if the photograph's relation to memory is dubious, do recalled images hold a closer relationship to memory? Or is it that photographs and images serve a function even though the conception of memory held by Ernaux is greater than the sum of images recalled?

Writing in 1895, Freud claimed that any psychological theory worth its name must explain memory. On extant psychological theories and memory, he noted: "no psychological theory has yet succeeded in giving a connected account of the fundamental phenomenon of remembering and *forgetting*" (135, emphasis mine). The enigma of memory lies not in recollection but in what memory does not remember or remembers at best in summary form. In other words, in psychoanalysis as in Ernaux, narrating lived experiences is always intertwined with the problem of "too little" or "too much" of memory (Terdiman 93). Ernaux does not write on "subjects," remembered and recollected with ease, sutured into a coherent expression of self-narrative, but her works probe "unknown structures" (UP 49). As an example, the following paragraphs from *A Girl's Story*, worth quoting in full, convey the difficulty of approaching the subject of the 18-year-old Ernaux:

> I too wanted to forget that girl. Really forget her, that is, stop yearning to write about her. Stop thinking that I have to write about this girl and her desire and madness and her idiocy and pride, her hunger and her blood that ceased to flow. I have never managed to do so.
>
> There were always references to her in my journal—"the girl of S," "the girl of 58." For the last twenty years, I have jotted "58" among my other book ideas. It is the perpetually missing piece, always postponed. The unqualifiable hole. (16)

Here, perturbed by unforgettable memories, which surface alongside a desire to write about them, Ernaux retells how the "the girl of 58" has remained an untraversed book project for two decades. What is the "missing piece," "the unqualifiable hole"? This young girl, she notes, is not Ernaux, but "is real inside" her, "a kind of *real presence*" (21, original emphasis). Elsewhere this girl is the "real outside of" Ernaux (31). What is this real? How do we understand this enigmatic "presence" inside of Ernaux and yet outside her? And how does the reality at the present time, that she excavates and presents through writing and images, relate to this real that exists inside and outside?

3 The Intimate Other: Desired and Exposed

To synthesize these open questions on reality and the real and representation and beyond, in relation to the self, we might benefit from a brief recourse to Jacques Lacan's concept of *extimité* and its subsequent development by Jacques-Alain Miller. *Extimité*, translated into English as *extimacy*, is a term that transcends the simplistic opposition between interior and exterior. It describes an "excluded interior" or an "intimate exterior," where the Other is embedded at the core of the subject (Miller 122). One way to understand *extimité* is to visualize two concentric circles, with the inner circle representing the exterior embedded within the core of the interior. Illuminating the interplay between the self, the Other, and representation, it will serve as a lens to explore how Ernaux's works navigate these dynamics. In Ernaux's writing, *extimité* becomes evident in the alien otherness in identity and desire. Her works deconstruct the boundaries between self and Other, uncovering how external norms and beliefs infiltrate her historically and socially specific selves. Simultaneously, her efforts to approximate reality expose the gaps in symbolic order—gaps that arise not only in relation to a prediscursive reality but also those that arise through language itself. Through the lens of *extimité*, we can identify two key dimensions.

First, *extimité* provides a framework for examining the relationship between the real and representation. Turning to Lacan, the real is not simply a prelinguistic reality and the failure of language to fully capture reality; instead, it is something felt only in and through language.[5] This distinction between the two kinds of real raises critical questions for interpreting Ernaux's work: Is her notion of the real distinct from a presymbolic reality? And if it is, how does she expose the real within and through representation?[6]

5 See Charles Shepherdson's *Lacan and the Limits of Language*, especially Chapter 1, for a discussion of how the relationship between the real and the symbolic can be conceived in various ways in Lacan, as its meaning evolves over the years. Here, we are concerned with what Shepherdson terms a "postsymbolic" real (27).

6 While the real might be demonstrated, the subject's relation to this demonstration remains a vexed question. As Lacan notes in *Radiophonie*: "Thus the real is distinguished from reality. This, not to say that it is unknowable, but that there is no question of knowing oneself there, but rather of demonstrating this real (le démontrer)" (58).

One of the ways in which this dynamic becomes evident is through Ernaux's characteristic reflexivity, where she reflects on the challenges of accessing memory, translating it into language, and the effects of this process. For example, in her reflections on the room where she spent 1959, following the traumatic summer camp experience of 1958, she writes: "This room is the real that resists, whose existence I have no means of conveying except by exhausting it with words" (GS 79). Here, the room becomes a materialization of the real—not as a direct reference to its physical presence but as a locus of absence, whose existence can only be approached through the effort of writing. Similarly, in *The Possession*, where obsessional jealousy becomes a driving force for writing, she notes that her words emerge out of "jealousy of the real" (33). In this context, the real is revealed as both resistant to and shaped by writing and images. This paradox is extended in *The Use of Photography*, where Ernaux declares that "every photo" is "metaphysical" (95), or affirms: "I want words to be like stains you cannot tear yourself away from" (65). In statements such as these, we see that the mimetic relationship between reality and symbolization is not only problematized but also that symbolization—whether through words or photographs—is likened to a stain, something that materializes lack. That the real emerges as a remainder of representation—a void within it whose effects reverberate throughout Ernaux's works.

Second, *extimité* helps to elucidate the interrelation between Ernaux's selves and the Other in her writing. The Other is not clearly defined as a specific figure or entity; instead, it surfaces as radical alterity—an overwhelming external presence that reduces self to helplessness and dependence. A dimension of Other is also present in Ernaux's persistent critiques of social norms, laws, and beliefs, which have nevertheless shaped her desires. For instance, in *A Girl's Story*, Ernaux explores the desire to be desired by a single Other while also exposing the ideas, fantasies, and conditions that make such a desire possible. The book begins with a prologue on this Other. She describes individuals who are entirely consumed by the presence of an Other, observing their every move and word with rapt fascination. In the absence of this Other, they feel empty and suspended in a state of waiting.

Yet in the suffering imposed by the Other's absence, one is moved to transform oneself to become worthy of their attention. The summer of 1958, when Ernaux experienced a profound and multifarious lack—of love, agency, and even the monthly flow of her menstrual blood—would prove the very foundation of her identity as a writer.[7] By the end of *A Girl's Story*, the young woman

7 See Michèle Bacholle (142), who also draws attention to the link between the traumatic events

has resolved to "make a literary being" of herself, "someone who lives as if her experiences were to be written down someday" (GS 135). *A Girl's Story* thus expresses this complex and ambivalent relationship between the self and the Other—an Other dearer to oneself than one's own self and yet always alienating. Miller captures this interplay when he reminds us of the following from Lacan: "the Other to whom I am more attached than to myself; it is he who stirs me" (Lacan qtd. in Miller 123). We might also consider, as Robin Tierney recalls, that Ernaux's *Journal du dehors* and *La Vie extérieure* were called "*journaux extimes*" (rather than *intimes*) (113). Nevertheless, as Tierney remarks in a footnote (128), Laurence Mall and other critics suggested, and Ernaux conceded, that despite the external focus of these two works, they reveal the author rather than other people. What is thus required is a term that retains the intimate relation to self while indicating the mediation of this intimacy by the Other. It is for this reason that the psychoanalytic notion of *extimité* serves as a crucial conceptual bridge for maintaining the paradoxical relations in Ernaux's work—between the self and the Other, the interior and the exterior, and the symbolic and the real.

Thus, to recapitulate the two movements, Ernaux exposes the gaps in the symbolic order, not as a failure to access a presymbolic reality, but as an inherent feature produced by representation itself. At the same time, she demonstrates the complex ways in which social norms intrude upon and operate from within the self. Ignoring either dimension of *extimité* risks blunting the radical edge of Ernaux's work. In the next section, I explore this by examining these two gestures in relation to the film adaptation of *Simple Passion*.

4 "The Alienation of Annie Ernaux" Reduced to a Simple Passion

Having grounded my analysis in the concept of *extimité*, I will now turn to *Simple Passion*, a work that is involved in the exploration of the self and the Other, as well as the real and its representation, through the structure of passion. *Simple Passion*, alongside Ernaux's published journal of that affair, *Getting Lost*, underscores the author's acute suffering, punctuated by fleeting moments of pleasure, during a passionate affair. The work was adapted into visual media with the 2020 film *Simple Passion*, directed and written by Danielle Arbid.

---

of the summer of 1958 and the writer Ernaux becomes, also situating *A Girl's Story* and its reception within the larger context of French society.

When the text is read in conjunction with the adaptation, we can discern not only what remains muted in Ernaux's original work but also what the film inadvertently excludes and/or transforms.

Though both *Simple Passion* and *Getting Lost* chronicle the same experience, the truth conveyed in each is of a different order. *Simple Passion*, like other works by Ernaux, is preoccupied with documenting the sensations and symptoms of a lived experience—in this case, the "signs of a passion" (20). It presents a detached, clinical "inventory" of the ways passion affects the self, resisting confessional or sentimental modes of storytelling. *Getting Lost*, however, is Ernaux's journal from the period of the affair, presented with no revisions apart from the use of initials in place of full names when deemed necessary. Ernaux herself notes that the "truth" in *Getting Lost* varies from that in *Simple Passion*, describing the journal as offering "something raw and dark, without salvation—a kind of *oblation*" (9, original emphasis). Together, the two works provide insight into the intensity of the relationship: the day-to-day effects of desire, the loss of self, and the unbearable states of endless waiting depicted in *Getting Lost*, contrasted with the more detached symptoms observed as the reality of the relationship's end begins to take hold.

In Ernaux's descriptions of her lover as "the embodiment of the absolute" and "the principle, wondrous and terrifying, of desire, of death and writing," we sense once again the intimate presence of the Other (GL 9–10). It is no surprise that Ernaux's experience is one of self-disappearance in the overwhelming presence of this Other. The journal repeatedly probes the relation between the "she" of writing and the "she" of desire. The strength of her desire for this Other only exposes her fragmented self, not different from the "girl of '58": divided, lacking, powerless. Writing becomes a compensation for lack: "I make love with the same desire for perfection that I feel in relation to writing," she confesses, but also concedes, "I've never wanted anything but love. And literature. I only wrote to fill the void…" (GL 23, 42).

Simple Passion, as mentioned earlier, catalogues the many effects of passion: the obsessive waiting, the altered perception of time and objects, and the persecution by one's imagination and thoughts. It is concerned with transcribing the transformation of reality and resists any questioning of the desire, any exploration of its origins or foundations, or any explanations, allowing the reader to encounter the disarray and emptiness of desire in its concrete instances.

Together, *Getting Lost* and *Simple Passion* emerge as representations of the impossibility of representation: the world and its objects lose any meaning outside of the significance imparted to them by passion. Ernaux is thoroughly consumed by her desire for the Other and anticipates that readers will discern this "alienation in the work of Annie Ernaux" (GL 49). Nevertheless, she persists in her literary resolution, coping through her writing self with the inevitable castration imposed by the arbitrary, absolutely free Other in *Getting Lost*, while documenting "isolated symptoms" in a clinical tone in *Simple Passion* as she confronts the impossibility of recounting her passion chronologically (51). What emerges, then, is not simply the reality of passion eluding representation but also a confrontation with what was absent yet produced through the work itself: the work becomes a testimony to the many impossibilities of representation when the self is confronted with the Other.

Arbid's *Simple Passion*, released nearly two decades after the book's publication, translates this narrative into a cinematic language that alternates between scenes of intimacy and the daily life of Hélène (Laetitia Dosch) in her lover's absence. The film opens and closes with the end of the affair, framing the narrative as a recollection. Hélène, a divorced literature professor and mother of a preteen son, Paul, is consumed by her passion for Alexandre (Sergei Polunin). Sparse dialogue reflects their emotional and intellectual distance, compounded by their linguistic divide—his Russian, her French. Long shots of Alexandre's fast-paced highway driving, juxtaposed with Hélène's university lectures—on Baudelaire, for instance—further emphasize the gulf between them. Hélène's alienation from herself, a consequence of being thoroughly possessed by this passion, is partly conveyed through Dosch's physical gestures in her lover's absence—uneasy, absent-minded, fatigued—which starkly contrast with her sensual, incandescent submission when in his presence. Through these details, the film captures the alien intimacy of their relationship: an overpowering sensuality alongside the deep disconnection.

However, since Ernaux describes *Simple Passion* as both a work of "testimony" and "critical commentary" (20), one must ask: where does the critical dimension lie? Is it in the raw portrayal of passion, or does it also pertain to dimensions of Ernaux's life—in other words, her situation and her singular engagement with it? In Arbid's adaptation, new characters are introduced—Hélène's ex-husband, her therapist, and her son—who externalize her emotional turmoil but risk obfuscating the singularity of Ernaux's experience as a single woman and writer, no longer consumed by the duties of motherhood. In *Getting Lost*, Ernaux, for instance, reflects on the loneliness and satisfaction of her situation, comparing it with others: "But my suffering, like my happiness, is linked to my condition of being a single woman. In a marriage or common-law union, it would all be boredom and jealousy, pretty much" (87). At the time of the affair in 1988, Ernaux's two sons, Éric and David, would have been 23 and 20, respectively. From *Simple Passion* and *Getting Lost*, the reader gets the impression that Ernaux lives alone. The film, as we know, transforms the situation by portraying Hélène as a single mother with a son who lives with her. While this transformation of the situation is not a reason for dismay, its reliance on motherhood to portray alienation raises questions.

Consider, for example, Arbid's translation of Ernaux's reflections on how she assesses a desire's authenticity. In *Simple Passion* Ernaux reveals that she measures the strength of her desire by imagining an accident or tragedy and whether she would be willing to pay that price (7). In the film, there is a scene where Hélène nearly runs over her son after dropping him off for football—a recurring activity she has neglected in recent weeks. Similarly, Hélène's recovery from a complete breakdown owing to Alexandre's departure is represented by her cheerful return to Paul's football sessions. Do we infer the intensity of Hélène's passion in part, from the discomfort provoked by her failure to fulfil maternal expectations? In a different scene, the ex-husband reprimands Hélène for her absent-mindedness and unavailability for Paul, and, in another, the lover tells Hélène off for wearing a skirt that makes her look like a "slut." Here, the viewer might question whether the film depends, conspicuously or inconspicuously, on familiar tropes that contrast the identities of "mother" and "slut."

Ernaux's work derives its radicality not from narrating the story of a mother estranged from motherhood because of her desire for another man but from the complete decentering of the "Ernaux of writing" by her desire for a man. What we see is an estrangement from her identity as a writer, whose foundations are revealed to be unstable, prone to being dismantled by an inexplicable desire. Ernaux's unapologetic narration of her life and thoughts in writing—a life that does not conform to social norms or positions—and her embodiment of strong sensual desires, without justifications or guilt, are, in themselves, a critique of the Other. By turning to Arbid's adaptation, we notice how this critique of the Other—an Other that repeatedly excludes such stories while pretending to include them—becomes muted. In translating *Simple Passion* into a visual narrative, the film blunts its politically critical edge and feminist stance by transforming it into a more familiar story. Perhaps this is where we locate the divergence between Ernaux's text and the film: in the cleft between the singularity of Ernaux's narrative and the translation of that narrative into a film relying on established tropes.

Through the psychoanalytic notion of *extimité*, this essay examined how Ernaux's work, while grounded in the everyday material of reality, transcends those limits. In exploring the movement from reality to the real, the essay first considered her use of photographs, *ekphrastic* writing, and a writing that aspires to be photographic. It argued that representation in Ernaux's work does not aim at mimesis but is conceptualized as a stain—attempting, through its connection to reality, to reveal the gaps and excesses of meaning and existence.

This is especially evident in relation to memory, where Ernaux, through the remembered and the recollected, attempts to retain a trace of the forgotten and buried—i.e., something of the real is approached through the exploration of memory. Ultimately, using *extimité*, these various threads were brought together by underscoring two dimensions fundamental to Ernaux's work: the relationship between the self and the Other, and the tension between the symbolic and the real. The significance of these was illustrated through Arbid's adaptation of *Simple Passion*, which, while translating Ernaux's words into images, ultimately undermines the radicality of Ernaux's singular exploration of desire by relying on familiar tropes of motherhood.

Works Cited

Aristotle. "On Memory and Reminiscence by Aristotle." *The Internet Classics Archive*, https://classics.mit.edu/Aristotle/memory.html. Last access 01/05/2025.

Bacholle, Michèle. "'Sluttish' Annie: Ernaux's *Mémoire de fille*, Female Agency, and Empowerment." *Women in French Studies*, vol. 29, 2021, p. 136–151.

Ernaux, Annie. *The Use of Photography*. Translated by Alison L. Strayer, Fitzcarraldo Editions, 2024.

Ernaux, Annie. *The Years*. Translated by Alison L. Strayer, Fitzcarraldo Editions, 2024.

Ernaux, Annie. *I Will Write to Avenge My People: The Nobel Lecture, 2023*. Translated by Alison L. Strayer and Sophie Lewis, Fitzcarraldo, 2023.

Ernaux, Annie. *A Girl's Story*. Translated by Alison L. Strayer, 4th ed., Fitzcarraldo, 2022.

Ernaux, Annie. *Getting Lost*. Translated by Alison L. Strayer, Seven Stories Press, 2022.

Ernaux, Annie. *Happening*. Translated by Tanya Leslie, 2nd ed., Seven Stories Press, 2019.

Ernaux, Annie. *A Man's Place*. Translated by Tanya Leslie, Seven Stories Press, 2012.

Ernaux, Annie. *The Possession*. Translated by Anna Moschovakis, Seven Stories Press, 2008.

Ernaux, Annie. *Simple Passion*. Translated by Tanya Leslie, Seven Stories Press, 2003.

Ernaux, Annie, and Frédéric-Yves Jeannet. *L'Écriture comme un couteau*. Gallimard, 2003.

Fell, Alison S. "Intimations of Mortality: Annie Ernaux and Marc Marie's *L'Usage de La Photo* as Breast Cancer Narrative." *Nottingham French Studies*, vol. 48, no. 2, June 2009, p. 68–79.

Freud, Sigmund. *The Psychopathology of Everyday Life*. 1901. Translated by James Strachey, The Hogarth Press, 1981.

Heffernan, James A.W. *Museum of Words: The Poetics of Ekphrasis from Homer to Ashbery*. University of Chicago Press, 2004.

Kawakami, Akane. "Annie Ernaux, 1989: Diaries, Photographic Writing and Self-Vivisection." *Nottingham French Studies*, vol. 53, no. 2, July 2014, p. 232–246.

Kawakami, Akane. *Photobiography. Photographic Self-Writing in Proust, Guibert, Ernaux, Macé*, Routledge, 2013.

Lacan, Jacques. *Écrits: The First Complete Edition in English*. Translated by Bruce Fink, W.W. Norton & Company, 2006, p. 412–441.

Lacan, Jacques. "Radiophonie." *Scilicet*, 2, 3, 1970, p. 55–91.

McIlvanney, Siobhán. *Annie Ernaux: The Return to Origins*. Liverpool University Press, 2001.

Miller, Jacques-Alain. "Extimité." *Prose Studies*, vol. 11, no. 3, Dec. 1988, p. 121–131.

Shepherdson, Charles. *Lacan and the Limits of Language*. Fordham University Press, 2009.

Simple Passion. Directed by Danielle Arbid, Pyramide Distribution, 2020.

Terdiman, Richard. "Memory in Freud." *Memory: Histories, Theories, Debates*, edited by Susannah Radstone and Bill Schwarz, Fordham University Press, 2010, p. 93–108.

Tierney, Robin. "'Lived Experience at the Level of the Body': Annie Ernaux's *Journaux Extimes*." *SubStance*, vol. 35, no. 3, 111, 2006, p. 113–130.

Webb, Ruth. "*Ekphrasis* Ancient and Modern: The Invention of a Genre." *Word & Image*, vol. 15, no. 1, Jan. 1999, p. 7–18.

3

L'Écriture ernalienne ou les images au couteau : de *L'Usage de la photo* aux *Années Super 8*

Justine Muller

Abstract This chapter analyzes the reproduction of images in *L'Usage de la photo* and *Les Années Super 8*, showing that Marc Marie's and Philippe Ernaux's photographs and film sequences question the power of representation. Annie Ernaux's writing style reveals their limitations, explores what lies beyond the frame, and restores the richness of lived experience. By transforming the intimate into a shared experience with political implications, writing unveils reality and its permeating social structures, confirming the coherence of the writer's literary project.

Keywords Marc Marie – Philippe Ernaux – photography – family movie – écriture du réel – intermediality – couple

Depuis la publication de *La Place*, Annie Ernaux accorde un rôle important dans son œuvre aux « photos écrites » (UP 17)[1]. Avec *L'Usage de la photo*, publié avec Marc Marie en 2005, l'écrivaine effectue un pas supplémentaire en ce que les photographies se voient désormais reproduites en noir et blanc dans l'œuvre qui, de ce fait, devient intermédiale en même temps qu'interscripturale, Marie étant le photographe principal des images et le co-auteur du récit. Bien que les images filmées relèvent d'un régime visuel esthétique distinct, la sortie des *Années Super 8* en 2022 paraît prolonger la pratique de la création partagée. En outre, comme dans *L'Usage de la photo*, cette pratique de co-création repose sur l'entrelacement de textes et d'images, entrelacement qu'Ernaux actualise dans d'autres œuvres[2], mais qui acquiert ici une dimension particulière du fait de son inscription dans une dynamique de couple. Le film documentaire réunit en son sein les images tournées par Philippe Ernaux et les mots de l'écrivaine, dont le récit accompagne les images sélectionnées par leur fils, David Ernaux-Briot, réalisateur des *Années Super 8*[3].

---

1 Pour un panorama d'ensemble quant à la photographie au sein de l'œuvre ernalienne, voir Bacholle-Bošković (*Annie Ernaux* 63-69).

2 Parmi celles-ci, mentionnons le « photojournal » dans *Écrire la vie*, *Retour à Yvetot* et *L'Autre fille*.

3 David Ernaux-Briot explique leur collaboration comme suit : « Elle n'est pas intervenue dans

© 2026 KONINKLIJKE BRILL BV, LEIDEN | HTTPS://DOI.ORG/10.1163/9789004760219-005

Le choix d'intégrer dans ces œuvres des images capturées par un autre est intéressant en ce qu'il semble relever d'un désir d'introduire une réflexion sur l'image comme site de pouvoir, bien que les hommes entretiennent tous deux par ailleurs une relation très différente avec l'écrivaine. La reproduction des images au sein des œuvres met au jour leur faculté à constituer un dispositif de fixation du sujet saisi dans une représentation figée. Dans un même temps, elle laisse apparaître aussi, par contraste, le potentiel contestataire de l'écriture, conçue comme un opérateur de dévoilement du réel. Dès lors, il s'agira d'observer de quelle façon, après avoir montré la dépossession de soi par les images, Ernaux mobilise les codes de celles-ci pour construire un discours alternatif, doté d'une capacité accrue à révéler l'intime.

Dans un premier temps, nous analyserons les images capturées par Philippe Ernaux et Marc Marie ainsi que leur aspect aliénant dans la mesure où elles dépossèdent l'écrivaine d'elle-même. Dans un deuxième temps, il sera question de la manière dont Ernaux développe des images littéraires alternatives à celles des hommes au moyen d'une écriture photographique. Enfin, nous étudierons comment cette écriture s'impose comme supérieure à l'image en ce qu'elle permet de saisir le réel dans toute son épaisseur.

1 Être capturée par les images

Au départ des deux œuvres se tiennent des images réalisées non pas en vue d'un projet artistique, mais à des fins privées. En effet, dans *Les Années Super 8*, ce sont des images, prises entre 1972 et 1981, qui constituent des archives personnelles et en cela appartiennent au genre du « film de famille », selon la définition qu'en donne Roger Odin (27), tandis que, dans *L'Usage de la photo*, ce sont des photographies, capturées entre 2003 et 2004, destinées à l'origine au seul usage des amants, désireux de se souvenir des scènes d'amour éphémères.

De façon significative, dans les deux œuvres, ces images sont essentiellement le fait des hommes: elles ont été prises exclusivement par Philippe Ernaux dans *Les Années Super 8* et majoritairement par Marc Marie dans *L'Usage de la photo*. Ce constat est loin d'être anodin puisque, comme le remarquent Bourdieu et al. dans *Un art moyen: Essai sur les usages sociaux*

---

le choix des images, je n'ai pas touché au texte, hormis quelques coupures et une ou deux petites réorganisations pour des questions de durée et logique cinématographique. Ce sont deux voix qui se conjuguent » (Cantón 250).

de la photographie, « [l]a distribution des rôles la plus fréquente en milieux populaire et petit-bourgeois fait de la pratique photographique un privilège masculin » (50).

Dans *Les Années Super 8*, Ernaux évoque l'achat d'une caméra Super 8 à la fin de l'hiver 1972 par son mari et elle, réunis sous la première personne du pluriel qui permet d'insister sur la dimension collective de cet achat (0'38-0'42), jugé largement plus désirable par le couple qu'un lave-vaisselle ou une télévision en couleur (0'37-0'44). Néanmoins, le « nous » s'efface rapidement au profit de Philippe Ernaux, lequel est le « premier filmeur » (3'45), selon les termes de l'écrivaine. Elle justifie cela non seulement par sa crainte d'être maladroite, mais aussi en raison d'« une séparation sexuée de [leurs] domaines respectifs instaurée à l'entrée de [leur] vie commune » (3'23-3'43)[4].

Dans *L'Usage de la photo*, Ernaux affirme que, séduite par l'arrangement sur le sol de leurs vêtements, elle est allée chercher son appareil photo afin de photographier la scène (12). Elle s'impose ainsi comme étant à l'origine de ce désir qui devient un projet commun étendu dans le temps, chaque scène d'amour suivante étant photographiée (12). L'acte photographique est ici aussi décrit comme relevant d'une pratique collective, ainsi qu'en témoigne l'usage de la première personne du pluriel (12). Toutefois s'opère un glissement dans l'énonciation lorsqu'elle ajoute que « M. effectuait généralement plusieurs prises de vue de la scène » (13), et ce avec son propre appareil[5]. De collective, la pratique de la photographie devient le fait d'un seul. Comme dans *Les Années Super 8*, Ernaux se justifie : « Je préférais que ce soit lui qui opère. À sa différence, je n'ai pas une grande pratique de la photographie, dont je n'ai fait jusqu'ici qu'un usage épisodique et distrait » (UP 13). Les rares fois où elle se charge de prendre la photo, elle éprouve le sentiment d'être un homme, confirmant par là « le privilège masculin » de la pratique : « Quand c'est moi qui prends la photo, la manipulation, le réglage du zoom est une excitation particulière, comme si j'avais un sexe masculin » (UP 123). Ce privilège n'est pas démenti par Marc Marie qui, remarquant à l'usage du flash qu'Ernaux doit être l'autrice de la photographie en question, note : « Je m'en suis longtemps attribué la paternité, persuadé que c'était moi qui avais initié cette pratique » (UP 38).

Le rôle d'*operator*, selon le terme de Roland Barthes dans *La Chambre claire*, fait de Philippe Ernaux et de Marc Marie des privilégiés en ce qu'il leur octroie

4 Cela est confirmé par David Ernaux-Briot qui souligne : « le fait que la caméra reste quasi uniquement l'usage de mon père ne me paraît pas anodin, ne serait-ce que par la maîtrise de la technique, attribut genré masculin » (Cantón 249).

5 Dans un entretien, Ernaux précise en effet que les photographies ont été prises avec l'appareil de Marc Marie et non le sien (Strayer n.p.).

le pouvoir de choisir quel « morceau du monde » (Sontag 133) sera capturé, et lequel ne le sera pas, étant entendu que le monde dans son entier ne peut être saisi par l'objectif. L'*operator* procède donc à « un tri conscient », d'après Bourdieu et al. (293), qui repose sur un système de valeurs commun à une époque, une classe ou un groupe (24-25). Ce tri s'appuie ici sur des normes patriarcales intériorisées qui orientent la représentation des corps et des rôles sociaux.

Dans *Les Années Super 8*, Philippe Ernaux fait le choix de présenter son épouse essentiellement sous l'angle de ses rôles dans la structure familiale : en tant que mère revenant du supermarché, les courses sous le bras, et de l'école avec ses enfants (1'54-2'30), en tant qu'épouse évoluant au sein de sa belle-famille (24'56-25'16) ou accompagnant son mari lors d'un voyage professionnel (19'47-20'44). Comme le souligne Odin, les personnes, les objets ou les événements sont filmés seulement s'ils sont jugés dignes par le filmeur d'apparaître dans la collection des souvenirs de famille (28). Ce commentaire rejoint l'analyse de Bourdieu et al. autour de la « fonction familiale » des images (39) : celles-ci participent à la mise en scène d'une unité familiale en adéquation avec les normes sociales (45). En ce sens, les activités qui échappent au rituel familial tendent à être invisibilisées. Deux occurrences semblent faire exception : Ernaux assise à son bureau, en train de travailler (03'19-03'39), puis plongée dans un livre (03'40-03'51). En réalité, ces images ne s'opposent pas à la logique familiale : elles dessinent la figure d'une épouse bourgeoise cultivée, dont l'activité professionnelle reste encadrée par la fonction domestique[6]. Philippe Ernaux se conforme donc aux codes du film de famille, mais ce respect n'est pas neutre en ce qu'il révèle aussi en creux une adhésion implicite à une vision patriacale de la famille.

Dans *L'Usage de la photo*, les deux amants, qui ne figurent sur aucune photographie, se dévoilent au travers d'objets qui fonctionnent comme des synecdoques les renvoyant à des rôles genrés traditionnels. Selon Barthes, les objets photographiés « sont des inducteurs courants d'associations d'idées [...] ou, d'une façon plus obscure, de véritables symboles » (*L'Obvie et l'obtus* 16). Divers clichés de Marie représentent les sous-vêtements de sa compagne. Son soutien-gorge, par exemple, apparaît visiblement sur plusieurs photos et se situe à l'avant-plan de deux d'entre elles (UP 58 et 106). De même, les chaussures à talons sont régulièrement présentes et sont au centre de deux photographies, dont l'une ne contient aucun autre vêtement (UP 130 et 166). À l'inverse de ces

6 Dans *La Femme gelée*, Ernaux souligne les encouragements de son mari quant à sa quête de réussite professionnelle, ce qui n'empêche pas le maintien par Philippe Ernaux d'une claire séparation des tâches en fonction du genre (FG 132-133). Sur cette question, voir mon article, « Écrire au-dessous de la littérature ».

accessoires qui se détachent fortement de l'image, le boxer de Marie, lorsqu'il semble figurer sur une photographie, n'est jamais mis en évidence et demeure le plus souvent difficilement identifiable. Ce déséquilibre est le reflet d'un fait social plus large : la lingerie féminine occupe une place centrale dans l'imaginaire érotique, contrairement aux sous-vêtements masculins. Marie réactive et accentue cette asymétrie en installant Ernaux dans un imaginaire érotique genré, assumé par l'écrivaine satisfaite d'être objet de désir, comme en atteste la publication. Cet assentiment n'exclut toutefois pas une forme de soumission : Ernaux elle-même reconnaît que la femme amoureuse demeure assujettie au regard érotique masculin, jusqu'à consentir à l'expérience d'être dominée[7].

L'individu derrière la caméra choisit ce qu'il va capturer ou non, mais aussi sous quel angle il va le faire. En d'autres mots, à la question de ce que l'*operator* décide de montrer s'ajoute la façon dont il choisit de le présenter. Il s'appuie pour ce faire sur des techniques qui se situent sur le plan de la connotation (Barthes, *L'Obvie et l'obtus* 35). Dans *Les Années Super 8*, Philippe Ernaux fait le choix de capturer Ernaux devant un mur de pierres de la tête aux cuisses avant de créer un effet d'éloignement par l'utilisation du zoom au point qu'elle apparaît discrètement sur le côté du plan, noyée par un paysage de pierres (19'35-19'41). Ce plan fait d'elle un personnage secondaire, amené à se fondre dans un décor qui, parce qu'il est entièrement fait de pierres, rappelle l'antre étouffant dans lequel est enfermée Antigone. Dans *L'Usage de la photo*, Ernaux souligne que plusieurs photographies ont été prises d'une même scène mais suivant des cadrages distincts (UP 13). Parmi les diverses photographies prises le 15 mars, c'est celle qui présente la botte noire de Marc Marie « en gros plan » et à l'aide de « [l]a lumière du flash » qui sera retenue (UP 59-60). En raison de la luminosité et de l'angle particulier sous lequel elle est saisie, la botte paraît différente d'autres photographies reproduites dans le récit, notamment celle où la paire de chaussures figure au sein d'un plan général, ce qui lui confère une importance moindre (UP 94). Cette prise de vue, qui permet à Ernaux d'observer la façon dont « [l]a pointe de la chaussure piétine un soutien-gorge de dentelle rouge à dessins blancs tordu de lui-même », donne à la botte « un caractère dévorant », qui connote la domination masculine (UP 59-60)[8].

---

7 Dans *Se perdre*, la narratrice se décrit comme « objet de plaisir » pour son amant (305) à qui elle se donne entièrement lors de ses visites. Elle admet « aime[r] les positions de soumission où il [la] domine complètement » (245-246).

8 Précisons qu'Ernaux ajoute aussitôt que « la réalité de [s]a relation avec M. ne correspond aucunement à cette mise en scène des objets par eux-mêmes » (UP 60). Dans ce récit, les rôles de genre sont, dans une certaine mesure, déconstruits ainsi que le fait remarquer Karin Schwerdtner (103-104).

Ce pouvoir de l'*operator* de saisir le réel sous un angle particulier témoigne, plus encore, d'une capacité à « s'approprier l'objet photographié » (Sontag 16). Les premières images, évoquées précédemment, dans *Les Années Super 8* sont à cet égard révélatrices de ce geste de capture. Alors qu'Ernaux rentre de l'école avec ses enfants, son mari la surprend sur le pas de la porte avec la caméra. Dans *Les Années*, commentant cette scène, elle affirme au sujet d'elle-même et de ses enfants : « Tous trois ne savent pas quoi faire, bougeant bras et jambes, groupés face à la caméra que, accoutumés à la lumière violente, ils regardent » (LA 124). Cette scène rappelle la pratique filmique du père d'Hervé Guibert avec sa mère qui, par moments, « la prenait malgré elle, en faisant semblant de régler son appareil, pour qu'elle ne puisse pas contrôler son image » (Guibert 12). La caméra transforme le quotidien en une forme d'« happening théâtral » (02'08-02'09) en vertu duquel le corps d'Ernaux se trouve saisi dans une mise en scène, arraché à sa spontanéité et réapproprié par le regard du filmeur. Dans *L'Usage de la photo*, la logique est similaire : par la capture des vêtements, dont se sont échappés les corps, il s'agit de fixer ce qui subsiste de l'être aimé dans une tentative ultime de possession[9]. Le corps d'Ernaux, absent de la scène, est reconstruit par le regard de Marie qui tente de le recomposer à partir des traces laissées. Ce geste d'appropriation est d'autant plus fort qu'il traduit aussi une affirmation de la vie et de l'érotisme sur la mort : en contrepoint de la maladie qui œuvre également à l'appropriation et à l'effacement d'Ernaux, la photographie s'impose comme une manière de prendre possession de ce qui échappe.

Cette prise de possession entraîne une dépossession totale de l'autre, vécue comme une altération de soi. Les éléments que l'image figure semblent en d'autres mots défigurés. « [L]a Photographie, c'est l'avènement de moi-même comme autre », assurait Barthes (*La Chambre claire* 28). Dans *Les Années Super 8*, cette altération de son image par le regard d'un autre est rendue, sur le plan de l'écriture, par l'usage de la troisième personne du singulier, comme cela était déjà le cas dans *Les Années*, où « [à] cette 'sans cesse autre' des photos correspon[d], en miroir, le 'elle' de l'écriture » (LA 252). Dans son commentaire du film, Ernaux décrit la femme à l'écran en train de jouer au mini-golf avec sa belle-famille comme une étrangère, à qui elle se réfère à l'aide de la troisième personne et à qui elle prête sans certitude des pensées : « La jeune femme aux cheveux longs, en sandales et robe *seventies*, aux gestes brusques, oublie peut-être à ce moment de se sentir l'élément mal intégré d'une belle-famille où les épouses sont toutes des femmes au foyer » (25'03-25'18). Plus loin, elle observe

9 Le choix de reproduire ces photos traduit néanmoins une forme d'agentivité, laquelle sera développée dans le point suivant.

également, à travers ce procédé de distanciation reposant sur l'usage de la troisième personne et du verbe modal «sembler»: «La femme à l'image semble toujours se demander ce qu'elle fait là» (33'49-33'53)[10].

Cette sensation d'altération de soi se marque aussi dans *L'Usage de la photo* lorsqu'elle analyse une image de ses sous-vêtements sur le sol: «À la limite ce n'est pas moi, mon corps, dont cette fleur est la dépouille, que je vois, mais le mannequin qui portait ce string, ce soutien-gorge et ce porte-jarretelles à fleurs roses et violettes sur fond noir de la marque Lise Charmel» (UP 178-179). En pointant l'identification de son corps à celui d'un mannequin qui portait ces mêmes sous-vêtements, Ernaux insiste sur la dépossession radicale de soi provoquée par la photographie qui altère l'identité au point de la rendre méconnaissable.

2 Écrire les images

L'acte d'écriture constitue un premier geste de reprise de possession des images: par ses commentaires, l'écrivaine se substitue en un sens à l'*operator* et propose un développement autre des images, pour employer une métaphore photographique[11], ce qui donne lieu à des images littéraires alternatives.

Les images étant, selon elle, par définition toujours muettes (UP 73), elles appellent à être doublées par du texte: «Il fallait des mots pour donner sens à ce temps muet», affirme Ernaux dans *Les Années Super 8* (58'17-58'19). De même, dans *L'Usage de la photo*, l'écrivaine note que les photographies ne suffisent pas, «il f[aut] encore quelque chose de plus, de l'écriture» (UP 15-16). Face au silence des images, le texte joue une fonction d'*ancrage*, ainsi que le souligne Barthes: il s'impose comme «une description dénotée de l'image», permettant de «*fixer* la chaîne flottante des signifiés» (*L'Obvie et l'obtus* 31). En d'autres termes, chaque commentaire remplit le rôle de légende, laquelle est «un mode d'emploi de l'image» selon la formule de Bourdieu et al. (181).

Ce mode d'emploi est d'abord spatio-temporel: Ernaux nous livre des informations sur le lieu et le moment de la capture des images. Dans *Les Années Super 8*, les plans pris lors de leurs divers voyages sont contextualisés grâce aux commentaires de l'écrivaine qui précise en quelle année a été filmée la scène et dans quel pays. De même, dans *L'Usage de la photo*, les photographies sont

---

10 Sur la mise à distance par la troisième personne du singulier, voir Élise Hugueny-Léger.

11 La comparaison est suggérée par Ernaux elle-même dans *L'Autre fille*: «Faire le récit de ce récit, ce sera en finir avec le flou du vécu, comme entreprendre de développer une pellicule photo conservée dans un placard depuis soixante ans et jamais tirée» (16-17).

introduites par une légende qui permet d'identifier la date et le lieu de capture. Ernaux indique à plusieurs reprises avoir retrouvé la date de la photographie grâce à son journal (UP 32 et 74). Elle donne aussi parfois des précisions supplémentaires: elle souligne, par exemple, que la photographie prise à l'hôtel Amigo date du lundi matin, avant de quitter la chambre (UP 45).

Au-delà du contexte spatio-temporel, Ernaux fournit des descriptions qui participent du combat contre «la terreur des signes incertains» (Barthes, *L'Obvie et l'obtus* 31). Ainsi, dans *Les Années Super 8*, l'écrivaine prend soin d'identifier les personnes saisies par la caméra – ses enfants, sa mère, sa belle-famille – tout comme les pays visités et les lieux habités. Par exemple, alors qu'apparaît à l'écran une figure aux cheveux courts se tenant majoritairement de dos, une cigarette à la bouche, que l'on identifie de prime abord comme masculine[12], Ernaux précise qu'il s'agit de la sœur de Philippe Ernaux (13'03-13'17). De même, dans *L'Usage de la photo*, la description des habits éparpillés dans le couloir permet à la spectatrice ou au spectateur de voir ses hypothèses infirmées ou confirmées quant à la nature des vêtements lorsqu'un doute plane, mais aussi d'en connaître la couleur: «Sur le débardeur, très visible, une étiquette blanche. Plus loin, un jean bleu recroquevillé, avec sa ceinture noire. À gauche du jean, la doublure rouge d'une veste rouge étalée comme une serpillière» (UP 29).

En raison de leur dimension visuelle, ces images textuelles relèvent, selon les mots d'Ernaux, d'une «écriture qui donne à voir» («Ne pas prendre» 178), reposant sur une «langue des choses, des traces matérielles» (UP 159), autrement dit une langue objective et factuelle. Dans son *Journal du dehors*, Ernaux parle d'une «écriture photographique du réel» (JD 5), expression qui ne renvoie pas à un simple enregistrement mécanique du visible, mais bien à une façon descriptive de le faire émerger au moyen d'une langue singulière. De manière similaire, elle développe une écriture cinématographique qui vise au déploiement d'une série d'images générant un film alternatif[13]. À titre d'exemple, dans *Les Années Super 8*, l'écrivaine observe et décrit «la jeune femme qui accompagne son mari au festival Wagner, qui se tient souriante au milieu des officiels d'Annecy [...] qui se promène dans une fête de la bière, visite une brasserie» (19'44-20'05). De même, dans *L'Usage de la photo*, ses descriptions des vêtements sur le sol constituent un «lisible qui fait voir» (Gouritin n.p.) en raison de leur aspect précis et factuel, comme dans cet extrait de la description de la photo

12 Cette identification est également encouragée par la lecture de *La Femme gelée*, où Ernaux rapporte les propos de sa belle-mère lui confiant n'avoir «rien que des garçons» (FG 135).

13 Sur l'écriture cinématographique d'Ernaux voir notamment Justine Muller («La cinématographie de l'écriture»).

intitulée « les grandes vacances » : « À droite de la photo, des placards en bois clair, un lave-vaisselle blanc. Sur le plan de travail au-dessus, de chaque côté de l'évier reluisant, des plateaux dressés contre le mur, une planche à découper, divers appareils électriques, une bouteille d'eau de Javel au bouchon vert » (UP 71). Dans ces deux exemples, Ernaux donne l'impression que l'on regarde, en famille, défiler les images sur le projecteur, ainsi qu'elle le faisait elle-même (56'33-56'48), ou que l'« [o]n feuillette et commente un album. Sobrement », pour reprendre les mots de Marie-France Savéan (84) au sujet des récits ernaliens consacrés aux figures parentales.

Par moments, les descriptions des images dépassent le cadre *stricto sensu* de celles-ci pour s'étendre à un « champ aveugle » selon l'expression de Barthes (*La Chambre claire* 90). Cette extension passe notamment par la capture de « détails » – mention qui n'est pas sans évoquer la notion barthésienne de *punctum* (*La Chambre claire* 49) – qui permettent de dévoiler d'autres pans du réel n'ayant pas été capturés[14]. Dans *L'Usage de la photo*, le « détail qui happe le regard » (UP 132) est celui, entre autres, des mules blanches, lequel amène Ernaux à se remémorer sa descente des marches menant au jardin, sur ses chaussures d'été, afin de dîner à l'extérieur (UP 133). De même, dans *Les Années Super 8*, plusieurs détails paraissent retenir son attention, parmi lesquels son manteau en agneau fourré qu'elle précise être une « version chic de la mode hippie » et qu'elle se souvient alors avoir « porté de nombreux hivers » (21'41-22'00). L'évocation de ces différents détails donne lieu à d'autres photographies écrites venant s'ajouter aux images figurant dans l'album existant.

Ce faisant, il semble qu'à travers ses commentaires, Ernaux travaille à reconstituer et compléter une histoire passée, à en exprimer le hors-scène. Dans *L'Usage de la photo*, l'écriture, en tant qu'elle est temporelle, lui donne « l'opportunité d'une *mise en récit minimale* de [la] réalité » (UP 77), à la différence de l'image photographique qui « enferme dans l'instant » (UP 135). Par exemple, au sujet de la photo prise dans le bureau de l'écrivaine, celle-ci relate son dîner dans une auberge avec Marc Marie, avant de rentrer à son domicile et de faire l'amour sur le meuble de travail (UP 86). De même, elle rapporte l'histoire associée aux roses rouges dans un vase que l'on peut observer sur la photo de la chambre de l'hôtel Amigo (UP 47). Dans *Les Années Super 8*, par son récit, Ernaux compense l'« émiettement narratif », caractéristique des films de famille qui ont pour particularité de ne raconter aucune histoire, entendue comme ayant un début et une fin, seules y étant présentées des bribes

14 « Les photos, elles, restent mystérieuses, à interpréter, elles m'emmènent hors de moi, elles s'ouvrent sur un hors champ que ma mémoire tâche de solliciter, ou qui se déploie par associations d'idées, à partir des *détails* », souligne Ernaux (Arribert-Narce 154).

d'actions (Odin 28-29). Ainsi, alors que s'enchaînent des images de la famille tournées l'été 1975, Ernaux propose un récit de vacances qui débute par ces mots : « Cet été-là [...] nous avons retrouvé la famille Ernaux en Charente. Mes beaux-parents s'y étaient finalement installés après de nombreuses tribulations » (23'16-23'35). La dimension narrative est révélée par le complément circonstanciel de temps[15] qui ouvre la phrase et qui annonce un développement autour des événements de l'été sur le mode narratif. Aux images se superpose donc l'histoire qui se cache derrière celles-ci et qui les relie entre elles.

Ainsi, Ernaux, dans son rôle d'*operator* textuel, développe une écriture constituant un supplément aux images, au sens derridien du terme, à savoir à la fois un ajout et un remplacement (208). De fait, le texte ernalien s'impose comme un surplus qui vient enrichir l'image, mais aussi comme ce qui est en mesure de se substituer à elle. L'affirmation du magazine féminin *Elle* selon laquelle les images étaient inutiles dans *L'Usage de la photo* (Roussel-Gillet n.p.) révèle la puissance de l'écriture d'Ernaux dans sa capacité à s'approprier les codes de l'image afin de s'en faire le miroir et la remplaçante.

3 Écrire contre et au-delà des images

Les photographies ne sont pas effacées de l'œuvre, mais maintenues en son sein, précisément afin d'être mises à l'épreuve de l'écriture qui permet d'en dévoiler les limites. Celle-ci exerce ainsi un double pouvoir de substitution et de contestation. Concrètement, dans ses commentaires, Ernaux révèle, à la suite de Bourdieu et al. (117), que la scène capturée par l'objectif suppose souvent une mise en scène : le geste photographique ou filmique ne se contente pas de saisir objectivement le quotidien, mais le modifie et le fige en un théâtre de l'intime. Ainsi, dans *Les Années Super 8*, elle compare la première scène à un « happening théâtral » (2'08-2'09), ainsi que nous l'avons vu, en vertu duquel le retour de l'école et des courses se transforme en une performance improvisée en face du spectateur-auteur qui se tient derrière la caméra. De façon générale, toutes les images dans *Les Années Super 8* participent selon elle à la construction d'« une fiction familiale » (36'28-36'29), fonction caractéristique des films

15 Ce complément a fait l'objet à plusieurs reprises de commentaires par Ernaux qui se montre critique dans la mesure où elle l'associe à « quelque chose d'émouvant, de fini » (AN 45), de « romanesque » (LH 27), autant de termes contraires à son projet d'écriture qui consiste à décrire plutôt que raconter. Aussi, bien qu'elle use du complément circonstanciel dans cet extrait, le fait-elle servir à une mise en récit qu'elle précise être « minimale » et qui évite tout sentimentalisme.

de famille (Jopeck 86). De même, dans *L'Usage de la photo*, les scènes capturées par l'objectif se métamorphosent en « un tableau étrange » (UP 15), « une œuvre d'art » (UP 41) ou « une nature morte » (UP 96). Le texte ernalien procède par une accumulation de notations qui mettent en évidence l'artificialité des scènes photographiées. Celle-ci n'est pas ignorée des acteurs qui acceptent la règle théâtrale inhérente à la vie sociale, mais, en la déplaçant sur le terrain de l'écriture, Ernaux en propose une analyse critique, révélant comment l'œil de la caméra transforme le quotidien en fiction.

À cette artificialité s'ajoute un second défaut : l'incomplétude des images[16]. En cela, Ernaux s'oppose à l'idée répandue, à l'ère du numérique, selon laquelle « [c]e qui comptait, c'était la prise, l'existence captée et doublée, enregistrée à mesure qu'on la vivait […], c'était la conservation totale de la vie » (LA 234). Dans *Se perdre*, l'écrivaine se montrait déjà critique lorsqu'elle mentionnait le fantasme de Beauvoir de voir sa vie enregistrée sur un magnétophone géant : « filmer, enregistrer tous les actes d'une vie, les paroles, sûrement serait révélation de quelque chose, vraiment pas de tout » (354). Ernaux pointe l'insuffisance de l'image à constituer un témoignage parfait du réel. Elle affirme à cet égard la supériorité de son écriture qui, tout en empruntant à la photographie ses principes d'objectivation et de distanciation, s'avère la seule capable de « rendre l'épaisseur – la complexité – du réel » (Ernaux et Lagrave 75). À l'inverse de la photographie qui pèche par sa platitude (Barthes, *La Chambre claire* 164)[17], l'écriture d'Ernaux n'a de « plate » que son nom (LP 24) : elle est un « couteau » qui lui permet « de déchirer les apparences. D'écrire d'une façon qui décharne la réalité pour la faire voir » (VL 81).

Ce pouvoir de l'écriture au couteau se manifeste dans sa capacité à « 'insuffler' un ou plusieurs signifiés seconds » à l'image (Barthes, *L'Obvie et l'obtus* 18-19), qui tendent précisément à saisir le réel, dans toute son épaisseur. Dans *L'Usage de la photo*, les images donnent lieu à « quelques dérives imaginaires » selon l'expression d'Agnès Fayet (309). Ainsi, les vêtements éparpillés sur le sol, par un procédé de personnification, prennent, par moments, vie : le pull emmêlé au débardeur revêt par exemple l'allure d'« un buste en décolleté, amputé de ses bras » (UP 29), le jean devient « deux bras tendus d'un tronc sortant du parquet » (UP 120), tandis que la bottine fait l'effet d'« une gueule ouverte » (UP 59). Sous la plume d'Ernaux, ces objets inanimés se métamorphosent tous en « quelque chose de menaçant » (UP 120). À ces images, elle accole donc un signifié second qui tient dans le fait que ces vêtements

16 Sur ce point, voir aussi Nathalie Froloff.

17 Dans *L'Autre fille*, Ernaux évoque également le caractère plat de l'image (15).

connotent des rapports disharmonieux qui se font peut-être le miroir de ceux que peut entretenir le couple. Dans *Les Années Super 8*, l'articulation du texte et de l'image, qui résulte du montage effectué par David Ernaux-Briot et porté par la voix d'Ernaux, permet également de conférer aux séquences une épaisseur symbolique nouvelle. À titre d'exemple, les images du croisement de deux trains, puis de deux bateaux capturées lors d'un séjour au Portugal en famille l'été 81 se voient dotées, par le commentaire de l'autrice, d'une signification supplémentaire : elles suggèrent, par métaphore, l'éloignement progressif des membres du couple (51'16-51'35)[18].

Plus encore, dans son « atelier noir », formule qui désigne son journal d'écriture et qui n'est pas sans faire écho à la chambre noire de la photographie, Ernaux développe des « images fantômes », pour reprendre le titre d'un récit d'Hervé Guibert. Celles-ci s'imposent comme des contre-images textuelles qui poussent le dépassement du modèle photographique à son terme en ce qu'elles contribuent au développement d'une réalité invisibilisée par les images existantes. Ainsi, dans *Les Années Super 8*, Ernaux attire notre attention sur le fait que « derrière l'image de la jeune mère lisse » qui apparaît à l'écran s'en cache une autre : « une femme taraudée secrètement par la nécessité d'écrire » (4'50-04'58). Ernaux déconstruit l'image de la mère de famille souriante et dévouée, entourée de ses enfants, en l'opposant à celle, invisibilisée par son mari, de la femme ambitieuse, soucieuse de voir un jour son projet personnel se réaliser. Elle dresse plusieurs portraits d'elle en tant qu'écrivaine dans son récit, parmi lesquels celui de son passage à l'émission *Aujourd'hui Madame*, tournée à Paris, où elle est allée présenter son premier roman (21'14-21'19)[19]. De même, dans *L'Usage de la photo*, elle signale de quelle façon les images connotant l'érotisme, comme celle de la chambre de l'hôtel Amigo, masquent une autre réalité : celle du cancer contre lequel se bat l'écrivaine et qui l'amène dans la salle de bain de cette chambre à dévoiler à Marc Marie son crâne chauve (UP 47). Ernaux révèle par son récit des images de son corps dévasté par la maladie[20] comme en témoigne cet extrait : « Quand cette photo a été prise, j'ai le sein droit et le sillon mammaire brunis, brûlés par le cobalt, avec des croix bleues et des traits rouges dessinés sur la peau pour déterminer précisément la zone et les points à irradier » (UP 109). À *Éros* exposé visuellement l'écrivaine oppose ainsi *Thanatos* qu'elle prend soin de dévoiler par l'écriture.

---

18 Sur la dissonance entre le texte et les images, voir Hugueny-Léger.

19 Sur la place de l'écriture dans le film, voir Hugueny-Léger et Froloff.

20 Sur ce point, voir Bacholle-Bošković (« Quels usages de la photo » 119-120) et Mariana Ionescu (251).

En réalité, cette écriture excède la seule fonction de contre-discours intime : sa visée de publication l'arrache à la sphère privée pour en faire un geste politique de « dévoilement du réel » (ECC 137), en cohérence avec le projet littéraire ernalien. En exposant certains pans de sa vie intime ayant échappé à l'œil de la caméra, Ernaux transforme son expérience personnelle en témoignage collectif et met au jour les mécanismes de domination que les images tendent à occulter. *L'Usage de la photo* et *Les Années Super 8* s'intègrent ainsi pleinement dans sa démarche littéraire, reléguant celle du partenaire à l'arrière-plan. C'est ce que reflètent la réception critique[21] et le péritexte des œuvres qui établissent une forme de hiérarchie. De fait, pour ce qui est des *Années Super 8*, le film est présenté comme ayant été écrit par Ernaux et réalisé par son fils, David Ernaux-Briot. Le nom de Philippe Ernaux apparaît dans le générique à la quatrième place, après la mention des producteurs. Concernant *L'Usage de la photo*, le nom de Marie figure sur la couverture, mais celui-ci est significativement placé en dessous de celui d'Ernaux, l'acte de collaboration étant transformé en « un dispositif hiérarchisé » (Lafon et Peeters 262). Selon Andrea Oberhuber, dans son étude de Dorothea Tanning et Max Ernst, la hiérarchisation des noms sur la couverture laisse supposer que l'un des membres du duo est au départ du travail collaboratif (177). Bien qu'Ernaux affirme en ouverture de *L'Usage de la photo* ne pas se rappeler qui est à l'origine de l'idée d'écrire ensemble sur les photos (UP 15), elle confie lors d'un entretien être à l'initiative du projet (Strayer n.p.). Au sein du récit, l'écrivaine use de « stratégie[s] [...] pour ne pas lui [Marc Marie] faire de place » (UP 62), ou tout du moins lui en laisser une moindre par rapport à celle qu'elle occupe. De fait, non seulement les commentaires d'Ernaux précèdent toujours ceux de Marie, mais, en outre, l'écrivaine est la seule autrice des textes qui introduisent le récit et le clôturent[22]. Ainsi que le souligne le critique Philippe Lançon, « [l]'expérience fut vécue, photographiée, écrite à deux, mais le projet s'inscrit bien dans l'œuvre si cohérente quasiment programmatique de l'écrivain » (n.p.).

En conclusion, à travers la reproduction des images dans les œuvres étudiées, Ernaux met en évidence la manière dont l'écriture incarne un contre-pouvoir : elle déploie un discours critique qui interroge les images, en révèle les implicites et renverse le regard masculin, lequel tend à façonner l'image de soi. L'écriture marque ainsi sa capacité à se substituer aux images et à les dépasser

21 Pour ce qui est de *L'Usage de la photo*, Josyane Savigneau titre sa critique dans *Le Monde* « Annie Ernaux, l'écriture et la vie ». Quant aux *Années Super 8*, *L'Humanité* propose un article de Michaël Mélinard intitulé « Annie Ernaux fait son cinéma ».

22 Sur le monopole d'Ernaux dans ce récit, voir Bacholle-Bošković (*Annie Ernaux* 91).

en divulguant leur hors-champ. En outre, en réinscrivant ces images dans un récit réflexif, Ernaux ne cherche pas seulement à se les réapproprier, mais en déplace la réception hors du cadre amoureux et familial prévu afin de les faire résonner dans l'espace public. Ce déplacement confère à l'intime une portée collective et le dote d'une coloration politique dans la mesure où il dévoile les structures de domination qu'il recèle. L'écriture d'Ernaux se révèle ainsi plus que jamais opérante dans sa capacité à transformer une expérience intime en objet de réflexion partagée, où le privé devient lieu d'un questionnement social.

Ouvrages cités

Arribert-Narce, Fabien. « Vers une écriture photo-socio-biographique du réel. Entretien avec Annie Ernaux ». *Roman 20-50*, vol. 1, no. 51, 2011, p. 151-166.

Bacholle-Bošković, Michèle. « Quels usages de la photo chez Annie Ernaux ? ». *Annie Ernaux : perspectives critiques*, dir. Sergio Villani. Legas, 2009, p. 115-125.

Bacholle-Bošković, Michèle. *Annie Ernaux. De la perte au corps glorieux*. Presses universitaires de Rennes, 2011.

Barthes, Roland. *La Chambre claire : note sur la photographie*. Gallimard, 1980.

Barthes, Roland. *L'Obvie et l'obtus : essais critiques III*. Points, 1992.

Bourdieu, Pierre, et al. *Un art moyen : essai sur les usages sociaux de la photographie*. Minuit, 1965.

Cantón, Loreto. « *Les Années Super 8* : un regard intime et historique sur le passé familial d'Annie Ernaux. Entretien avec David Ernaux-Briot. » *Thélème. Revista Complutense de Estudios Franceses*, vol. 9, no. 2, 2024, p. 249-250.

Derrida, Jacques. *De la grammatologie*. Minuit, 1970.

Ernaux, Annie. *L'Autre fille*. Gallimard, 2023.

Ernaux, Annie. *Retour à Yvetot*. Mauconduit, 2022.

Ernaux, Annie. *L'Atelier noir*. Gallimard, 2022.

Ernaux, Annie. *Le Vrai lieu. Entretiens avec Michelle Porte*. Gallimard, 2018.

Ernaux, Annie. *L'Écriture comme un couteau. Entretien avec Frédéric-Yves Jeannet*. Gallimard, 2011.

Ernaux, Annie. *Écrire la vie*. Gallimard, 2011.

Ernaux, Annie. *Les Années*. Gallimard, 2010.

Ernaux, Annie. « Ne pas prendre d'abord le parti de l'art… ». *Annie Ernaux : étude de l'œuvre*, dir. Francine Dugast-Portes, Bordas, 2008, p. 175-180.

Ernaux, Annie. *Se perdre*. Gallimard, 2002.

Ernaux, Annie. *Journal du dehors*. Gallimard, 1995.

Ernaux, Annie. *La Place*. Gallimard, 1986.

Ernaux, Annie. *La Femme gelée*. Gallimard, 1981.

Ernaux, Annie, et Marc Marie. *L'Usage de la photo*. Gallimard, 2006.
Ernaux, Annie, et Rose-Marie Lagrave. *Une conversation*. École des hautes études en sciences sociales, 2023.
Fayet, Agnès. « Les Images fantômes du texte. Usage romanesque de la photographie dans trois textes contemporains (Guibert, Ernaux, Toussaint) ». *La Revue des lettres modernes*, dir. Danièle Méaux, Classiques Garnier, 2022, p. 305-314.
Froloff, Nathalie. « Dans le livre et hors du livre : *Les Années Super 8*, un nouveau rapport à l'écriture ? ». *Textimage*, été 2025, https://www.revue-textimage.com/conferencier/15_annie_ernaux/froloff3.html. Dernier accès le 12/09/2025.
Gouritin, Patricia. « Littérature et photographie, du lisible qui fait voir au visible qui narre ». *Acta fabula*, vol. 10, no. 4, Ouvrages collectifs, Avril 2009, http://www.fabula.org/acta/document5017.php. Dernier accès le 20/12/2024.
Guibert, Hervé. *L'Image fantôme*. Minuit, 1981.
Hugueny-Léger, Élise. « L'Invisible des images : effets de mise à distance et constitution d'un récit de transmission dans *Les Années Super 8* ». *Textimage*, été 2025, https://www.revue-textimage.com/conferencier/15_annie_ernaux/hugueny-leger1.html. Dernier accès le 12/09/2025.
Ionescu, Mariana. « Du corps figé au corps évacué : "figures du corps" dans l'écriture d'Annie Ernaux ». *Annie Ernaux: perspectives critiques*, dir. Sergio Villani, Legas, 2009, p. 241-252.
Jopeck, Sylvie. *La Photographie et l'(auto)biographie*. Gallimard, 2004.
Lafon, Michel et Benoît Peeters. *Nous est un autre : enquête sur les duos d'écrivains*. Flammarion, 2006.
Lançon, Philippe. « Les Petites affaires ». *Libération*, 10 février 2005, http://www.liberation.fr/livres/2005/02/10/les-petites-affaires_509210/ Dernier accès le 27/12/2024.
Les Années Super 8. Réalisé par David Ernaux-Briot, Pelléas, 2022.
Mélinard, Michaël. « Annie Ernaux fait son cinéma. » *L'Humanité*, 14 décembre 2022, https://www.humanite.fr/culture-et-savoir/annie-ernaux/annie-ernaux-fait-son-cinema-774633. Dernier accès le 27/12/2024.
Muller, Justine. « Écrire 'au-dessous de la littérature' : marges et centre dans l'œuvre d'Annie Ernaux. » *Les Lettres romanes*, vol. 77, nos. 3-4, 2023, p. 319-335.
Muller, Justine. « La Cinématographie de l'écriture chez Duras et Ernaux : *L'Amant* et *Mémoire de fille* ou la chambre noire de l'agentivité ». *Cahiers Marguerite Duras*, vol. 3, 2023, http://www.peren-revues.fr/cahiersmargueriteduras/549. Dernier accès le 30/08/2025.
Odin, Roger. « Le Film de famille dans l'institution familiale ». *Le Film de famille : usage privé, usage public*, dir. Roger Odin, Méridiens Klincksieck, 1995, p. 27-41.
Oberhuber, Andrea. *Faire œuvre à deux : le livre surréaliste au féminin*. Presses universitaires de Rennes, 2024.
Roussel-Gillet, Isabelle. « *L'Usage de la photo* de Annie Ernaux et Marc Marie. Échos et

écarts avec Sophie Calle : quand il n'y a pas photo… au montage ». Libr-critique, 23 novembre 2007, https://t-pas-net.com/libr-critique/?p=815#more-815. Dernier accès le 27/12/2024.

Savéan, Marie-France. La Place *et* Une femme *d'Annie Ernaux*. Gallimard, 1994.

Savigneau, Josyane. « Annie Ernaux, l'écriture et la vie. » *Le Monde*, 11 février 2005, p. 3.

Schwerdtner, Karin. « Désir et relation. *L'Usage de la photo*, Annie Ernaux/Marc Marie. » *Mythes et érotismes dans la littérature et les cultures francophones de l'extrême contemporain*, dir. Efstratia Oktapoda, Brill, 2013, p. 97-111.

Sontag, Susan. *Sur la photographie*. Traduit par Philippe Blanchard, Christian Bourgois, 2008.

Strayer, Alison L. « Love Against Death : An Interview with Annie Ernaux. » *Southwest Review*, vol. 109, no. 2, 2024, https://southwestreview.com/volume-109-number-2/love-against-death-an-interview-with-annie-ernaux/ Dernier accès le 02/02/2025.

4

Le livre et l'image : Sophie Bassouls photographe d'Annie Ernaux

Tommaso Testolin

Abstract This chapter examines the work of Sophie Bassouls, who captured Annie Ernaux between 1984 and 2002, and reflects on the relationship between photography and literature. It concludes with an excerpt from a previously unpublished interview with Bassouls discussing the distinctive features of the photo shoots, the evolution of Ernaux's feminist activism, attitudes of women and men in front of the camera and possible connections between Ernaux's *journaux extimes* and the photographer's own project on cities.

Keywords Ernaux – Bassouls – photography – history – feminism – city – prison

> Un livre est-il gravé au front de son auteur ? Oui, répond Baudelaire et la photo prise par Carjat : un visage si inquiet, inoubliable, qui éclaire cette lumière noire que dit sa poésie et la fait mieux comprendre. J'ai souvent souhaité justement que le livre et l'écrivain se retrouvent sur une photographie – comme sur celle de Baudelaire. Est-ce un rêve de penser pouvoir apporter un élément de plus à la compréhension de son auteur ? (Bassouls, *550 photographies*, n.p.)

Les mots de Sophie Bassouls,* issus de la préface qu'elle a rédigée pour le catalogue de l'exposition qui lui a été consacrée à la Bibliothèque Historique de la Ville de Paris en 2001, présentent avec subtilité la particularité de sa démarche artistique. Photographe française active depuis la fin des années 1960, elle a constitué un vaste fonds d'archives comprenant plusieurs dizaines de milliers de clichés représentant environ 3 500 écrivain.e.s, capturant ainsi une génération d'auteur.rice.s du monde entier. Animées par une passion pour une littérature enracinée dans la vie, les photographies de Sophie Bassouls semblent présenter de nombreux points de convergence avec l'œuvre d'Annie Ernaux, qu'elle a photographiée à plusieurs reprises entre 1984 et 2002. L'analyse que

* Je tiens à exprimer ma gratitude à Sophie Bassouls pour sa patience et sa générosité ; son regard photographique sur le monde m'est précieux.

© 2026 KONINKLIJKE BRILL BV, LEIDEN | HTTPS://DOI.ORG/10.1163/9789004760219-006

j'esquisserai, dans l'espoir que d'autres études enrichiront le dialogue entre Annie Ernaux et les photographes, vise à explorer les relations entre photographie et littérature[1] – sujet abondamment traité – à travers le prisme d'une histoire individuelle : celle qui unit Sophie Bassouls et Annie Ernaux.

1 Le hasard et le noir et blanc

La trajectoire professionnelle de Sophie Bassouls est assez singulière[2]. Après des études hybrides en France et aux États-Unis, elle entre à *L'Express* en 1957 et par hasard prend en charge le service photo. Ensuite, en 1963, elle est chargée de l'iconographie au *Figaro littéraire*. Elle y rencontre Jean Chalon, qui lui demande d'accompagner par des reportages photographiques la série de portraits d'écrivains qu'il a entreprise. Quittant le *Figaro littéraire* en 1976 pour travailler en free-lance, elle écrit à Witold Gombrowicz, qui accepte d'être photographié par elle et lui confirme, ainsi, que les grands écrivains ne sont pas inaccessibles. En 1980 elle monte avec son mari et quelques jeunes photographes une agence indépendante, *Rush*, inspirée de *Magnum*. En 1986, elle rejoint *Sygma*, où elle est chargée de l'actualité littéraire pendant dix-huit ans.

Depuis 2003, Sophie Bassouls travaille en free-lance. Si le rôle du hasard dans son parcours mérite une attention particulière, c'est parce qu'elle l'a intégré dans sa pratique quotidienne. Bien que certaines séances soient parfois précédées d'une préparation et d'une mise en scène, le décor est la plupart du temps choisi sur place en collaboration avec les écrivain.e.s, en veillant parfois à y inclure des objets représentatifs de leurs œuvres, témoignant ainsi d'un profond respect envers leurs vies et leurs écrits. De cette manière, bien que certaines maisons d'édition lui passent souvent des commandes, elle a su préserver son indépendance et sa liberté artistique, sélectionnant les auteur.rice.s à photographier en fonction de ses lectures nombreuses et assidues.

1 Il me semble pertinent de rappeler quelques références classiques qui ont marqué le parcours de Bassouls. Elle connut son premier choc avec la photographie à l'exposition *The Family of Man* en 1956, qui présentait, au sortir de la guerre, un vaste inventaire photographique de la vie humaine dans plus de soixante pays. Roland Barthes a rédigé un texte sur cette exposition (voir « La grande famille des hommes »). Parmi les photographes qui l'ont influencée, Bassouls cite également Don McCullin, auquel Susan Sontag a consacré des pages importantes (*On Photography* 19).

2 On en trouvera un résumé détaillé sur son site https://www.sophie-bassouls.com/index.php?page=parcours Dernier accès le 06/02/2025.

Ce monde parallèle, dominé par le hasard, se manifeste à travers l'absence de couleurs, un élément central de son travail. Bassouls privilégie le noir et blanc, convaincue que la photographie est un art soustractif: sans son, sans mouvement, sans couleur. Si dans *La Vie extérieure* Ernaux se demandait si «la mémoire n'a pas suivi le passage du cinéma et la télévision du noir et blanc à la couleur» (94), posant ainsi la question des couleurs en lien avec la perception mémorielle, la tension vers le noir et blanc me semble également proche de l'écriture plate pratiquée par Ernaux depuis 1983. En dépit d'une recherche factuelle et d'un effort constant pour décrire les sensations elles-mêmes – «Aucune description, aucun récit non plus. Juste des instants, des rencontres.» (JD 65) – la présence subjective de l'autrice n'en demeure pas moins centrale. L'idéal d'absence vers lequel tend le noir et blanc se transforme ainsi en un prétexte pour interroger la subjectivité de l'écrivaine, un aspect sur lequel Akane Kawakami, parmi d'autres, a attiré l'attention, décrivant le style ernalien comme «the shadow of a photographer in a photograph» (89). Même si Bassouls insiste souvent sur l'extrême sobriété de son travail, qui permet à la photographie de se distinguer de la peinture et de révéler ce qui échappe habituellement au regard, on retrouve dans ses images la même ombre, celle de la photographe qui observe le monde à travers sa caméra.

2 La photo comme une prison

> Partant de là, je fais rarement des photos en gros plan qui en quelque sorte exilent le sujet d'une «histoire»; un plan moyen ou large englobe l'atmosphère qui entoure l'auteur au moment de la photo. J'intègre donc volontiers des objets, des statues, le décor d'un appartement, et je laisse toute latitude à celui ou celle que je photographie de s'exprimer avec son corps, de laisser vivre ses gestes, sa silhouette. Je redoute en fait le gros plan, parce qu'il décapite. (Bassouls, *550 photographies*, n.p.)

Cette citation fait émerger un point de convergence fondamental entre l'écriture ernalienne et le travail artistique de Bassouls: l'idée que la vérité d'une vie est à chercher à l'extérieur, dans le décor et dans les objets qui entourent un corps. Si Ernaux évoquait un «lien aux choses si émouvant» (JD 87), il est difficile, en regardant une photo quelconque de Bassouls, de ne pas penser à un passage de Proust – référence majeure pour Ernaux – dans lequel l'auteur d'*À la Recherche du temps perdu* décrit les objets comme les archivistes de l'expérience: «Il en est ainsi de notre passé. C'est peine perdue que nous cherchions à l'évoquer, tous les efforts de notre intelligence sont inutiles. Il est caché hors de son domaine et de sa portée, en quelque objet matériel (en la sensation que nous donnerait cet objet matériel), que nous ne soupçonnons pas » (Proust 100).

Si pour l'artiste et l'écrivaine, le passé se cache dans les choses, il convient néanmoins de rappeler que chez Ernaux, avec une intention plus marquée que chez Bassouls, leur présence ainsi que les descriptions *ekphrastiques* visent à éclairer l'*habitus* et le mode de vie des classes sociales – qu'il s'agisse des dominé.e.s ou des dominant.e.s – comme en témoigne l'influence bourdieusienne dans son écriture. D'une manière différente mais proche de la réflexion ernalienne sur la domination, Bassouls, en décentrant l'importance traditionnellement accordée au modèle, conçoit la photographie « comme une prison »[3] dont il faut pouvoir s'échapper. C'est dans ce cadre que la citation présentée ci-dessus acquiert toute son importance: en opposition à l'idée du portrait comme «premier plan», le travail de Bassouls brouille les frontières entre le modèle et le décor, révélant comment le temps et l'espace dialoguent avec la personnalité de l'auteur.rice. Pour ne pas figer la personnalité de quelqu'un dans une image statique, la photographie doit laisser de l'air dans l'espace, en accordant au sujet la liberté de s'exprimer et de se déplacer. Cela est particulièrement évident dans le cas d'Annie Ernaux, que Sophie Bassouls a toujours photographiée chez elle, à Cergy-Pontoise, tant à l'intérieur de sa maison qu'à l'extérieur, dans son jardin. La photographie pourrait en ce cas être interprétée comme une tentative de dilatation de l'espace[4], qui va de pair avec la conception ernalienne d'un temps «absolu, dévorant le présent au fur et à mesure jusqu'à la dernière image d'une vie» (LA 240).

Si le temps et l'espace se dilatent en montrant que l'individu appartient à l'histoire tout en demeurant non entièrement réductible à elle, il me semble particulièrement pertinent de considérer un texte dans lequel Ernaux aborde la question de la prison réelle – et non photographique cette fois – à bras-le-corps, pour montrer comment les vies des détenu.e.s, bien qu'étant le produit des circonstances, parviennent à exprimer une ligne de fuite et à dévoiler un mécanisme que l'on retrouve au cœur de la photographie de Bassouls. Ernaux, à l'occasion de sa rencontre avec des hommes et des femmes détenu.e.s à la maison d'arrêt de Poitiers en 1992, écrit:

---

3 Expression employée pendant l'entretien qu'elle m'a accordé le 21 décembre 2024.

4 «Par-dessus tout, ce que j'aime dans cette maison, c'est l'espace. L'espace intérieur, et encore plus, l'espace extérieur, cette grande vue sur la vallée de l'Oise et les étangs de Cergy-Neuville. La vue change tout le temps, la lumière n'est jamais la même sur les étangs» (VL 14).

> Je ne suis pas préparée à la *réalité physique* de la prison, au vide des espaces successifs verrouillés et déverrouillés les uns après les autres dans le bruit assourdissant des clés, démultiplié par le vide. Je n'ai pas prévu la rupture brutale, radicale, avec le monde extérieur et ses codes dans lesquels on évolue sans y penser. (« À leur place » 61)

Tout d'abord, le système carcéral offre à Ernaux l'occasion de réfléchir une fois de plus à la violence symbolique[5] (Bourdieu et Passeron 18) du monde social : « Nous avons beaucoup de choses en commun. Nous venons plus ou moins du même monde. Un cerisier derrière les barreaux de la fenêtre agite ses feuilles. Je me dis que seules les circonstances ont fait que je ne sois pas à leur place et elles à la mienne » (« À leur place » 62-63). Si ce dernier passage fait certainement écho à l'analyse des trajectoires des « transfuges de classe », concept que l'œuvre ernalienne a contribué à développer[6], il me semble également soulever une autre question plus profonde, celle de la persistance des traces du passé. Si l'on peut conserver des traces de ces « circonstances » qui influencent les vies individuelles, c'est en partie grâce à la photographie, véritable « déclencheur de l'écriture » (VL 72), mais aussi art capable de retenir la « vérité d'ordre sensible » (ELV 7) que l'écriture ernalienne cherche à restituer. De cette manière, les images se situent dans la conjoncture mouvante entre un sentiment de perte[7] et la mise en mots d'une expérience tournée vers l'avenir[8]. Dans les photos de Bassouls, le passé immobile, représenté par le moment de la captation, doit pouvoir trouver ses propres lignes de fuite dans le plan large qui entoure

5 La lecture que donne Gisèle Sapiro du travail d'Ernaux comme une « ethnographie de la violence symbolique » (Sapiro 244) est particulièrement fructueuse pour comprendre le lien entre sociologie et littérature, un enjeu fondamental pour interroger également le rôle de la photographie dans l'œuvre ernalienne. Sur l'importance de la sociologie bourdieusienne dans l'œuvre d'Ernaux on lira « La Preuve par corps » (23), où l'autrice décrit par ailleurs une photo retrouvée dans le portefeuille de son père.

6 Une des premières analyses se trouve dans la thèse de doctorat d'Isabelle Charpentier (« Une intellectuelle déplacée ») et dans Gérard Mauger, « Annie Ernaux, ethnologue organique de la migration de classe ». Pour une étude des relations entre l'expérience temporelle et la place sociale des transfuges de classe, ainsi que des « Rituels de scansion temporelle : repas et photographies », on lira Jérôme Meizoz (182).

7 Pour une étude complète autour de la perte qui sous-tend l'œuvre ernalienne et sa fascination pour les photos voir Michèle Bacholle-Bošković (63-128).

8 Fabien Arribert-Narce interprète l'écriture photographique d'Ernaux comme une tentative de « garder trace de tout – y compris en *inscrivant* partout des traces de son passage » (Arribert-Narce 264, italiques dans l'original). La conservation de la trace va en effet de pair avec une conception ouverte de l'avenir, qui inclut l'expérience des lecteur.rice.s, chez qui l'archive d'Ernaux trouvera une nouvelle vie.

l'auteur.rice, comme si l'enfermement de la subjectivité, qu'il advienne dans une cellule ou au sein d'une photo, représentait une trahison vis-à-vis de l'histoire à raconter.

3 Le temps de la photographie et le choix de l'écriture

Sophie Bassouls a photographié Annie Ernaux en 1984, 1988, 1991, 1996, 2000, 2002, toujours chez elle, à Cergy Pontoise. Par la suite elle a eu l'occasion de la côtoyer en diverses occasions, notamment lors de son exposition *Nus et or* à la Galerie *Espace des femmes*, qui s'est tenue à Paris du 6 novembre 2008 au 8 janvier 2009[9].

En regardant les photos disponibles sur son site, Sophie Bassouls remarque qu'Annie Ernaux semble finalement n'avoir pas beaucoup changé. Bien qu'il soit réducteur d'affirmer cela, il est vrai que de grandes lignes traversent son travail, dont on peut suivre le fil de livre en livre : la fidélité à son monde, la lutte contre l'injustice, le combat social et l'engagement féministe. Physiquement, elle reste aussi fidèle à elle-même ; « une femme longue, mince, sobre. Reconnaissable 40 ans plus tard malgré les années », comme elle l'affirme lors d'une pause entre les deux parties de l'entretien. Si les réponses de Bassouls à mes questions sont courtes et précises, c'est parce que la photographie est un art qui, parfois, appelle aussi au silence. Après tout, les photos constituent une évidence sensible qui exige une justesse langagière, une forme d'« immersion dans les images de sa mémoire » (LA 239).

C'est cette justesse langagière qui a peut-être poussé Ernaux à choisir l'écriture, malgré son regard photographique sur le monde. Bassouls a vu l'exposition *Extérieurs : Annie Ernaux et la photographie*, qui s'est tenue à la Maison Européenne de la Photographie du 28 février 2024 au 26 mai 2024[10]. Elle a trouvé les photographies disparates très intéressantes – et les textes d'Ernaux aussi, évidemment – mais le lien entre texte et photo ne lui a pas semblé évident, parfois un peu forcé et artificiel. Même s'il était clair pour le public qu'il ne s'agissait pas d'illustration mais de relation, pour elle cela ne fonctionnait pas. Ce constat lui permet d'insister, encore une fois, à la conclusion de notre échange, sur le choix de l'écriture en dépit du regard photographique de l'autrice.

---

9 https://www.sophie-bassouls.com/index.php?page=expositions Dernier accès le 06/02/2025.

10 On trouvera des informations plus approfondies sur le site https://www.mep-fr.org/event/exterieurs-annie-ernaux-et-la-photographie/ Dernier accès le 08/02/2025. La commissaire Lou Stoppard définit Ernaux « autant une créatrice d'images qu'un sujet » (Stoppard n.p.).

FIGURE 4.1 Annie Ernaux par Sophie Bassouls, 21/02/2000 © Sophie Bassouls

Il me semble également important de préciser que pour chaque séance, Bassouls utilisait en moyenne 4 bobines, soit environ 150 clichés, parmi lesquels elle en sélectionnait ensuite 4 ou 5. Les planches-contact sont désormais conservées dans les archives de Getty Images et on peut donc imaginer que des centaines de photos d'Annie Ernaux, quelque part, ne verront peut-être jamais le jour. Il ne faudrait néanmoins pas oublier que les photos trouvent dans l'œuvre ernalienne une nouvelle vie à travers l'écriture. De la même manière dont ses livres ont nourri et continueront de nourrir l'imagination des artistes[11], ses portraits pourront peut-être « se changer en d'autres scènes dans la mémoire ou l'imagination des lecteurs » (UP 13).

11 Un cas particulièrement intéressant de cette nouvelle vie que l'œuvre ernalienne trouve chez des artistes est représenté par *Gli anni*, court-métrage de Sara Fgaier, dans lequel la réalisatrice interroge le lien entre les mots (en voix-off) et les sensations suscitées par les images. Pour une analyse plus approfondie, je renvoie à la contribution de Benoît Monginot dans ce volume.

4 Extraits de l'entretien avec Sophie Bassouls (Paris, 21 décembre 2024)

Vous avez photographié Annie Ernaux à plusieurs reprises sur une période de près de 20 ans, toujours dans sa maison, un lieu qui compte énormément pour elle. Comment votre relation a-t-elle évolué au fil des années ?
Oui, cette maison est très importante pour elle. Le décor est sobre et chaque objet semble se trouver à sa place. Tout a un sens, si vous voulez. Parmi tous.te.s les écrivain.e.s que j'ai photographié.e.s, l'attitude d'Annie Ernaux face à la caméra est assez unique. J'ai eu la chance de construire avec elle une relation de fidélité et, comme il arrive souvent, à la quatrième ou à la cinquième séance elle est plus détendue, mais elle garde toujours une certaine distance. Ne vous méprenez pas, elle est chaleureuse et très accueillante, mais chez elle on retrouve la même justesse qui caractérise son écriture. En anglais on emploierait l'expression « under control ». Quand je dis qu'« elle n'a pas vraiment changé », c'est parce que, au sein de cette atmosphère intime de la maison à Cergy, elle semble être là comme par hasard, elle est là et à la fois elle n'est pas là.

La position d'Annie Ernaux à l'égard du féminisme a évolué en fonction des changements historiques et sociaux, notamment avec l'émergence du mouvement #MeToo. Comment avez-vous perçu ce développement ?
Je l'ai perçu surtout en tant que lectrice. Les textes d'Annie Ernaux les plus ancrés dans son expérience féminine – *Passion simple, L'Événement*… – ont représenté pour moi une nouveauté. Ses textes ont toujours été marqués par un regard sociologique sur le monde, dont la représentation est rendue possible par son écriture factuelle, qu'on décrit souvent comme « plate », et j'ai retrouvé cette justesse en la voyant à travers la caméra. Dans son œuvre récente, on perçoit néanmoins une présence plus importante de la politique, ce qui va de pair avec son engagement féministe, qui a toujours été là, mais qui, au fil des années, s'est développé et concrétisé. Le mouvement #MeToo a représenté, à cet égard, une étape importante.

Retournant sur l'expérience féminine du corps, avez-vous observé dans votre travail des différences dans l'attitude des hommes et des femmes face à la caméra ?
Chaque corps porte évidemment une histoire unique, mais je pourrais peut-être vous dire que les femmes sont plus à l'aise devant un.e photographe, car elles semblent connaître les bons gestes. Il y a toute une dimension du corps féminin liée à la séduction qui influence l'attitude face à la caméra. Les hommes, en revanche, sont plus « innocents » : ils ne savent pas toujours quoi

faire et, par conséquent, ils peuvent être à la fois plus spontanés et plus gênés[12]. Tout cela a bien évidemment évolué avec l'arrivée des smartphones, qui ont habitué les gens à être pris en photo.

Annie Ernaux a écrit des «journaux extimes», sorte d'archives du déroulement de la vie quotidienne à Paris et à Cergy. Vous-même, vous avez mené plusieurs projets sur des villes, notamment Istanbul et Palerme. Que représente pour vous ce geste de tenter de saisir l'atmosphère d'une ville à travers la vie de ses habitants?
J'ai lu et apprécié *Journal du dehors* et *La Vie extérieure*. Je me souviens de la photo d'elle prise à la fenêtre qui donne sur l'Oise, endroit très significatif pour Ernaux. À ce moment-là, l'extérieur se mélangeait à l'intérieur, processus qui marque aussi son écriture. En revanche, je n'aurais pas pu la photographier à Cergy-Pontoise. Elle n'est pas exhibitionniste et de plus, dès qu'on photographie quelqu'un dans la rue de manière professionnelle, les regards se tournent et tout de suite l'intimité disparaît.

Quand je voyage, je recherche «l'esprit de la ville», pas toujours facile à saisir. C'est au milieu des gens, dans les lieux populaires, loin des touristes que je le trouve. Ce que je fais souvent, c'est passer de longs moments dans les jardins (publics ou botaniques), refuges des égarés, de ceux qui sont perdus, qui deviennent le miroir des floués de la vie, des petites gens et de la face ambiguë des villes. Annie Ernaux possède ce regard sur les «vies minuscules» (titre d'un livre de Pierre Michon). Elle voit tout, rien ne lui échappe... si elle n'écrivait pas, serait-elle photographe?

Ouvrages cités

Ernaux, Annie. «À leur place». *Pour que droits et dignité ne s'arrêtent pas au pied des murs*, édité par la section française de l'Observatoire international des prisons (OIP). Seuil, 2021, p. 55-63.

Ernaux, Annie. *Le Vrai lieu. Entretiens avec Michelle Porte*. Gallimard, 2014.

Ernaux, Annie. *Écrire la vie*. Quarto Gallimard, 2011.

Ernaux, Annie. «La preuve par corps». *Bourdieu et la littérature*, dir. Jean-Pierre Martin, Éditions Cécile Defaut, 2010, p. 23-27.

Ernaux, Annie. *Les Années*. Gallimard, 2008.

12 On pense immédiatement à la gêne du père d'Ernaux face à la caméra, qui reflète à la fois son habitus de dominé et sa masculinité. Dans *La Place* l'autrice évoque un «air mécontent, d'être surpris par l'objectif, peut-être, avant d'avoir pris la position» (47) et précise ensuite qu'«il ne rit sur aucune photo» (56).

Ernaux, Annie. *La Vie extérieure*. Gallimard, 2000.

Ernaux, Annie. *Journal du dehors*. Gallimard, 1993.

Ernaux, Annie. *La Place*. Gallimard, 1983.

Ernaux, Annie, et Marc Marie. *L'Usage de la photo*. Gallimard, 2005.

Arribert-Narce, Fabien. *Photobiographies. Pour une écriture de notation de la vie (Roland Barthes, Denis Roche, Annie Ernaux)*. Champion, 2014.

Bacholle-Bošković, Michèle. *Annie Ernaux. De la perte au corps glorieux*. Presses Universitaires de Rennes, 2011.

Barthes, Roland. « La grande famille des hommes ». *Mythologies*. Le Seuil, 1957, p. 173-176.

Bassouls, Sophie. *550 photographies de Sophie Bassouls*. Flammarion, 2001.

Bourdieu, Pierre, et Jean-Claude Passeron. *La Reproduction. Éléments pour une théorie du système d'enseignement*. Minuit, 1970.

Charpentier, Isabelle. *Une intellectuelle déplacée : enjeux et usages sociaux et politiques de l'œuvre d'Annie Ernaux (1974-1998)*. Sciences de l'Homme et Société. Université de Picardie – Jules Verne, 1999.

Gli anni. Réalisé par Sara Fgaier, Dugong Films (Italie) et Films Grand Huit (France), 2018.

Kawakami, Akane. *Photobiography. Photographic Self-Writing in Proust, Guibert, Ernaux, Macé*. Routledge, 2013.

Mauger, Gérard. « Annie Ernaux, ethnologue organique de la migration de classe ». *Annie Ernaux. Une œuvre de l'entre-deux*, dir. Fabrice Thumerel, Artois Presses Université, 2004, p. 177-203.

Meizoz, Jérôme. « Annie Ernaux, temporalité et mémoire collective ». *Fins de la littérature, II*, dir. Dominique Viart et Laurent Demanze. Armand Colin, 2013, p. 181-193.

Proust, Marcel. *Du côté de chez Swann*. Gallimard-Folio, 1988.

Sapiro, Gisèle. « Une ethnographie de la violence symbolique ». *Le Cahier de l'Herne*, dir. Pierre-Louis Fort, L'Herne, 2022, p. 244-247.

Sontag, Susan. *On photography*. Ferrar, Straus and Giroux, 1977.

Stoppard, Lou. « Écrire des images ». *Annie Ernaux et la photographie*. Mack, 2024.

PART 2

Annie Ernaux and the Cinematic Image

5

Ernaux(-Briot) vs. Ernaux: Agency in the ~~Family~~ Divorce Movie *The Super 8 Years*

Michèle Bacholle

Abstract This chapter envisions *The Super 8 Years* as a battleground for agency and authorship. Beside his mother's voiceover, David Ernaux-Briot provides his own interpretation of the (disintegrating) family movies. He rebalances the parental forces, reclaims the "super" of his childhood, recovers agency in his mother's narratives, and archives the movies differently, for (family) posterity.

Keywords *The Super 8 Years* – family movies – divorce – agency – Philippe Ernaux

On 10–11 October 2022, Annie Ernaux and David Ernaux-Briot's documentary film, *Les Années Super 8* (*The Super 8 Years*) premiered at the New York Film Festival, ahead of its official release on 14 December 2022. Mother and son were in New York City to present and promote the film and give interviews,[1] a few days after her Nobel Prize in Literature was announced.[2] The Nobel hijacked the interviews and impacted—side-tracked?—the film's release as Ernaux was busy with writer-interviews and the preparation of a lecture that may go in history.[3] *The Super 8 Years* was shown as one of twelve films in NYFF's "Spotlight" section, the "season's most anticipated and significant films."[4] Amongst Ernalian scholars and readers, the anticipation undoubtedly rested on finally seeing the Ernaux's silent family movies—shot by Annie's ex-husband and David's father, Philippe Ernaux, between late winter 1972 and fall 1981—, and the actual images of a life, its geographical surroundings, and its experiences the writer

1 See https://www.youtube.com/watch?v=XokZGrhpcI4 (NYFF) Last access 01/07/2025.

2 Ernaux's US publisher, Dan Simon, pointed out that this NYC visit was most welcome, as Ernaux was attacked at that time in France (personal communication, 10 September 2024)—see my article, "Annie Ernaux: Une autre 'idée de la France'."

3 Like Albert Camus's 1957 speech. Ernaux's lecture was published in English in 2023; to date, it remains unpublished in France.

4 It was nominated for Best Documentary Film at the Césars and screened at the Quinzaine des cinéastes at the Cannes film festival, among others (https://lesfilmspelleas.com/film/les-annees-super-8 Last access 01/07/2025).

© 2026 KONINKLIJKE BRILL BV, LEIDEN | HTTPS://DOI.ORG/10.1163/9789004760219-007

had either described or mentioned in her work. It also rested on the collaboration between mother and son.[5] The result is thus a hybrid co-creation that perpetuates Ernaux's work as auto-socio-biography in the voiceover narration—"Ces images muettes, j'[Annie Ernaux] ai eu envie de les intégrer dans un récit croisant l'intime, le social et l'histoire, de rendre sensible le goût et la couleur de ces années-là."[6] Focusing on auto-socio-biography, however, implies overlooking one of its co-creators (David Ernaux-Briot, b. 1968) if not two (i.e., Philippe Ernaux).[7] *The Super 8 Years* is Ernaux-Briot's first feature length documentary. As a seasoned professional, he sensed that "[il] tenai[t] un projet de film" (Berthet 2) when he realized that his mother, who, "naturally," narrated the home movies during the 2016 family screening, was the only one "able" to do so, as she was the "keeper of the memories" (NYFF). He asked her to write a text about the images and the *Super 8 Years* project was born.

Interestingly, in his Hong Kong French Lycée (HKFL) video interview in November 2022—alone (not with his mother sitting close to him on stage) and presumably from his home—and in his interview with Frédérique Berthet in February 2023, he added a "detail" to the reason for the family showing, i.e., his children wanted to see their grandfather.[8] I venture that *The Super 8 Years* was also born from Philippe Ernaux's quasi-absence on screen (and in his sons' later life) and that Ernaux-Briot revisits, even corrects, his father's persona that is unfavorably depicted in his ex-wife's work. *The Super 8 Years*, whose cinematic interest Ernaux-Briot acknowledges to lie in its relationship to a body of literary work,[9] puts the spotlight on Philippe Ernaux, whom David strongly asserts is "un auteur du film" (HKFL). This chapter will thus first examine what Philippe Ernaux's movies reveal about him and his perception of his family and

5 In their technical sheet, Les Films Pelléas list *The Super 8 Years* as a film by Annie Ernaux and David Ernaux-Briot, with David Ernaux-Briot as Director, Annie Ernaux as Writer, and Philippe Ernaux for "Image" (https://lesfilmspelleas.com/film/les-annees-super-8 Last access 01/07/2025). Annie Ernaux's only other co-creative production is *L'Usage de la photo* with Marc Marie—see *infra* Justine Muller's chapter, a study of both co-creations.

6 https://www.film-documentaire.fr/4DACTION/w_fiche_film/65079_0 Last access 01/07/2025.

7 Ernaux-Briot studied science, wrote as a science journalist, wrote and directed mini-series for the platforms Universcience and CANOPE after contributing to TV programs like *E=M6* and *C'est pas sorcier* and now makes pedagogical documentaries (https://www.quinzaine-cineastes.fr/en/director/david-ernaux-briot Last access 01/07/2025).

8 Philippe Ernaux died in 1999, before they were born. Ernaux-Briot immediately remarks that the showing did not fulfill this wish since Philippe Ernaux is hardly ever on tape—three times, precisely (https://www.youtube.com/watch?v=xyWzuxacT60 Last access 01/07/2025).

9 https://www.radiofrance.fr/franceculture/podcasts/affaire-critique/critique-les-annees-super-8-un-film-documentaire-de-david-ernaux-briot-et-annie-ernaux-5253247 Last access 01/07/2025.

surroundings. It will then show that the documentary can be viewed as a battleground for agency and authorship in the wake of family separation and divorce, and the site for personal and artistic self-affirmation. If Annie Ernaux authored and narrated the text, if her words "shed light" onto the images and further her life-long questioning of memory, as a child of divorce and a "professionnel de l'image," David imparts his own interpretation of the "family" movies. Through cinematographic choices, he reclaims agency in his "bigger than life" mother's narrative and archives the movies differently, for (family) posterity.

1 Philippe Ernaux's Family Movies

At the end of winter '72, Annie and Philippe Ernaux, both in their early thirties, had two sons, Éric (age 7) and David (age 4), the "Salopiots" to whom *Ce qu'ils disent ou rien* was dedicated, the "Bicou" and "Pilou" from *La Femme gelée* (143, 182). After their studies, *circa* 1965, the couple moved to Annecy, where Philippe received his first appointment as a municipal administrator. Ernaux-Briot chose as the film's opening shot the Alpine town, the site of the woman/wife's "enlisement" (FG 148) and his own birthplace. Philippe Ernaux's films support the novel's bourgeois "image," starting with the purchase of objects, the tell-tale sign of "Petit-bourgeois qui se montent, suivent la route bien conformiste" (FG 146). His camera focuses on furniture, lamps, objects bought in the Perecquian movement of acquisition of "stuff" (*choses*).[10] For Élise Hugueny-Léger, the Ernaux family's activities, purchases, and travels reflect more general societal changes, and the family becomes "une famille 'témoin' de la France des Trente Glorieuses" (2). The Bell & Howell Super 8 camera is remarkable with respect to this dual "témoin" function, as it is a tool for bearing witness, the proof of France's soaring consumption society, and the token of the democratization of filming and traveling. The "objet désirable par excellence" (2'00), rather than a dishwasher (which would have relieved the wife or her mother of this domestic chore) or a color TV (which would have benefited the whole family but was probably somewhat redundant), and despite its (mainly) family purpose, the camera was purchased for Phillipe Ernaux's use—Annie was never into taking films, nor photos, even—"C'est toujours lui qui filme" (LA 119), *he* is "le premier filmeur" (3'45).

10 Reading Georges Perec's *Les Choses* at age 25—*circa* 1965–1966, hence already married and the mother of one—Ernaux was "saisie par ce que ce livre disait sur ma propre vie de jeune couple, engagée dans la voie d'une consommation effrénée" (VL 74).

Philippe Ernaux's inaugural shot, the "happening théâtral" that he *imagined* (2'27–2'33), establishes family (gendered) roles, i.e., Dad films, Mom picked up the kids from school and bought groceries to feed her family. She is caught/captured in a domestic role as much as she is under the harsh lighting of her husband's camera, the happening "empreint d'une certaine violence" (2'50). Whereas her agency is limited to the domestic sphere, his is increased by the camera's manipulation. He has agency over who and what gets recorded, and how so. In Karl Sierek's view of traditional (patriarchal) family movies, the wife "apporte essentiellement au film son image" (73). So did Annie, and her older self's narration corrects this Beauvoirian concept of women as "belles images" as she underscores that she is "l'élément mal intégré d'une belle famille où les épouses sont toutes des femmes au foyer" (26'30). Yet, for Fanny Cardin, Philippe Ernaux's authority is discreet and Ernaux-Briot insists that his father was "benevolent" in his filmmaking—he never asked his family to act or enter a scene a certain way. He was a filmmaker, not a film *director*; he did not position himself as "maître de l'image" (Berthet 4). As a result, Ernaux-Briot remembers that "Le plus souvent, on acceptait son regard: on savait que c'était un regard bienveillant, destiné uniquement au cercle familial. On ne s'inquiétait pas de ce qu'il pouvait montrer" (Berthet 4). We should also take note that the interior shots, except for Annie Ernaux reading on her bed, are exclusively limited to the common areas of the house, i.e., the kitchen and dining and living rooms; Philippe Ernaux respected his family's privacy. In his son's view, he also displayed "une sensibilité certaine aux images" (Berthet 3), "il filmait les bonnes choses" (HKLF). Ernaux-Briot extolls his father's slow panoramic shots and "qualité de cadrage" (Berthet 3).[11] As a result, "ses bobines étaient presque toutes réutilisables pour le film. Au total, cinq-six heures d'archives et donc de rushes," from which Ernaux-Briot made a 61-minute documentary, using all the images featuring Annie Ernaux since she is the main character (Berthet 2–3).[12]

---

11 This contrasts with Ernaux's own father, who did not have "des notions esthétiques" and whose "ombre portée" appears in his photo of 16-year-old Annie (LP 78). Since the Duchesnes had photographs professionally taken, and only later and on rare occasions took photographs, they lacked familiarity and practice with the medium, unlike the bourgeois, who grow up surrounded with photographs, the medium is then part of their "heritage," in the Bourdieusian sense of the word. Of note is the fact that whereas Annie and her husband bought the Super 8 camera—which shows intent and the importance of the medium for them—, the Duchesnes won their instamatic at a fun fair before WWII (https://parolesdhistoire.fr/index.php/2024/11/04/354-annie-ernaux-les-historiennes-et-les-historiens/ Last access 02/10/2025).

12 Left out were films of Philippe Ernaux's business trips. Annie Ernaux is just the main char-

Not unlike what the Lumière brothers did in their first films and following what Richard Chalfen identifies as "grands scénarios" or "modèles impératifs" (Aasman 105), Philippe Ernaux documented his family's everyday life (the brothers playing cowboys, riding their bikes, etc.), family events (birthdays, Christmas), family "firsts" (David skiing, Éric's chicken pox), external events (the Wagner festival), outings (on a Sunday near Annecy), vacations and trips (to Chile-Easter '72, Morocco-1973, Albania-1975, London-1976, Spain-summer '80, Portugal-summer '81, Moscow-fall '81), and the move to Cergy in 1975, then a *ville nouvelle*, "ville abstraite, imaginaire, en pur devenir" (44'45) that changed and grew before their eyes but which the camera did not record, as opposed to other transient "objects" (cherry trees, roses, etc.).

The spectators finally see Philippe Ernaux's parents, playing mini-golf as a family (24'40–26'54). Their bourgeois image would persist in the spectators'—and Ernaux readers'—minds, were it not for her commentary about their financial ruin and expatriation to Mali. We are also introduced to Dominique, Philippe's sister—absent from her sister-in-law's books—"en rupture avec la société dès son adolescence [...] bien avant 68" (13'55), she lives with a woman with whom she adopted an eco-friendly lifestyle in rural Ardèche. The spectators see Ernaux's strong-willed mother Blanche Duchesne move for the first time, the films animating the mental image we formed based on her descriptions and actions in her daughter's work and on her many static visual appearances, starting with the cover of Fabrice Thumerel's book in 2004 and the eight photographs *in Écrire la vie*'s photojournal.[13] Her first appearance is in the kitchen, wearing her "blouse," as if her *commerçante* persona stuck with her beyond retirement. She is featured as her working daughter's help—maybe because she "feigna[it] de se considérer comme une employée" (UF 77)—and stands in stark social contrast with the Ernaux family, old and young. Her "Je ne fais pas bien dans le décor" (4'30)—or "dans le tableau" (UF 77)—is perceptible in Philippe's films, which are both the product and the reflection ("témoin") of his/their bourgeois status. Unlike her mother, Annie, as filmed by her husband, fits in the "tableau." Only through the voiceover narration do we know that "derrière la jeune mère lisse, il y a une femme taraudée secrètement par la nécessité

acter (and narrator); *The Super 8 Years* is not a film about her, nor does she view it as such, as revealed in a comment she made the day after Coralie Miller finished shooting the documentary, *Annie Ernaux, je suis née quelque part*: "Coralie a bouclé le film de ma vie" (2'44).

13 Its last photo shows the mother in 1956, which conveys her daughter's refusal to leave the readers with the image of a white-haired soon-to-be demented mother, but rather with Blanche "dans la force de l'âge," captured in an interrupted "mouvement, elle semble parler" (Bacholle "ph-auto·bio·graphie" 86). Here, she speaks, but the films are silent.

d'écrire" (5'18–5'30), that she is in "dissonance" with her new class gendered roles, and dissatisfied with her life, i.e., the limitation of her freedom despite her couple's official "discours de l'égalité" (FG 133) and the crushing of her (and her mother's) dreams of self-realization, to become "Quelqu'un" (FG 38).

2 Anatomy of a Failing Marriage/Family

Philippe Ernaux's films reflect the general "désir de capter les moments fugitifs du bonheur" identified by cinema theorist Eric de Kuyper (15). Giuseppina Sapio notes that family movies are "un récit mythique de la vie familiale" and points out that this does not mean that "le récit, tel qu'il est agencé, entrave la remémoration de souvenirs malheureux," they are not "opaque" and can "réactiver le souvenir de situations de malaise" (38), which may have been the case for Ernaux-Briot. Piecing them together reveals the cracks in the couple (and therefore the family). As Ernaux's text points out to the non-perceptive spectators, with time "il n'y aura plus de moments d'intimité familiale filmés" (45'15). Unlike Annecy, the inside of the house in Cergy is not filmed. It is a house, not a home. The Ernaux home movies turn out to be those of a couple/family that is coming undone. There are no scenes of arguments of course—similarly, one (usually) does not film or photograph illness nor dementia.[14] They are the invisible scenes, the "reverse side," for there is always an *envers*.

In Morocco, the family stayed at a club, the *replica* of a traditional village, and remained at the pool with the other tourists; they did not encounter Moroccans, save for the silent gardeners, maids, and the like. Xhoda's communist Albania is presented as a "destination insolite" where they were watched and not allowed to interact with the locals; Ernaux concludes that "le pays réel était sur une autre scène à laquelle nous n'avions pas accès" (29'20). She fails to mention whether they would have wanted access, a fair question since they did not seek the "real" Morocco either. As the reality of these two places is elsewhere, unacknowledged by the films, so is the "truth" of the seemingly intact family.

At the time of the filming, Annie had no agency over the representation of this part of her/their life. Her son gave her the opportunity to revisit and address

14 As "mise en images et la mise en mots de deux choses immontrables: le sexuel et la maladie" (Bacholle "Quels usages" 119), *L'Usage de la photo* displays none of the "images" taken of Ernaux's body as she is treated for breast cancer. Similarly, "*Je ne suis pas sortie de ma nuit*" mentions (but does not describe) two pictures of the mother—as a bride and at a wedding (78); the last photograph of Blanche Duchesne is in *Écrire la vie* and dates to 1971, before her Alzheimer's disease diagnosis.

it. After the La Clusaz's "conflits latents" comment (35'12), Ernaux mentions marital discord (39'02)—the domestic lifestyle weighing heavily on both parties (45'45)—and a violent argument in Salamanca (50'44), witnessed by the children. The 12 February 1981 publication of *La Femme gelée* and its sobering portrayal of marriage and motherhood contributed to the "dégradation" that was obvious in summer '81 (53'50) and "entraîn[a] la rupture de [s]on couple" (VL 80) despite (because of?) its being (sarcastically?) dedicated to Philippe.[15]

Similarly, since he was just a child/pre-teen at the time of the filming, Ernaux-Briot had no agency—as children have no or little agency in a divorce. The documentary project gave him the opportunity to visually convey the dissensions he witnessed as a child. Hugueny-Léger gives the "galette des rois" scene as an example of "dissonance" cinematically created by Ernaux-Briot, who chose to pair a traditionally happy family moment with "un passage du récit dans lequel Ernaux évoque les tensions dans le couple [...]. Sur un plan du visage agrandi et ralenti, le récit cite son journal intime de l'époque [...]. [...] il s'agit de déconstruire les images du bonheur et la représentation idéale de la famille" (Hugueny-Léger 3) and present the family "as it is" (Odin 18–19). The long corrida scene depicts the slow demise of the couple, from the "banderillas" (the stings of arguments) to the sword-killing (51'46–53'10). Its lack of narration and sounds (just music) translates the child(ren)'s helplessness. Ernaux-Briot leaves the identity of the *matador* undecided (suggesting that both parties have their share of responsibility in the divorce) and unsaid (as their child, he refuses to take sides). What remains—and carries over to the next country and year (Portugal, 1981)—is a piercing, yet dull sound. After the last family trip (Moscow, fall '81), Ernaux-Briot fills the screen with a rocket, the image's jerkiness reflecting the couple/family in the throes of agony. The screen then goes black as Philippe Ernaux embarks onto a new family life, leaving the projector, screen, and films with Annie. The alternating images of film leaders (*amorces*) and black screens reflect this chaotic life transition (for all parties). The documentary's epilogue returns to the viewing of the "family movies," seeing "les disparus," the departed Blanche Duchesne, the Ernaux grandparents/in-laws, Dominique Ernaux, Philippe Ernaux, as well as the marriage that was.

Roland Barthes argues in *La Chambre claire* that photographs show "seulement et à coup sûr, *ce qui a été*" (133). Ernaux revisits this statement when she says: "Ça a été moi. C'était nous" (60'30). Despite her statement that "cha-

15 The marriage comes undone as France's "histoire politique" is "grosse de toutes les espérances" (54'00) and Ernaux is "grosse" of her literary career, her signature "écriture plate" (LP 24) not even born yet and the 1984 Prix Renaudot still in the near yet unsuspected future.

cun" must have thought that—a mere assumption—the *passé composé* (indicating completion in the past) refers to the narrating "I" (Annie Ernaux) in a five-syllable clause that contrasts with the three-syllable one and its imperfect tense (used for descriptions, for "non-events") that refers to the disappeared "nous"—both *nous*-couple and *nous*-family. De Kuyper remarks that family movies prove that happiness existed, "'Voilà, alors, là, nous étions heureux!' disent ces films, sur quoi renchérissent encore leurs commentaires improvisés" (15). Except that Ernaux's commentaries are not improvised and do not support these as images of happiness, quite the contrary. Her "C'était nous" does not translate into "C'était nous, heureux," what her son may have wanted to hear and what may have urged him to re-examine the (fake) happiness he witnessed and the happiness he presumably truly experienced. Let us add that Barthes' phrase only applies to corporal being. As *The Super 8 Years* makes evident, emotional and intellectual being can be dissonant.[16] At the close of *The Super 8 Years*, body and voiceover merge but only over a black screen and right before silence—before the film's dedication to Louise, Noël, Blanche, and Tristan Ernaux(-Briot), the offspring, both the addressees and unintentional initiators of the film.

3 Annie Ernaux's (Fight for) Agency

Philippe Ernaux's images display his bourgeois lifestyle, perspective, aspirations, and limitations. Regarding his wife, he shows a bourgeois woman, *libérée* (she is not seen doing household chores), working on her courses and, on two occasions, reading books. He does not show her as an aspiring writer, nor could he since she wrote *Les Armoires vides* in secret and surreptitiously sent the manuscript to publishers in 1973. Ernaux remembers that this publication felt to him like a betrayal.[17] A few years later, despite her words—"Je ne fais pas son procès, j'essaie de refaire la route" (FG 134)—*La Femme gelée* must have felt like a book of grievances. He had secured a good job and contributed to giving his wife and family a beautiful environment to live in; he probably did not realize that they did not live in "le même appartement en fin de compte. […] il promenait ses regards sur la lampe douce, les reflets des meubles" (FG 162), which

16 For instance, only in the voiceover narration are Ernaux's books and writing addressed.

17 At the "Changer le monde" conference in May 2024, Ernaux shared his reaction: "'Alors, puisque tu as écrit un livre en secret, dis-moi, est-ce que tu m'as trompé?' [Ernaux and the audience laugh] Le dévoilement était si grand qu'il a dû penser qu'il avait réchauffé un serpent dans son sein."

is what he filmed. The (other) truth is elsewhere, out of sight from his films, in her book: "Il n'avait ni lavé, ni frotté, joué les fouille-merde dans tous les coins" (FG 162). The marriage/family did not survive the pent-up resentment clearly expressed in *La Femme gelée*.

Interestingly, the family movies start at the same time as the writing of *Les Armoires vides* (October 1972, VL 68), born out of a "vie avec le père de mes enfants" that turns out to be increasingly "intenable" (VL 67). Ernaux refers to her first book as an "entreprise de survie" (VL 68), as she exposes Denise Lesur's social shame and illegal abortion, after "son rejet par le garçon bourgeois" (VL 68), P., aka Philippe Ernaux, who left her on her own to "take care" ("se débrouiller") of the unwanted pregnancy, as shown in *L'Événement* (58). In her interview with Michelle Porte, Ernaux explains that she wrote *Les Armoires vides* "contre," i.e., against several forms of cultural domination, against economic domination, against the domination over women who had to illegally seek an abortion in 1972, against the "legitimate" language she was teaching. It is a novel "tous azimuts 'contre'" (VL 82), including against her husband and family life, and Philippe Ernaux was no dupe.[18]

Reading Ernaux's work, one cannot blame Philippe Ernaux's distrust of her writing. Except in *Une femme*, where he assists his ex-wife at the funeral home when her mother abruptly passes, he remains in Ernaux's readers' mind the irresponsible, unreliable genitor (*L'Événement*), a cheater (*Se perdre*),[19] the tanned son-in-law who for "raisons indicibles" did not come with her when she visited her parents (LP 96) and who "[p]lus que jamais" looked "déplacé" at her father's funeral (LP 19). Writing enabled her to gradually leave the "belle image" of the frozen woman/wife/mother we see in Philippe Ernaux's family movies. For her, the pen is mightier than the (video) camera.[20] Consequently, by narrating Philippe Ernaux's films, she (again) overpowers him. Her narration sets the record straight: it complements the film-proof of corporal being and corrects the happy family scenario. In the Ernaux vs. Ernaux-Duchesne (post)divorce case, the latter wins.

Until *The Super 8 Years*, the only public visual images of Philippe Ernaux appeared in *Écrire la vie*'s photojournal. Four were taken early in their mar-

18 Ernaux-Briot told Clément Génibrèdes that her initial intention was probably not to "briser le couple, mais peut-être plutôt de le transformer de l'intérieur en l'objectivant afin de voir ce que cela pouvait engendrer. Ça n'a pas eu vraiment d'effet …" (n.p.), i.e., Philippe Ernaux did not change his ways.

19 "[l]es draps avec le sang de la virginité de cette fille (Annie comment? J'ai oublié), ma douleur. Février 64" (SP 112).

20 Or than anything, doesn't she state in *Mémoire de fille* regarding H., "Je ne l'envie pas, c'est moi qui écris" (94)?

riage: a 1964 wedding picture (ELV 58); a summer 1964 full-page picture where Ernaux's profile hides half of Philippe's face but where the two faces join in a Picassoesque head and the two mouths in an elusive kiss (ELV 59); the couple as students in Bordeaux in winter 1964–1965 (after Éric's birth, with the previous photograph in the background, ELV 60); and the two as "nouveaux mariés" in the summer of 1964 (ELV 61). By framing the four photographs between the Le Havre 1963 "dernière photo de jeune fille" (LE 48) and the photo of Passage Cardinet, the abortion site, the photojournal reflects that the marriage was burdensome (doomed?) from the start, Annie Duchesne left to deal alone with an illegal abortion, soon followed by a (wanted) pregnancy that prompted a shotgun wedding.[21] The last photograph shows Philippe—"Phil" in the March 1984 journal entry that sits under the photograph—crouching between Annie and David on a sunny 1977 day in their garden (ELV 80). The image of Philippe that prevails from the photojournal is then that of a young married man, before resentment settled and found its way in Ernaux's third novel. Incidentally, in her voiceover narrative, Ernaux calls him by his full name, never just "Philippe," once "mon mari," as if keeping him at a distance (from herself and the spectators), thus comforting the negative image. Little can his films do to remedy this. As the filmer, he appears only three times on screen: in Morocco, smiling as for a photo (18'01–18'08); indoors at night in their La Clusaz apartment, joking in his hat, sunglasses and fake mustache (34'59–35'12); and as a "disparu," against a picture-perfect snowy landscape, smiling and talking as he removes his sunglasses (60'10). Ernaux-Briot thus ends with a congenial image of Philippe Ernaux, husband and father of two.[22]

Ernaux's work presents an image of her (ex-)husband tainted by his affairs and a different view of gender roles that he imposed through mockery ("non mais tu m'imagines avec un tablier peut-être! Le genre de ton père, pas le mien!" FG 131) or anger ("Tu me fais chier, tu n'es pas un homme, non! Il y a une petite différence, quand tu pisseras debout dans le lavabo, on verra!" FG 133). It is impossible to say how the children perceived this. Ernaux-Briot shared that

> Au moment de la séparation de mes parents, mon frère et moi sommes restés avec ma mère et avons donc plus entendu son point de vue. J'en avais déduit que la famille n'était pas très importante pour mon père, qu'on ne comptait pas tant que ça. Or, le film, en retissant une certaine continuité chronologique (depuis

21 Ernaux remembers touching a sailor's hat in April 1964, wishing to be pregnant ("Rouen" 169)—Éric was born in December 1964.

22 Ernaux-Briot vainly tried to have Philippe's lips read, "Ce qu'il pense, on ne le saura pas. Tout ce que l'on saura de lui, ce sera par ma mère" (Génibrèdes n.p.), and now this film.

> quelques temps, on ne revoyait les Super 8 que dans le désordre), a fait ressortir une chose importante: je crois que mon père s'intéressait en fait profondément à nous, qu'il aimait cette vie de famille, dont le fonctionnement patriarcal n'a pas convenu à ma mère (Berthet 7),

as echoed by Ernaux in Miller's documentary: "Je me ferai piéger dans le mariage. J'aurai ce sentiment d'injustice. Je n'ai jamais trouvé normal qu'une femme s'occupe toute seule d'un petit enfant. Je ne voyais pas pourquoi. [...] Ça fait partie de la vision masculine du monde" (41'42–42'00). The *Super 8 Years* gives us this masculine vision to see, but it lends a benevolent gaze onto Philippe, a mere product of his time and upbringing, as much as Annie was a product of her (mother's) upbringing. What we witness in Ernaux-Briot's *The Super 8 Years* editing is the adult child laying out both perspectives and the inherent fault lines, and breaching the dialogue that was not, maybe in order to heal from what the divorce broke, i.e., the illusion of a happy family. Arranging family movies into a documentary film is akin to what Ernaux practices through writing and we will now see that Ernaux-Briot's documentary "sauve"—cf. "L'écriture sauve, et le cinéma" (VL 73)—in several respects, i.e., he salvaged his father's films, saved this time period and the characters' experiences from disappearance, brought some sort of salvation to his father's persona and his childhood, and imposed himself as an author and subject.

4 David Ernaux-Briot's Own Agency and *The Super 8 Years* as the Site of Self-Affirmation

Faced with five-six hours of rushes and a narrative that was too long, Ernaux-Briot first had to make editorial choices—all done with Ernaux's consent. He reduced the rushes to under one hour and reordered sequences—the chronology was re-established at the editing stage with Clément Pinteaux. He introduced slow motion. He chose the music—no 1970s music, to skirt the nostalgia register—and chose when to have silences. He decided to use the "voix témoin" Ernaux recorded alone at home and that he deemed "très juste, sensible," superior to the second recording, in studio, where Ernaux's voice felt "trop dure, trop droite" (Berthet 3). He didn't include a third of Ernaux's text; the original sound file was three-four hours long because of "reprises" (Ernaux stopping, resuming, or repeating her text) and "traces du quotidien" (sounds of birds, cats, etc.). He cleaned up the audio file, and that is the "texte-scénario" that Pelléas credited to Ernaux. At one point (the Moscow sequence), faced with three minutes of images and ten of voice, Ernaux-Briot had to resort to condensation and used his knowledge of his mother's "manière d'interpréter le réel" to do so (Berthet 5). Working with sound editor Rym Debbarh-Mounir, he chose sounds to give the images depth, pointing out that "Le montage son fait fictionner le récit"—he exclaimed "là [sound], je suis un réalisateur de fiction" (Berthet 6).[23] Note that sound also contributes to "transpersonalize" the narrative—for example, the bike bell elicits our auditory memories.

Maybe Ernaux-Briot's most noteworthy audio file change was to delay the comments about the couple's dissensions, which were addressed earlier in Ernaux's original text (at the time of Annecy). He argued—and Ernaux agreed—that "il faut avoir un bonheur avant d'avoir un malheur" (Berthet 7).[24] He inflected the story, and was obviously right in his decision. I would, however, propose another reading and hypothesize that the child (in him) wanted to delay the moment of separation/divorce. The child of divorce wanted to hold onto his intact family and happy moments (and films). What Ernaux-Briot pieced together by assembling the family films are the shattered pieces of his childhood.[25] The agency he exercises in *The Super 8 Years* is not just over footage, audio files, and family movies; it is over a marriage he was powerless to salvage. To the different ways that Berthet remarks that David Ernaux-Briot is present in *The Super 8 Years*—"petit garçon blond," "spectateur privilégié de projections privées," and "réalisateur de cette œuvre à deux auteurs" (Berthet 2)—we can add that he is the "'réanimateur' d'images muettes" (Cardin 3) as well as the "réanimateur"/resuscitator of deceased family members that move and talk silently on screen and "réanimateur"/resuscitator of a defunct marriage he apparently did not mourn properly for lack of getting "the full picture." As a result, he (re)created this picture/film.

As the 82-year-old woman narrator eventually merges with the woman on screen, the 55-year-old director and the 5-year-old child also merge, the adult child of divorce meeting the joyfully unaware boy. As one of Wallerstein's subjects remarks, "child of divorce" is "sort of a permanent identity" (291). Besides having no agency over a decision that impacts them, the divorce breaks the happy family illusion, and the child must also come to terms with this. Wallerstein also shows that from the children's viewpoint, "divorce is a cumulative

23 For a detailed study of sound in *The Super 8 Years*, see Rémi Fontanel's article.

24 His choice of words is quite revealing; for him, the impending separation and divorce were a "malheur," at once a blow and unhappiness.

25 Because it is the case for most children, as Judith Wallerstein observes from her 25-year longitudinal study of children and adolescents to parental separation and divorce, it is not far-fetched to say that Philippe and Annie's separation tolled the bell of Ernaux-Briot's childhood (296).

experience [...]. At each developmental stage divorce is experienced anew in different ways," the break-up is just the "first upheaval" (298). She makes two observations that apply to the Ernaux case. First, the mother's parenting is "cut into by the very heavy burdens of single parenthood" (298) and sometimes by her going back to work. Ernaux always worked but the Renaudot prize, her newfound factual writing style, and the lifting of bourgeois ideology and time limitations opened the writing floodgates. Secondly, the father also sees the time needed to maintain "love and interest" in his children challenged by a second family (Wallerstein 299); Philippe Ernaux fathered another child. It is safe to surmise that Ernaux-Briot's preoccupation with his father returned to the forefront when he became a father himself in 2011 (ELV 100).[26] In this case, the documentary, an "acte ciné-généalogique," not only aims to "interpret" the films but bears "l'espoir d'une élucidation" (Fontanel n.p.). We can imagine that, watching the family movies as a dad, Ernaux-Briot questioned his own father's position. Transmission being made impossible by the latter's passing, maybe he needed to view his (first) family through his father's lens in order to fully come into fatherhood himself.

In the films, David looks happy. He presumably was happy. Were they happy? Psychiatrist Patrick Lacoste notes that "le film de famille [...] pourra être évoqué en réparation, il prête à la *cicatrisation du passé*" (49 italics mine). Maybe *The Super 8 Years* helped the adult child of divorce heal. To do so, he first rehabilitated his father and rebalanced the marital scales (tipped by Ernaux in her favor). Although 1970s Annie (wife and mother) is in almost all the shots and 2020 Annie Ernaux (mother and writer) is audibly present, Ernaux-Briot asserts the presence of his father, the "premier filmeur." Thus, more than a "recréation mythique de la famille" (Odin, quoted by Hugueny-Léger 4), Ernaux-Briot employed himself to show that they were a family and that these truly are family movies.[27] The product of this (imperfect) union, he re-creates it by joining the writer and the filmmaker, as obvious in this remark to Clément Génibrèdes: "Ce film est construit avec tout le désir de mon père et toute l'interprétation de ma mère" (n.p.). As he is the offspring of his parents, the film is the result of their (the parents') two creations—images and text—but with its own identity (Ernaux-Briot's directing and editing imprint). As the *monteur* and director, he exercized agency over his film and in fact over how he wants to see his childhood years and what "image" he wants to bequeath his children and niece. The "super" from the title does not then just refer to the kind of film Philippe

26 Ernaux remarks that they watched the movies again after her sons became fathers (59'45).

27 Even when the family no longer exists, they remain family movies.

used, it gives these years a stamp of greatness. Unlike his mother, who opted for the adjective-free title *Les Années*, because "celles-ci ne sauraient être définies, définissables. Il y a seulement des existences qui avancent" (VL 102) and who ends her *Super 8 Years* narrative on "ces années-là" (61'38), still without a modifier, Ernaux-Briot defines his years as great (*super*), imposes his will and interpretation, and imposes himself.

The Super 8 Years is indeed also a site of self-affirmation. As such, it can be considered an artist's attempt to break free from his famous mother's shadow and make a name for himself.[28] Ernaux-Briot explains that in "émissions de vulgarisation scientifique, on effectue d'abord un reportage pour 'rapporter' des images, ensuite on écrit un commentaire *sous lequel* on monte ces images pour éclairer le texte" (Berthet 2, italics mine). *The Super 8 Years* takes the same ingredients—Philippe Ernaux's films and Annie Ernaux's commentary—but disrupts the hierarchy (text superior to images—his mother's *credo*). Through editing, David Ernaux-Briot succeeds in having text and images interact and gives new meaning to these "family" movies, one noted by Lacoste: "même le film d'un temps de bonheur contestable, ou suspect de soumission aux circonstances, semble promettre une joie" (49). At the end of *The Super 8 Years*, he mixes already used shots with new ones, defies chronology (the unfolding of time from beginning to death) as well as the fossilization of family history in one single authorized truth, Annie Ernaux's, on whose face the sun sets in the last shot, where "l'image et le texte sont enfin en accord, comme pour signifier, peut-être, l'apaisement" (Ernaux-Briot, Génibrèdes n.p.). Ernaux-Briot presumably gave a seemingly old appearance to the title part of the film not just out of coherence with the family movies that follow, but to assert the legitimacy of his (happy) "family documentary" and to archive it as such. With all three parties' truths told, wrongs righted, and newfound balance, the Ernaux family spirit will thus carry on and the images will not all disappear.

Works Cited

Aasman, Susan. "Le Film de famille comme document historique." *Le Film de famille, Usage privé, usage public*, edited by Roger Odin, Meridiens Klincksieck, 1995, pp. 97–111.

28 Upon his film's release, Ernaux-Briot expressed some aggravation when radio interviewers privileged his recently *nobelisée* mother. Also, during the NYFF interview, Ernaux-Briot was asked two questions vs six to Ernaux—he reversed the imbalance in the Q&A (two vs one). He also had to stand his ground when the producer wanted to market the film as "co-directed" by Annie Ernaux and David Ernaux-Briot.

Annie Ernaux, je suis née quelque part. Directed by Coralie Miller, Tamara films, 2024.
Bacholle, Michèle. "Annie Ernaux: Une autre 'idée de la France.'" *The French Review*, vol. 98, no. 4, May 2025, pp. 71–91.
Bacholle, Michèle. "ph-auto·bio·graphie: Écrire la vie par des photos (Annie Ernaux)." *Women in French Studies*, vol. 21, 2013, pp. 79–93.
Bacholle, Michèle. "Quels usages de la photo chez Annie Ernaux?" *Annie Ernaux: Perspectives critiques*, edited by Sergio Villani, Legas, 2009, pp. 115–125.
Barthes, Roland. *La Chambre claire. Note sur la photographie*. Gallimard/Seuil, 1980.
Beauvoir, Simone de. *Les Belles images*. Gallimard, 1966.
Berthet, Frédérique. "David Ernaux-Briot et la réalisation de *Les Années Super 8*: repriser les images et la voix, faire famille." *Textimage*, été 2025 (https://www.revue-textimage.com/conferencier/15_annie_ernaux/berthet1.html Last access 10/21/2025).
Cardin, Fanny. "Introduction. Accorder un film à trois voix: *Les Années Super 8* ou la partition d'un remontage." *Textimage*, été 2025 (https://www.revue-textimage.com/conferencier/15_annie_ernaux/introduction1.html Last access 10/21/2025).
De Kuyper, Eric. "Aux origines du cinéma: Le film de famille." *Le Film de famille, Usage privé, usage public*, edited by Roger Odin, Meridiens Klincksieck, 1995, pp. 11–26.
Ernaux, Annie. "Rouen." *Le Cahier de l'Herne*, edited by Pierre-Louis Fort, L'Herne, 2022, pp. 171–174.
Ernaux, Annie. *Le Vrai lieu. Entretiens avec Michelle Porte*. Gallimard, 2014.
Ernaux, Annie. *Écrire la vie*. Gallimard, 2011.
Ernaux, Annie. *Les Années*. Gallimard, 2008.
Ernaux, Annie. *"Je ne suis pas sortie de ma nuit"*. Gallimard, 1997.
Ernaux, Annie. *Une femme*. Gallimard folio, 1987.
Ernaux, Annie. *La Place*. Gallimard folio, 1983.
Ernaux, Annie. *La Femme gelée*. Gallimard folio, 1981.
Ernaux, Annie. *Les Armoires vides*. Gallimard folio, 1974.
Ernaux, Annie, and Marc Marie. *L'Usage de la photo*. Gallimard folio, 2005.
Fontanel, Rémi. "Des images sonores ou la réanimation cinématographique d'une 'temps muet'." *Textimage*, été 2025 (https://www.revue-textimage.com/conferencier/15_annie_ernaux/fontanel1.html Last access 10/21/2025).
Génibrèdes, Clément. "David Ernaux-Briot et ses *Années Super 8*: la voix des archives." *Écriture de soi-R*, 3, avril 2024. n.p.
Hugueny-Léger, Élise. "L'Invisible des images: effets de mise à distance et constitution d'un récit de transmission dans *Les Années super 8*." *Textimage*, été 2025 (https://www.revue-textimage.com/conferencier/15_annie_ernaux/hugueny-leger1.html Last access 10/21/2025).
Lacoste, Patrick. "Psynema. Remarques psychanalytiques à propos du film de famille." *Le Film de famille, Usage privé, usage public*, edited by Roger Odin, Meridiens Klincksieck, 1995, pp. 43–62.

Les Années Super 8. Directed by David Ernaux-Briot, Pelléas, 2022.

Odin, Roger. "The Home Movie and Space of Communication." *Amateur Filmmaking. The Home Movie, the Archive, the Web*, edited by Laura Rascaroli and Gwenda Young. Bloomsbury, 2014, pp. 15–25.

Sapio, Giuseppina. "Le Film de famille. Représentations collectives, mise en récit et subjectivation." *Politiques de communication*, vol. 8, printemps 2017, pp. 27–47.

Sierek, Karl. " 'C'est beau, ici'. Se regarder voir dans le film de famille." *Le Film de famille, Usage privé, usage public*, edited by Roger Odin, Meridiens Klincksieck, 1995, pp. 63–77.

Thumerel, Fabrice. *Annie Ernaux, une œuvre de l'entre-deux*. Artois UP, 2004.

Wallerstein, Judith, Julia Lewis, and Sandra Blakeslee. *The Unexpected Legacy of Divorce. A 25 Year Landmark Study*. Hyperion, 2000.

6

Image du corps et corps de l'image : le cinéma de l'être et de l'événement d'Audrey Diwan

Stéphanie Boulard

Abstract Drawing on Deleuze's conception of cinema as "movement-image," this chapter analyzes Diwan's aesthetic choices and staging of a body in motion that both lives and endures abortion. It interrogates the reciprocity between the body of the image and the image of the body, revealing how Diwan's cinema articulates a way of thinking about the image that is also a way of thinking through the body.

Keywords *L'Événement* – Audrey Diwan – adaptation – abortion – body – image – Deleuze – film

En 2000, Annie Ernaux publie *L'Événement*, un récit autobiographique qui raconte son avortement clandestin en 1964 alors qu'elle était étudiante et que l'avortement était encore criminalisé en France. Vingt et un ans plus tard, en 2021, la réalisatrice Audrey Diwan décide de porter ce texte à l'écran. Dans le texte d'Ernaux, comme dans le film, il est question de cet événement « qui n'avait pas de place dans le langage » (LE 60), sur lequel on fait silence. Comment en parler ? Comment dire cette expérience autobiographique, cette épreuve du réel sur lequel il y a un tabou ? « En écrivant *L'Événement*, j'avais l'impression d'être à contre-courant de la société, du féminisme, de tout. Car cette question était considérée comme réglée, il y avait l'IVG. Et ce qui me scandalisait, c'était le silence autour de l'IVG. Pas une femme ne disait : 'Moi, j'en ai fait une.' Même maintenant, cela reste tabou », déclarait Ernaux à Nathalie Crom et Marie Sauvion à la sortie du film (6). Écrire ce texte-là, à ce moment-là du reflux du féminisme, c'est pour Ernaux aller à contre-courant du silence de la société toute entière.

Or c'est précisément sur ce silence que se construit le film de Diwan. L'absence d'images sur le sujet avait déjà été précédemment formulée par Céline Sciamma en 2019 dans *Portrait de la jeune fille en feu*. Si Annie Ernaux souligne qu'on évite de parler de l'avortement dans la sphère publique, que très peu de textes littéraires abordent cet « objet » jugé « indign[e] de la littérature » (ECC 80), Sciamma, quant à elle, fait le constat qu'il n'y a pas non plus de représentations de l'avortement dans les arts, très peu de films (Taubin 46).

© 2026 KONINKLIJKE BRILL BV, LEIDEN | HTTPS://DOI.ORG/10.1163/9789004760219-008

Très peu de mots ; pas de corps, pas d'images. Difficile, dans ce cas, d'avoir la capacité de se représenter ce que c'est qu'un avortement et, qui plus est, un avortement clandestin. Diwan évoque cette absence d'information et le défi de donner corps à une scène aussi complexe que celle de l'intervention chez la « faiseuse d'anges ». Pour éviter ce « casse-tête », Claude Chabrol, dans *Une affaire de femmes*, opte pour une évocation figurative et utilise des détails symboliques : le savon, la lessive, la canule. Or c'est bien cette absence, ce vide, qui motive Ernaux à aller jusqu'au bout de sa narration : « si je ne vais pas au bout de la relation de cette expérience, je contribue à obscurcir la réalité des femmes et je me range du côté de la domination masculine du monde » (LE 58).

C'est paradoxalement ce vide de représentation qui ouvre un espace à la liberté de création pour Diwan. Lors d'une interview pour *Lire* en novembre 2021, la réalisatrice revient sur les questions qui l'ont accompagnée tout au long de l'élaboration du film. Elle y affirme que c'est l'absence de représentation de cet « événement » qui l'a fait avancer. Comment travailler à partir d'un vide ? Comment donner corps ? Et quelles images montrer ? Alors qu'on dispose de si peu de matière, comment, au cinéma, être dans la vérité – c'est-à-dire être à la fois dans le réel (représenter techniquement, jusque dans ses détails les plus crus, ce qu'est un avortement clandestin), dans l'authenticité (trouver l'esthétique qui sera la plus fidèle au récit autobiographique), et dans l'invention (créer une forme sur mesure où s'incarnerait l'essentiel du moment) ? Contrairement à Robert Bresson qui dit avoir eu l'intention de suivre phrase par phrase le *Journal d'un curé de campagne* pour le porter à l'écran (Bazin 82), il n'est alors pas question pour Diwan de suivre mot à mot le texte original. Elle fait le choix de repenser l'œuvre sur un autre plan, celui du corps comme centre d'action. Dans ce chapitre, nous étudierons autant l'image du corps que le corps de l'image et nous verrons comment les choix esthétiques de Diwan confèrent au film son efficacité dramatique. Il s'agit de cerner comment est figurée ou reconfigurée l'économie corporelle du récit d'Ernaux.

1 Justesse

La difficulté de l'adaptation littéraire tient en ce qu'il ne s'agit pas pour le réalisateur ou la réalisatrice de « piller » une œuvre pour n'en garder que les personnages, l'intrigue ou le climat poétique, mais de rendre les subtiles interférences textuelles entre le style, la psychologie des personnages et les questions métaphysiques. André Bazin rappelle à ce sujet que la littérature dramatique s'est toujours laissé « violenter » par le cinéma qui n'en retenait essentiellement que des personnages et une action (82). Le cinéma a ses lois et une forme qui lui est propre : il ne suffit pas pour le ou la cinéaste de suivre uniquement « la seule et pure exigence du récit » (Bazin 86). La question principale qui se pose toujours lors de l'adaptation est celle de la fidélité qui implique les impératifs suivants : ne pas simplifier, ne pas niveler, ne pas trahir. Être fidèle autant à l'esprit qu'à la lettre de l'œuvre. Ces questions qui relèvent du problème de l'adaptation se sont posées de toute évidence à Diwan dès le début, toute préoccupée de la fidélité au texte, qui s'interroge alors : « Comment être Annie ? Comment accompagner son regard ? » (Libiot 24). Ces deux verbes, *être* et *accompagner*, sont les deux verbes moteurs qui président à la recherche esthétique de la réalisatrice pour rendre la lettre et l'esprit du texte. Il ne s'agit pas de faire un film historique sur les années soixante en France. Et pourtant il faut être au plus près de son sujet et pouvoir tout de même rendre compte des problèmes politiques et sociologiques liés à l'époque qui affectent directement la narratrice.

Tel est alors l'impératif esthétique et éthique de départ : la justesse. Elle fut la pierre angulaire d'une réflexion commune qui détermina la conception et la réalisation du film. Comme le lui enjoint Annie Ernaux, reprenant à son compte une citation d'Anton Tchekhov : « Soyez juste, le reste viendra de surcroît » (Diwan 111). Or, être juste, ce n'est pas plaquer des images pour faire une démonstration. Ce n'est pas non plus avoir à prouver. Ne pas faire un film qui soit une injonction sentencieuse. Autrement dit, parce que cet événement touche autant à l'interdit et à la loi qu'au corps – à l'intime, au sexuel, au désir, à la vie, à la mort, – il fallait, pour être juste, non seulement trouver le bon ton, le langage cinématographique approprié (quel type de montage, quel rythme, quelle scénographie) pour « affronter dans sa réalité » (LE 27) cette « expérience pure de la vie et de la mort » (LE 103), mais aussi, de surcroît, trouver le bon angle pour donner corps à l'expérience du personnage.

La caméra suit les gestes d'Anne[1], précis, rapides, qui se déshabille. Pas de musique. Nous, spectateur.rice.s, suivons le regard d'Anne qui cherche dans sa

1 Derrière le nom d'Anne (Duchesne), héroïne du film *L'Événement*, affleure celui d'Annie (Ernaux). Le nom ne se contente pas d'identifier, il résonne, se diffracte, se propage. Cette dissémination apparaît d'abord dans l'homophonie entre Anne et Annie, puis se prolonge de façon imprévisible dans le nom même des actrices : Anamaria Vartolomei, qui incarne Anne, ou encore Anna Mouglalis, qui joue l'avorteuse. Ainsi, le nom circule entre le texte, l'écran et les corps, en de nouvelles résonnances. Comme le soutient Jacques Derrida, le propre du nom est de n'être jamais entièrement propre : il porte en lui la possibilité d'une répétition, d'une survie, d'une altération. Lorsque Diwan confie : « Anamaria me dit qu'elle gardera en elle quelque chose d'Anne, du personnage. Je sais que je garde en moi quelque chose d'Annie Ernaux, de son regard sur l'existence » (112), elle témoigne aussi de la trace que laisse un nom. Un nom porteur de survivance, qui persiste.

culotte une trace de sang. Puis nous nous asseyons avec Anne à son bureau et nous regardons à la page de son journal où elle écrit: «Toujours rien». À l'écran s'affiche «3 semaines». Cette scène au début du film est le moment où le corps de l'héroïne n'est plus seulement un corps en mouvement qui danse ou va en cours de lettres, c'est un corps dont la métamorphose impose son temps, son rythme, sa dynamique au film. De même que le souci de la juste forme passe, chez Ernaux, par le choix des mots «laissant parler la force du réel» (Vilain 143), il passe, chez Diwan, dans la volonté de rendre sensible l'expérience vécue, par tout ce qui détermine le choix du montage qui est l'acte principal du cinéma. Qui est aussi, par là même, représentation du temps qui structure en retour le film et son déroulement. Gilles Deleuze rappelle en effet que c'est le montage qui donne «au temps sa véritable dimension, comme au tout sa consistance» et cela implique que «l'image mouvement soit elle-même au présent, et rien d'autre. Que le présent soit le seul temps direct de l'image» (*Cinéma 2* 51). Or Diwan va renforcer cette particularité cinématographique ajoutant au montage une présentation directe du temps: le temps implacable des semaines qui passent est inscrit en toutes lettres sur l'écran à rythme régulier. Ernaux insiste sur le fait que dès l'instant où la narratrice se sait enceinte, elle va vivre avec l'horreur de «l'interminable lenteur d'un temps qui s'épaississait sans avancer» (LE 48). Dès lors, c'est un corps happé dans le mouvement irréversible des semaines qui passent et dont l'image ne peut être distincte, que le film *L'Événement* met en scène. C'est-à-dire que c'est le corps en mouvement – aussi bien au dehors, marchant, dansant, qu'au-dedans, grossissant parce qu'enceint – qui conditionne le déroulement du film selon son rythme propre. Les images sont ainsi montées en fonction de leur nécessité *interne*: ce n'est pas un montage de l'accidentel, mais de l'intensité, celle d'un engrenage auquel l'héroïne tente de se soustraire. Ainsi, le film, l'héroïne, le.la spectateur.rice se déplacent tou.te.s dans ce même temps, enchaîné.e.s à l'espace-temps de ce corps qui devient le moteur de l'histoire «dont on ne connaî[t] pas la fin.» (LE 63).

2 Héritages et temporalités croisées

S'installe alors dans le film un suspense qui tient à l'intolérable déroulement du temps pour Anne. Elle est comme en décalage avec le temps et le corps des autres filles «avec leurs ventres vides» (LE 30). Cette fracture temporelle est particulièrement manifeste dans deux scènes, celle où Anne et ses deux amies récitent, en décalé, la conjugaison latine du verbe «agir», et celle où les amies d'Anne discutent à la cantine Camus et Sartre (17'49-18'04): Anne apparaît totalement désengagée des discussions intellectuelles qui semblent appartenir à un autre temps que le sien, dans un espace qui lui est désormais étranger. Le film montre la confrontation, le choc, l'irréconciliable, entre le temps actuel, factuel, objectif, de la réalité vécue par la protagoniste – marqué et répété à l'écran – et l'autre temps, celui-là insouciant et joyeux, celui des rires et des rêves, des discussions de futurs hypothétiques des ami.e.s qui l'entourent. Ce qui compte, ce n'est pas tant l'action (comment va-t-elle le faire ?), mais comment l'ensemble des relations dans lesquelles Anne est prise (l'université, les parents, les ami.e.s, les docteurs) vont constituer, l'une après l'autre, les points contre lesquels elle va se heurter dans la réalisation de son objectif. D'où la tension dramatique qui naît de cet écart creusé entre perceptions et affections, entre le temps « long » d'une scène et l'urgence physique intérieure, impérative, entre temps objectif et temps subjectif.

Dans de nombreuses interviews qu'elle a données, Diwan mentionne une manière de raconter sur la forme du thriller où tout tient au fil tendu, à l'état d'urgence, et fait référence comme source d'inspiration au film *Bac Nord* (2020) dont elle a été la co-scénariste. Pourtant, une autre œuvre vient spontanément à l'esprit pour éclairer la structure de son film : *Cléo de 5 à 7* d'Agnès Varda. Bien que Diwan ne mentionne pas explicitement cette référence dans les divers entretiens qu'elle a donnés, des similitudes frappantes relient les deux films. Varda fait en effet de cette confrontation entre l'urgence intérieure et le temps des autres, entre le temps objectif et le temps subjectif, la structure même de son film qui nous semble rejoindre la structure choisie par Diwan. Comme Varda, Diwan a préparé écriture, film et montage ensemble, dans la volonté de maîtriser le temps du récit dans ses moindres détails. Dans *Cléo de 5 à 7*, Varda inscrit le temps mécanique, minuté, à la fois visuellement à l'écran (chapitres indiquant le passage du temps, insertion calculée de diverses horloges dans le champ) et auditivement (tic-tac du métronome, annonce du journal à la radio). Diwan adopte une démarche comparable dans *L'Événement*, en ancrant visuellement le temps dans l'image – 4 semaines (21'24), 7 semaines (37'45) – ou dans les moments où Anne tient son journal (« Avril »). Dans les deux cas, cette inscription du temps dans l'espace de l'image engendre le suspense, la tension dramatique. Car chaque référence temporelle inscrite, visible quoique muette, *tire* l'attention du public inévitablement vers le corps de la protagoniste et le rend sensible sous un angle neuf : c'est dans le rythme interne du corps que nous sommes invité.e.s à « entrer », avec lequel nous sommes forcé.e.s d'être *synchronisé.e.s*.

Un autre parallèle réside dans le traitement du corps féminin. Chez Varda comme chez Diwan, le personnage féminin se débat avec une angoisse nouvelle et, potentiellement, la mort en ligne de fond (Cléo attend en effet des résultats médicaux et est, comme Ann(i)e, une morte en sursis). Dans les deux films, une « solidarité sororale » (Carlini Versini 32) se manifeste et tisse des liens décisifs au moment de la plus grande vulnérabilité des protagonistes : l'amie de Cléo, Dorothée, a un effet libérateur en l'invitant à regarder les choses autrement ; Anne, quant à elle, est épaulée par Laetitia, qui lui donne l'adresse de l'avorteuse, et par Olivia, dont l'appel aux secours lui sauve la vie. Les deux films sont ainsi une réflexion à la fois au rapport à l'image et au corps féminin par lesquels les deux protagonistes entreprennent un inhabituel apprentissage de soi. Ils sont aussi profondément politiques. Or, dans les deux cas, ce sont les mouvements de caméra qui traduisent l'engagement de l'héroïne dans l'urgence et cette dissociation entre le temps intérieur et le temps extérieur, entre ses émotions et sensations et le temps réel. Dans *Cléo de 5 à 7*, la déambulation de Cléo dans la rue est un travelling qui est à la fois la métaphore de son errance et celle de sa transformation : de personnage regardé, Cléo devient regardante ; en contrepoint, dans *L'Événement*, la déambulation d'Anne s'accompagne parfois de moments flous, la caméra perdant le « focus » pendant quelques secondes – comme pour représenter le sentiment de dissociation d'Anne d'avec le monde qui l'entoure. C'est par cette « orchestration sur deux tempos simultanés » (Varda 31) que le.la spectateur.rice est ainsi convoqué.e dans le vif de l'image à entrer dans les sensations physiques de la protagoniste. Par ces mouvements de caméra, l'image nous emmène vers cet inconnu où chaque mot, chaque regard, chaque geste a des « dessous », pour reprendre ici le mot de Bresson (35). L'épreuve ne passe pas par la conscience de soi mais par la conscience de ce qui constitue son propre corps, et le lien étroit entre ce corps et le temps dans lequel il est enfermé.

Audrey Diwan connaît très bien *Cléo de 5 à 7* dont elle a consulté le manuscrit. Invitée en 2023 à écrire la préface de la réédition du texte *Cléo de 5 à 7* dans la collection « L'Imaginaire », c'est l'engagement du film dans et par la temporalité qu'elle évoque d'entrée, notant que, dès les premiers mots du scénario, « la temporalité est déjà là, le compte à rebours a commencé sans qu'on le sache encore » (Varda 11). Elle remarque le soin que met Varda dans chaque plan, pensé et découpé à l'avance, la précision du scénario qui relève de la chronique « rythmée par un décompte précis » (Varda 15), comment l'axe, la focale et l'effet recherché ont été scrupuleusement notés par Varda. Le procédé du contretemps fait ainsi l'objet d'une attention particulière, elle remarque comment Varda organise des rythmes qui s'opposent et que le.la spectateur.rice éprouve « dans sa chair » (Varda 15). Voilà comment s'opère « une forme de transmission silencieuse » « entre une œuvre de référence et celui ou celle qui s'apprête à la réaliser » (Varda 11) ; voilà une œuvre qui, plus que d'autres, a marqué profondément la réalisatrice, qui, de fait, préfigure la forme et la force de son propre film. Une fois que l'on comprend la filiation dans laquelle s'inscrit la réalisatrice avec l'un des films les plus marquants du cinéma français, on est plus à même de comprendre les différentes résonances à l'œuvre dans le film de Diwan qui se pose à la fois les questions de transmission, de corporéité, de liberté lorsque « expérimenter sans verser dans la démonstration » et « servir la force du sujet qu'elle choisit » (Varda 12) sont les principes mêmes qui président à son approche du texte d'Ernaux, qui lui-même peut se penser sur le mode de l'héritage (Meunier 2024). À bien des égards, on comprend par ces propos que le film *L'Événement* se construit dans la relation intime que Diwan entretient avec le texte d'Ernaux mais aussi, en toile de fond, en filiation directe avec le film de Varda.

3 Corps et caméra

Comment *donner corps* à l'Annie du récit d'Ernaux ? C'est la question au cœur de l'adaptation cinématographique. Adapter, c'est transposer. Or la réalité des corps varie en fonction des médias. Diwan ne se place pas en simple observatrice : son projet ne vise ni à construire un décor, ni à reconstituer une époque, mais à restituer la vérité sensible et l'urgence d'un corps féminin confronté à une situation extrême. « J'ai d'abord pensé au corps de cette jeune femme, explique-t-elle, ce qu'il avait dû traverser à compter du moment où on lui annonçait qu'elle était enceinte », avant d'ajouter : « J'en ai cherché la traduction à l'image, une définition charnelle qui permette de faire de ce récit une expérience physique » (Dossier de presse). Par tous les moyens qu'il met en place, le film révèle et met en valeur un aspect fondamental du livre d'Ernaux : « une expérience vécue d'un bout à l'autre au travers du corps » (LE 124).

Afin que l'expérience soit « physique », il faut qu'elle soit charnelle, organique, et d'une incessante mobilité : qu'elle dise le désir et la mort, donne des instantanés de vie, rende l'expérience sensible. Pour « traduire » Ernaux, pour que « quelque chose d'intelligible et de général, [s]on existence [puisse être] complètement dissoute dans la tête et la vie des autres » (LE 125), Diwan fait donc le choix de coller au corps et aux sensations de son héroïne. Dès lors, la logique de la mise en scène est claire : elle ne tient pas seulement au montage, mais aussi au choix des mouvements de caméra, notamment celui qui consiste à se tenir au plus près du corps de l'actrice Anamaria Vartolomei. De fait, la réalisatrice explique que sa mise en scène était très précise, la chorégraphie définie à l'avance : « il s'agissait d'être Anne, non de la regarder », « marcher du même pas, trouver un rythme commun, que les mouvements de la caméra épousent les siens avec tant de délicatesse qu'on l'oublie» (Dossier de presse). Le geste esthétique consiste alors à penser la forme filmique dans le rapport caméra-corps-espace où le corps est l'unité principale. Il ne s'agit pas de passer par la psychologie du personnage, mais de se confronter à l'expérience même du corps: suivre les gestes, les regards, fermer le cadre, filmer la peau, la faim, le vertige.

Plusieurs dispositifs cinématographiques et choix techniques spécifiques sont employés par Diwan. À commencer, en premier lieu, par celui du format – un format très spécifique, le 1.37:1, qui joue un rôle central dans la mise en scène. Il importe de souligner que c'est le format 2.35:1 qui est aujourd'hui le plus utilisé par les réalisateurs. C'est pourquoi faire le choix du 1.37:1 relève d'un parti pris déterminé. En vérité, ce parti pris esthétique n'a rien d'un hommage nostalgique aux formats classiques, dits «vintage». Au contraire, ce qui incite Diwan à opter pour le format 1.37:1, c'est une question de contrainte, qui tient purement à une question de cadrage. Car ce format a pour particularité de restreindre le champ: il n'offre pas d'espace au regard et propose un cadre resserré qui affecte immanquablement les règles de la composition. Et c'est de cette contrainte même que la cinéaste tire ses effets. Pour les mêmes raisons qui poussent d'autres réalisateur.rice.s à le réutiliser alors qu'il semblait tombé en désuétude – je pense à Andrea Arnold pour *Fish Tank* (2009) ou encore Xavier Dolan dans *Laurence Anyways* (2012) –, l'intention de Diwan, est de «se focaliser sur son personnage, qu'elle ne soit pas un élément du décor, mais le centre» (Dossier de presse). Le 1.37:1 présente également d'innombrables autres avantages esthétiques, notamment sa capacité à créer un aspect plus fermé, voire anxiogène – Gus Van Sant l'utilise par exemple dans cette intention pour filmer *Elephant* (2003) et Carlos Reygadas pour *Post Tenebras Lux* (2012) – il permet ainsi à Diwan de rendre de manière plus aiguë la solitude du personnage, son isolement, de construire un espace où le physique et métaphysique sont étroitement liés et de refléter plus profondément son anxiété. Or le cadre resserré du 1.37:1 fait aussi que le regard du.de la spectateur.ice se concentre uniquement sur ce qui se passe au centre. D'un côté, il aide donc à nous connecter plus intimement avec Anne et nous arrime par là même à son propre focus (trouver une avorteuse); d'un autre côté, il donne toute sa place au visage, souvent filmé en gros plan: éclat et fixité du regard, tressaillement des lèvres, rougeur, intensités. Le.la spectateur.ice est donc tout entier.e concentré sur le cadre, immergé.e dans ces «traits de visagéité» (Deleuze, *Cinema 1* 126) dont aucun affect ne se perd.

Mais Diwan et son chef opérateur Laurent Tanguy ne s'en tiennent pas là. Ils ont réfléchi à tous les autres moyens possibles offerts par le cinéma pour accentuer, renforcer l'immersion totale dans l'expérience physique, sensorielle et corporelle, de l'héroïne[2]. Le premier est celui de la caméra à l'épaule pour, ainsi que l'explique Tanguy, « épouser les mouvements de l'héroïne, ses réactions, son urgence » ; il faut, dit-il, proposer aux spectateur.rice.s « une apnée dans sa vie » (Dossier de presse). Terminologie décisive, nous semble-t-il, qui dit l'adéquation à l'expérience réelle, à ce qui fait la vie même : que la caméra soit unie au rythme respiratoire même de l'héroïne, à chaque souffle, à chaque suspension, volontaire ou non, de la respiration. Être en apnée, en immersion, en osmose avec l'héroïne, c'est être transporté.e par et dans son corps et ses affects. Or le dispositif de caméra mobile pensé par Diwan pour filmer et suivre le corps de son personnage, dans ses moindres mouvements, à la même hauteur de regard et au même rythme n'est pas nouveau. De Jean Rouch aux Frères Dardenne, il a été utilisé à de nombreuses reprises au cinéma. Rudolf Arnheim explique ainsi que la caméra mobile permet de « sentir que tout tourne autour de soi, d'avoir l'impression d'être étourdi, d'avoir le vertige ou une intoxication, de tomber, de s'envoler : certains mouvements appropriés de la caméra peuvent facilement reproduire ces impressions personnelles » (118). La caméra devient cet œil dont parlait déjà Dziga Vertov par qui tout passe et qui fait naître un autre regard, transportant le.la spectateur.rice dans ou sur un autre corps – ce que l'œil naturel ne peut pas faire. Par ce moyen d'être au plus près de la vérité de la vie même, tout.e cinéaste, qui élabore ces « fragments partiels de la vérité » et les monte « en un ensemble organique qui est à son tour la vérité organique » (Rouch 58), change le point de vue du.de la spectateur.rice, rend accessible aux yeux de tou.te.s une expérience corporelle directe éminemment subjective.

Le mouvement de l'image cinématographique tient autant à sa puissance dynamique qu'à son impact sensoriel. Toujours dans le même objectif de définir le personnage à travers et par le corps, Diwan et Tanguy ont aussi recouru à deux autres dispositifs. L'un, toujours lié au mouvement, consiste en l'utilisation majeure du plan séquence et du travelling pour littéralement embarquer le.la spectateur.rice dans une traversée des sensations ; l'autre consiste en un minimalisme sonore extrêmement travaillé (cordes pincées du violon, notes répétitives du piano, sons sourds) qui consiste en retour à étouffer les bruits trop éclatants et à concentrer la bande sonore sur des bruits organiques : soupirs, voix, respiration. Cette précision sonore a son importance en ce que l'oreille, « profonde et inventive » (Bresson 81), touche au *dedans*. Si bien que chaque détail sonore ne fait pas seulement écho à l'intériorité du personnage,

2 Ils prennent ainsi le contrepied de la technique cinématographique de Cristian Mungiu dans *4 mois, 3 semaines et 2 jours* où le réalisateur ne montre jamais le visage d'un acteur de face, inclut des décors à 180, 270 ou 360 degrés, l'environnement, faisant en effet partie, pour Mungiu, de l'histoire.

mais il décuple l'intensité des moindres émotions en ce qu'il nous les fait *toucher*. Sons et images ne sont donc pas indépendants : ils se complètent, s'entretiennent – et le.la spectateur.rice, immergé.e au plus près des sensations organiques, est ainsi emporté.e dans un flux sensoriel, entraîné.e au rythme du cœur battant de l'héroïne. Comme dans *Rosetta* des Frères Dardenne, la tension s'accroît de façon exponentielle au fil des images. En travaillant ainsi l'accès au plus intime du personnage, dans son souffle, à sa vitesse, dans l'instant de chaque pulsation de son corps, le film pose aussi la question de l'identification cinématographique. Le processus filmique de caméra-corps conçu par Diwan suggère le processus psychologique de se mettre « à la place de » et peut se concevoir comme un mode éthique de la relation et de ce qui meut autrui. Est cruciale l'expérience physique – voir, sentir, respirer – ce qui permet que s'établisse physiquement avec le.la spectateur.rice une relation, si ce n'est d'identification, au moins de proximité. Il y a davantage : il ne s'agit pas seulement de suivre Anne et ses émotions, mais *d'entrer* dans ce qu'elle vit, d'être mis.e à l'épreuve, de pénétrer son expérience par tous les sens, d'y être absorbé.e entièrement.

4 Le corps jusqu'au bout

Les dispositifs cinématographiques utilisés par Audrey Diwan dans *L'Événement* ne sont pas nouveaux en soi. Ce qui est nouveau, c'est le sujet même auxquels ces dispositifs sont appliqués. D'abord, comme le souligne Annie Ernaux dans son livre[3], l'avortement est sous-représenté dans les récits (où il figure en termes souvent voilés) et dans les œuvres artistiques ou cinématographiques, qui l'abordent souvent dans un contexte politique ou moral (on pense à *Une affaire de femmes* de Chabrol qui parle moins de l'avortement que de la France de Pétain, ou *4 mois, 3 semaines, 2 jours* de Mungiu, présenté comme un film sur l'arbitraire de la Roumanie de Ceaucescu). Cette absence dépasse la simple question de la représentation : elle traduit une « réticence collective à transcrire l'avortement et le fœtus avorté dans un registre symbolique » (Boltanski 35). Luc Boltanski remarque d'ailleurs que cette réticence n'est pas due au côté transgressif du sujet. Au contraire, l'inceste, le meurtre familial, l'infanticide ou le suicide sont fréquemment, et *pour cette raison même*, représentés dans les arts ou abordés en littérature comme en philosophie. Par quoi on touche là aux dispositifs de l'interdit, du secret, du tabou, du refoulement. Dès lors,

3 « Si beaucoup de romans évoquaient un avortement, ils ne fournissaient pas de détails sur la façon dont cela s'était exactement passé. Entre le moment où la fille se découvrait enceinte et celui où elle ne l'était plus, il y avait une ellipse » (LE 40).

le geste de Diwan et Ernaux de sonder cette absence et ce vide dans l'espace public à l'égard de cette pratique pourtant universelle est fondamental. Arrive l'événement : Diwan vient donc mettre des images là où Ernaux avait mis des mots. L'une et l'autre s'attachent à rendre visible et tangible une expérience qui demeure trop souvent tue. Et en faisant place ainsi à l'innommable, à l'inoubliable, au dérangement, au sordide, à l'indicible, elles re-configurent le récit. Boltanski ajoute que, tout en sachant très bien de quoi il s'agit, « on peut faire comme si ce que l'on sait était sans pertinence ou, si l'on veut, fermer les yeux et faire comme si on ne le savait pas » (34). *L'Événement*, au plus proche du corps, nous met – spectateur.rice, lecteur.rice – en face de l'expérience sensible, précise, marquante, violente, de l'avortement clandestin.

Ce faisant, l'esthétique formelle du film pose la question du regard. Le miroir est le premier élément mis en place qui va devenir un des motifs récurrents du film. Dès la première séquence du film, les jeunes filles se regardent dans un miroir en se préparant pour sortir (01'36). Cadre dans le cadre, le miroir devient surface de questionnement, d'auscultation, de surveillance. À partir du moment où elle se sait enceinte, Anne scrute son corps dans des miroirs successifs (16'24-16'38). Lieu du désir et des sensations, le corps est une équation inconnue. Car ce n'est pas tant ce que le miroir *montre* du corps, mais ce que le corps *cache* ou renferme qu'il s'agit de sonder – ce quelque chose qu'Anne ne soupçonnait pas d'être en elle. Le miroir devient ainsi un instrument à la fois concret et métaphorique qui propose des clefs de lecture. Du « qui suis-je » au « connais-toi toi-même » de l'anatomie, le sujet « Anne » est écartelé entre étrangeté du corps enceint qui se transforme et volonté de maîtrise ou reconquête de soi.

Au fil du temps qui passe, le miroir devient miroir de l'intime jusqu'à guider le regard d'Anne, et la caméra avec lui, vers son vagin lorsqu'elle cherche à y enfoncer l'aiguille à tricoter afin de perforer le placenta et déclencher une fausse couche (49'25-49'48). Diwan multiplie les scènes réfléchissantes : le miroir de la chambre (28'20 ; 1'10'20) comme la vitre du train (33'42) montrent le visage « absent » d'Anne ; chez la faiseuse d'anges, le miroir renvoie l'image sans corps du lieu où « ça » s'est passé (1'21'27), où d'autres femmes avant elle sont passées et où d'autres passeront. Le miroir participe ainsi aux deux scènes cruciales du film : la tentative d'auto-avortement ratée, et la pose de la sonde chez la faiseuse d'anges, avant la scène de la perte du fœtus. Il questionne ce qui ne peut se dire ou se voir. Le format spécifique choisi par Diwan, la caméra mobile avançant au même rythme que l'héroïne du film, l'utilisation majeure de gros plans et de plans rapprochés, structurent le rapport du spectateur placé dans une proximité extrême au quotidien du corps d'Anne, ses émotions, ses sensations, son intimité. Or, si Diwan réussit à « donner un corps » à l'expérience de l'avortement, c'est bien parce qu'elle a monté sa caméra « sur un corps quotidien » (Deleuze, *Cinéma 2* 246). « Le corps n'est plus l'obstacle qui sépare la pensée d'elle-même, ce qu'elle doit surmonter pour arriver à penser. C'est au contraire ce dans quoi elle plonge ou doit plonger, pour atteindre à l'impensé, c'est-à-dire à la vie » (Deleuze, *Cinéma 2* 246). Avec ce dispositif, Diwan met en scène un corps qui « force à penser ce qui se dérobe à la pensée » (Deleuze, *Cinéma 2* 246). Avec cette même injonction pour la réalisatrice, l'actrice ou les spectateur.rice.s que s'était faite à elle-même Ernaux : aller jusqu'« au bout » (LE 58).

C'est dire ainsi l'injonction décisive qui préside au récit : s'inscrire contre le silence, prendre des risques, empoigner la langue ou l'image coûte que coûte pour faire changer les regards : « Nous avons été élevés dans le silence. Et ce silence est une arme majeure de ceux qui ne veulent pas que le monde change » (Olsen et Diwan n.p.). Le film de Diwan prolonge et amplifie la dénonciation d'Ernaux sur la violence sociétale infligée aux femmes, aux corps des femmes, réduites à avorter en silence, contraintes de recourir au risque mortel de l'avortement clandestin. Aussi le silence est-il même *renforcé* dans le film dans la scène où la faiseuse d'anges intime à Anne de se taire : « Je vous préviens, pas un bruit, pas un cri, sinon j'arrête » (1'17'36). Aller jusqu'au bout dans le récit, c'est ne pas laisser place au silence et mettre des mots précis sur le trauma de l'expérience vécue. Aller jusqu'au bout dans le film, c'est mettre des images sur les scènes invisibles : « Je pense que ceux qui veulent intervenir dans le débat sur l'avortement, qu'ils soient pour ou contre, devraient au moins savoir clairement ce qu'est un avortement clandestin » (Olsen et Diwan n.p.). Savoir clairement, ici, c'est voir clairement. Il s'agit de tout montrer et de tout faire entendre du texte cru et violent d'Ernaux, en recherchant le plus grand réalisme possible. Car cette image réaliste ne perd jamais de vue qu'elle représente, par définition, une situation réelle et une action véritable : on se trouve « vraiment » dans une situation d'urgence. Autrement dit, ce n'est pas simplement du cinéma. À ce moment précis, ce qui se joue à l'intérieur du personnage cesse d'être dissimulé : il est ce qui doit paraître à l'extérieur et donner à l'action son schéma le plus violent. Ce sont tous ces éléments – absolument nécessaires au développement de l'« image-action », selon Deleuze – qui poussent Diwan à faire surgir des images sans ménagement, dans toute leur brutalité.

Le moment crucial du film est la scène des toilettes où le fœtus est expulsé du corps. C'est l'expérience du corps à sa limite. Du couloir aux toilettes, la couleur à dominante rouge fait impression. Soudain, l'instant est plus fort. La couleur rouge orangé, qui succède à la tonalité bleu sombre de la scène précédente, la note répétée du piano, le gros plan sur le visage terrifié et en sueur d'Anne, sa respiration lourde et précipitée, renforcent la tension à l'image. La caméra est en face-à-face. Nous sommes dans l'instant, dans ce moment de vie et de mort où le fœtus, ce corps étranger, « cela », ce « petit baigneur » (LE 100), est évacué, passant directement de l'utérus à la cuvette des toilettes. Ce moment est tout sauf vide et abstrait : la caméra suit le regard d'Anne lorsque celle-ci jette un regard bref sur ce qui vient de sortir de son ventre, et aperçoit, le temps d'un instant, un cordon rougeâtre qui pend. Mais le temps n'est pas ici celui de la contemplation, ni de l'image forcée pour l'œil voyeur. C'est pourquoi, contrairement à Mungiu, Diwan ne montre pas exactement le « petit baigneur » que pourtant Annie avait pris dans ses mains. L'intensité de la scène tient ici en ce qu'elle n'est pas voyeuriste. C'est donc le plan sur le cordon qui sort du vagin, qui est encore *relié*, la scène rouge sang, crue et violente, le bruit d'un poids lourd inconnu qui tombe dans les toilettes, la respiration haletante, précipitée et hachée, qui *fait voir* une vision juste. Ce n'est pas l'image figée du fœtus qui importe ici, mais ce qui emporte l'action, le travail du corps qui se vide – et continue de se vider – et n'a pas eu d'autre option que d'en passer par là.

Le cinéma, qui est lui-même matière-écoulement, impose par moment des vues fixes instantanées, photographiques, d'intensités d'instants et de lieux. Le film de Diwan montre ce lieu où la vie d'Anne bascule et où les images nous portent à la limite de ce qui peut être verbalisé. Le rapport du corps à l'image n'est pas ici une question de forme, il est image d'une réalité. Or, penser un film c'est aussi donner « à voir des corps qui éprouvent les lieux dans les images » et en même temps « penser le spectateur conçu par le film, autrement dit cet autre corps dont le film aimerait qu'il en éprouve quelque chose *par ricochet* » (Thomas 292). Le corps des spectateur.rice.s est ainsi engagé dans le même lieu-temps-espace. Un moment flou fixe le temps du vertige qui prend le corps, son malaise, sa souffrance. Ce plan long, voulu par Diwan comme une traversée, pour transporter et finir par placer le.la spectateur.rice en face de la cuvette des WC lui demande jusqu'au bout d'être dans le même espace, de faire l'expérience de ce réel-là, dans ce lieu-là. De regarder dans les yeux d'Anne, avec les yeux d'Anne, puis avec ceux de son amie Olivia, qui doit couper le cordon. De voir et de dépasser ce qui relève de l'expérience singulière d'un corps de femme et d'être, à son tour, *pris dans son ventre*. Cette scène paroxystique sera suivie d'un blanc. Moment flottant, flou, où le corps presque inconscient, est emporté comme au ralenti, à l'hôpital. Après l'épreuve, la vie reprend son cours « normal », et le temps présent est désormais celui du stylo, vecteur de désir et d'écriture.

Pourquoi Annie Ernaux a-t-elle dit à Audrey Diwan qu'elle avait trouvé le film « juste » (Diwan 112) ? Ernaux ne spécule pas sur les points communs ou les différences texte/image que pourrait poser la question de l'adaptation cinématographique de Diwan. Ne l'intéresse pas de voir ce que le film aurait fait mieux ou moins bien que le livre, de discuter des choix opérés entre ce qui a été gardé ou non du texte, mais, au contraire, ce qu'il a fait autrement, voire *en plus*. Car si le film est «juste», c'est qu'il a résolu différemment la question de la fidélité à l'œuvre. Diwan n'a pas suivi le texte mot à mot, mais s'en est emparée par affinité, exprimant sa sympathie, sa révérence, son admiration, profonde, fondamentale, pour l'écrivaine. Aussi bien, plutôt que de prétendre «adapter» un texte et y substituer des images, elle a fait les choix esthétiques que nous avons commentés pour exister non pas «comme» ou «à la place de», mais *à côté*. Peut-être a-t-elle été aidée par le fait que l'«écriture photographique du réel» (JD 9), telle que la travaille Ernaux, s'approche du procédé cinématographique et que Diwan en aura saisi les images les plus marquantes. Peut-être Ernaux a-t-elle aussi trouvé dans l'entreprise organique de Diwan un écho à sa propre volonté d'immersion dans l'écriture et d'exploration dans la trame d'un récit: «Je m'efforcerai par-dessus tout de descendre dans chaque image, jusqu'à ce que j'aie la sensation physique de la 'rejoindre'» (LE 26). Une descente organique et psychologique dans chaque image, dans l'expérience sensorielle totale du corps. Peut-être, enfin, a-t-elle trouvé que le film tout simplement touchait juste non pas parce qu'il donne à partager l'expérience singulière d'un corps, mais, au contraire, parce qu'il participe au questionnement du regard qui constitue une des modalités pour sortir du singulier et donner toute la mesure de la chose: «Mesure du temps, de la loi, du rapport aux autres» (Ernaux, «Sur *L'Événement*» 100). C'est-à-dire que Diwan, comme Ernaux avant elle, a fait un geste artistique éminemment politique. Son film n'est pas neutre. Il prend parti. Presque comme un «devoir, celui qui découle de l'exigence de transformer l'expérience personnelle [...] en quelque chose d'intelligible et de général», allant ainsi «au rebours de tout un discours antiféministe et réactionnaire qui dépeint l'avortement comme un processus banalisé et anodin» (Montémont 36).

En prenant parti d'être au plus proche du corps et des gestes de son héroïne, de filmer le corps quotidien dans son expérience de l'avortement, Diwan ne se limite pas à offrir un nouvel espace narratif: elle donne au corps sa vérité. Raison pour laquelle le film n'adapte pas le livre, mais le complète – ou, comme le dit Ernaux, lui redonne vie. On peut ainsi dire que le film forme avec le livre ce qu'on appelle un couple, ce que Bazin nomme ailleurs une «étoile double» (124). Qui brille dans le noir de la même intensité.

Ouvrages cités

Arnheim, Rudolf. *Le Cinéma est un art*. L'Arche, 1989.
Bazin, André. *Qu'est-ce que le cinéma?* Éditions du Cerf, 2013.

Boltanski, Luc. *La Condition fœtale. Une sociologie de l'engendrement et de l'avortement.* Gallimard, 2013.

Bresson, Robert. *Notes sur le cinématographe.* Gallimard, 1988.

Carlini Versini, Dominique. « Avortement et sororité chez Diwan, Haroun et Sciamma. » *Modern & Contemporary France*, vol. 33, no. 1, Feb. 2025, p. 23-37.

Cléo de 5 à 7. Réalisé par Agnès Varda, Rome-Paris Films, 1962.

Crom, Nathalie, Marie Sauvion, et Annie Ernaux. « L'Écrivaine Annie Ernaux ». *Télérama*, no. 3749, novembre 2021, p. 4-8.

Deleuze, Gilles. *Cinéma 1. L'Image-mouvement.* Minuit, 1983.

Deleuze, Gilles. *Cinéma 2. L'Image-Temps.* Minuit, 1985.

Derrida, Jacques, et Anne Dufourmantelle. *De l'hospitalité.* Calmann-Levy, 2018.

Diwan, Audrey. « Annie Ernaux – La Justesse ». *Le Cahier de l'Herne*, dir. Pierre-Louis Fort, L'Herne, 2022, p. 111-112.

Diwan, Audrey. Dossier de presse – *L'Événement*, 2021. https://adrc-asso.org/sites/default/files/adrc/fichiers/levenement_dossier_de_presse.pdf Dernier accès le 18/01/2025.

Ernaux, Annie. *L'Événement.* Gallimard, 2000.

Ernaux, Annie. « Sur *L'Événement* » (2000). *Le Cahier de l'Herne*, dir. Pierre-Louis Fort, L'Herne, 2022, p. 98-100.

Ernaux, Annie. *Journal du dehors.* Gallimard, 1993.

Ernaux, Annie et Frédéric-Yves Jeannet. *L'Écriture comme un couteau.* Stock, 2003.

L'Événement. Réalisé par Audrey Diwan, Rectangle, 2021.

Libiot, Éric et Audrey Diwan. « Annie Ernaux est une femme très généreuse. » *Lire Magazine Littéraire*, no. 502, Novembre 2021, p. 24-25.

Meunier, Gabrielle Flipot. « 'Elles forment en moi une chaîne invisible' : Images d'une filiation alternative dans *L'Événement* d'Annie Ernaux. » *L'Esprit Créateur*, vol. 64, no. 3, 2024, p. 57-70.

Montémont, Véronique. « Avorter : scandale ». *Annie Ernaux*, dir. Pierre-Louis Fort et Violaine Houdart-Merot, Presses Sorbonne Nouvelle, 2015, p. 27-37.

Olsen, Mark, and Audrey Diwan. « How French drama 'Happening' centers the dangerous stakes of illegal abortion. » https://www.latimes.com/entertainment-arts/movies/story/2022-05-05/happening-illegal-abortion-french-drama Dernier accès le 15/01/2025.

Rouch, Jean. « L'Œil mécanique. » *Gradhiva : revue d'histoire et d'archives de l'anthropologie*, vol. 4, 1988, p. 57-61.

Taubin, Amy. « Here's looking at you : Céline Sciamma on the path of love and restoring lost histories. » *Film Comment*, November-December 2019, p. 46-47.

Thomas, Benjamin. *Faire corps avec l'espace.* Circe, 2019.

Varda, Agnès. *Cléo de 5 à 7.* Introductions de Audrey Diwan et de Véronique Le Bris. L'imaginaire Gallimard, 2023.

Vilain, Philippe, et Annie Ernaux. « Annie Ernaux ou l'autobiographie en question (Entretien). », *Roman 20-50*, vol. 24, décembre 1997, p. 143-145.

7

Annie Ernaux et le cinéma : communication mobile

Jacques Demange

Abstract Using the film adaptations *L'Autre* and *Passion simple*, this chapter posits that Annie Ernaux's style projects a visual imagination in harmony with filmic language. It also examines time mobilities which articulate the modalities of a discourse devoted to memory in motion and establishes a link between cinematographic language's specific affect and the intimate character of autofiction. We finally examine how the audiovisual character of Ernaux's writing involves a broader consideration of the relationship between literature and cinema.

Keywords cinema – literature – adaptation – time – intimate – aesthetics

Les rapports de l'œuvre d'Annie Ernaux et du cinéma relèvent d'une espèce d'évidence. Ses récits sont parsemés d'allusions au 7ème art, un lien encore consolidé par son implication sur trois documentaires : *Mon week-end au centre commercial* (Naruna Kaplan de Macedo, 2014), *J'ai aimé vivre là* (Régis Sauder, 2020), *Les Années Super 8* (David Ernaux-Briot et Annie Ernaux, 2022). Cet article n'aura pas pour but de revenir sur la singularité de chacun de ces projets, mais plutôt de comprendre comment l'écriture d'Ernaux entretient des liens ontologiques avec les images cinématographiques. Pour comprendre ce dialogue intérieur, nous nous focaliserons sur deux films en particulier : *L'Autre* (Patrick Mario Bernard et Pierre Trividic, 2008), adaptation de *L'Occupation* (2002) et *Passion simple* (Danielle Arbid, 2020), adapté du récit éponyme publié en 1992. Ces deux films ont pour avantage de partager un même thème (la passion amoureuse) et de poser de réelles questions d'adaptation (modification de certaines scènes, ajouts ou suppression de personnages). Mais au-delà de ces modifications nécessaires à la transposition d'un texte littéraire à l'écran, les ouvrages d'Ernaux ont pour intérêt d'inviter réalisatrices et réalisateurs à réfléchir aux qualités de leur médium propre. Comme l'a bien noté Jean-Benoît Gabriel, « Chez Annie Ernaux, la dimension cinématographique de l'écriture n'est pas à chercher dans d'hypothétiques emprunts à des effets propres à la fiction cinématographique – et pour cause, puisque de fiction, il n'est pas question. En revanche, l'énonciation marquée des textes d'Annie Ernaux rappelle plutôt celle de certains films documentaires » (n.p). Cette valeur documentaire du texte travaille ainsi naturellement l'orientation de la mise en scène de ses

© 2026 KONINKLIJKE BRILL BV, LEIDEN | HTTPS://DOI.ORG/10.1163/9789004760219-009

adaptations en rappelant que le cinéma (qu'il soit de fiction ou non) a toujours partie liée avec le réel. Pour les réalisateurs et les réalisatrices, les récits d'Ernaux apparaissent moins comme des fictions présentant un potentiel cinématographique que comme des documents dont il s'agit de comprendre et de conserver la nature des expériences qui y sont rapportées. Dans le cas de *L'Autre* et de *L'Occupation*, la question de l'adaptation se confond alors avec une question d'ordre théorique et pratique qu'ont en partage la littérature et le cinéma : considérer le langage (filmique, littéraire) non seulement comme un mode fictionnel mais comme un moyen de transmettre le récit d'une sensation.

Il convient également de noter une particularité de l'écriture d'Ernaux qui concerne en premier lieu le travail de l'adaptation. Alors que selon le critique de cinéma André Bazin, l'adaptation cinématographique, « [d]'ordinaire, [...] va dans le sens de la simplification (quand ce n'est pas de la facilité) », le principal problème pour l'adaptateur.rice étant « d'élaguer sans trahir [...], d'émincer le récit [...], de le réduire à une intrigue claire, simple et dramatique » (56), les écrits de l'autrice posent un problème inverse. Par leur brièveté et leur style, les œuvres d'Ernaux invitent ainsi moins à une simplification qu'à une dilatation incitant réalisateurs et réalisatrices à découvrir et explorer certaines pistes initiées par l'écriture. Néanmoins, *L'Autre*, tout comme l'adaptation de *Passion simple*, ne cherchent pas à prolonger le récit dans le simple but d'assurer une efficacité dramatique supposément manquante mais s'engouffrent dans les brèches qu'aménage toujours l'écriture d'Ernaux. Ces brèches, nous chercherons à les explorer à travers différentes notions qui nous semblent communément traverser l'art littéraire déployé par Ernaux et celui, cinématographique, propre à ses adaptations. La question du mouvement comme celle de la communication nous permettront ainsi de comprendre quelque chose de la spécificité de l'écriture d'Ernaux et la façon dont celle-ci a pu (re)prendre corps à l'écran. Enfin, il s'agira de comprendre en quoi les fonctions de la littérature et du cinéma peuvent se rencontrer à travers une réflexion sur l'engagement de l'autrice et la conscience de son propre geste, entre le respect de l'irréversibilité du temps et une volonté de dialoguer avec l'oubli.

1 Mobilités contraires, temporalités complémentaires

Des voitures lancées sur des voies d'autoroute. À droite des points rouges qui clignotent dans la nuit, à gauche les phares diffusant une lumière blanchâtre qui perce sans supprimer totalement l'obscurité environnante. Vu de loin, filmé en plongée, ce flux ininterrompu de véhicules rappelle quelque chose d'une imagerie scientifique qui représenterait le mouvement des globules blancs et des globules rouges à l'intérieur de canaux sanguins. À cette vue d'ensemble succèdent différents plans rapprochés : une main sortant de la fenêtre d'une voiture, les gilets jaunes d'ouvriers travaillant sur un chantier, un terrain de football éclairé par de puissants projecteurs. Ces premiers plans de *L'Autre* condensent quelque chose du style d'Ernaux : passer de l'extérieur à l'intérieur non pour proposer un contraste mais bien plutôt produire une espèce de projection de l'un dans l'autre. Ce lien entre le dedans et le dehors renvoie au geste même de l'écriture qui apparaît moins pour Ernaux comme un moyen d'exorciser un sentiment que de l'éprouver autrement. La jalousie amoureuse devient ainsi une « occupation », mot chargé d'un imaginaire collectif historique mais dont Ernaux retient la définition première : la présence d'un élément étranger à l'intérieur d'un milieu. La question sera alors de savoir s'il faut accepter ou faire disparaître ce parasite qui perturbe la conscience (pré)occupée. Cette problématique révèle l'ambiguïté même de la situation ainsi décrite par l'écrivaine :

> De plus en plus, à certains moments, il m'apparaissait fugitivement que je pourrais faire cesser cette occupation, rompre le maléfice, aussi simplement qu'on passe d'une pièce dans une autre ou qu'on sort dans la rue. Mais quelque chose manquait, dont je ne savais pas d'où cela viendrait – du hasard, du dehors, ou bien de moi-même. (LO 68)

L'occupante, l'autre amante qui apparaît comme une présence fantasmatique constitutive d'un autre (en) soi, renvoie ainsi la possédée à un manque qui se traduit par la simplicité d'un mouvement, d'un passage dont l'écriture d'Ernaux tâche de conserver le caractère fugitif.

Cette idée accompagne également les premiers plans de l'adaptation de *Passion simple*. Comme dans *L'Autre*, ce sont d'abord les phares des voitures qui ouvrent le film, apparaissant sous la forme d'une succession de flashs colorés, sorte de cercles de lumière imprécis qui se détachent d'un fond sombre pour confondre l'espace urbain avec une abstraction chromatique. L'apparition du visage d'Hélène (Laetitia Dosch), la narratrice d'extraits de *Passion simple*, ne supprime pas totalement ce phénomène d'abstractisation. Le travelling circulaire à 360° employé par la réalisatrice Danielle Arbid pour représenter l'héroïne rattache le gros plan à sa valeur de représentation prise dans la mobilité incessante de la ville. Ce gros plan se subjectivise par la voix de l'héroïne qui répète un passage du récit (adapté) :

> À partir du mois de septembre l'année dernière, je n'ai plus rien fait d'autre qu'attendre un homme : qu'il me téléphone et qu'il vienne chez moi. J'allais au supermarché, au cinéma, je portais des vêtements au pressing, je lisais, je cor-

> rigeais des copies, j'agissais exactement comme avant, mais sans une longue accoutumance de ces actes, cela m'aurait été impossible, sauf au prix d'un effort effrayant. (PS 13)

Comme dans *L'Occupation*, le sentiment amoureux prend la forme d'une possession qui dépossède. Le mouvement qui rythme la quotidienneté des actes se double d'un second mouvement qui serait celui d'une attente infinie. Cette attente sans cesse recommencée, c'est celle que matérialisent les cercles lumineux qui ouvrent l'adaptation de *Passion simple*, c'est le ballet des phares sur l'autoroute de *L'Autre*. Dans le film d'Arbid, les mots d'Ernaux prononcés par l'actrice Laetitia Dosch sont lus en voix off et se superposent aux images du personnage déambulant dans une rue parisienne. Ce procédé sonore permet de retrouver quelque chose de ce phénomène paradoxal de possession-dépossession décrit par Ernaux dans les deux récits. La voix off se greffe sur les images, évide leur composition de sa présence. La voix occupe donc l'espace du cadre. Mais dans le même temps et le même mouvement, son apparition surprend par l'absence partielle de sa source. Car si cette voix est celle de l'actrice et de son personnage, ces mots ne sont pas prononcés dans le présent du plan. Ils émanent d'un ailleurs. Cette voix off perturbe le *in* de l'image, invite à la relire selon une temporalité différente. Hélène est à la fois présente et absente, localisée et disparue. L'ailleurs de la voix off de *Passion simple* comme l'ailleurs de l'écriture d'Ernaux renverrait à la tentation d'une fugue teintée d'éternité : un espoir de disparition soutenue par les mots imprimés pour toujours sur le papier. Comme l'explique Annie Ernaux : « Écrire, c'est d'abord ne pas être vu […]. [J]e travaille dans l'invisible » (PS 47-48). Entre le visage d'Hélène en mouvement et sa voix off, entre les gestes et les mouvements des quidams qui traversent la séquence introductive de *L'Autre*, entre les paragraphes qui font la singularité des structures aérées des textes d'Ernaux, il y aurait cet espace blanc, cet espace vide mais pourtant bien présent, cet ailleurs qui s'immisce dans l'intériorité des images et des mots.

Le style d'Ernaux pourrait se définir comme l'écriture d'un idiolecte partagé, soit une façon commune de se réapproprier le territoire du langage. Le principe de communauté renvoie chez Ernaux à la problématique du commun, soit de cet espace dont le (co-)partage tient d'une évidence, d'une sensation irréfléchie. Le centre commercial joue indéniablement ce rôle, traversant l'ensemble de son œuvre littéraire, mais également ses réflexions sur la société et les liens qui s'y engagent[1]. Comme l'a bien remarqué Pierre-Louis

---

1 Ainsi de *Regarde les lumières mon amour* (2014) qui se présente comme une espèce de carnet de notes rendant compte des observations d'Ernaux lors de ses passages dans un supermarché de la chaîne Auchan à Cergy.

Fort, « Indéniablement [chez Ernaux], le supermarché propose des choses à voir de toute nature (agréable, surprenante, choquante, invitant à la rêverie ou à l'indignation, voire à la colère), à l'image de l'ambivalence de la vie. Il fonctionne comme une micro-société, une sorte de *theatrum mundi*, spectacle de la vie humaine » (58). Spectacle partagé donc, à l'intérieur duquel chacune et chacun joue son propre rôle dans une espèce de semi-conscience de soi-même. Le centre commercial comme lieu de déplacements permet également de revenir à cette double-mobilité du dedans et du dehors qui caractérise l'esprit fictionnel des œuvres d'Ernaux. Le philosophe Peter Szendy était ainsi revenu sur l'importance de l'ascenseur et des escalators dans l'espace du grand magasin, supposant une nouvelle manière de voir et de se mouvoir : « [L']ascenseur et le grand magasin semblent développer une sorte de symbiose, le premier formant un conduit clos mais mobile au cœur du second, une intériorité mouvante au sein du vaste intérieur marchand » (104). Les réalisateurs de *L'Autre* et de *Passion simple* ont bien compris en quoi cet espace pouvait autant s'interpréter comme une mise en abyme de la société que du drame amoureux raconté par l'écrivaine. Ainsi, *L'Autre* multiplie les scènes de centre commercial bien que celles-ci soient absentes du récit. La caméra de Bernard et Trividic considère d'abord ce lieu depuis le point de vue d'Anne-Marie (Dominique Blanc), l'héroïne, qui contemple le mouvement fluctuant des badauds pour chercher à y distinguer le visage d'Alex (Cyril Gueï), son amant. D'emblée donc, le centre commercial se pose comme un lieu de scrutation, dans lequel la perception s'égare et ne se situe que par rapport au regard de l'être désiré. De la même manière, dans *Passion simple*, les premières scènes relativement courtes représentant Hélène arpentant les rayons d'un supermarché derrière son chariot sont filmées à travers un travelling limpide qui renvoie à la mobilité fluide des plans filmés depuis la voiture de son amant, Alexandre (Sergueï Polounine). Quelque chose de cette « intériorité mouvante » décrite par Szendy se fait donc bien ressentir ici, idée que prennent communément en charge les deux films par le recours à des objets eux-mêmes mobiles : le chariot de courses dans *Passion simple*, l'escalator fréquemment représenté dans *L'Autre*. Les deux objets inscrivent une mobilité à l'intérieur du mouvement même des images cinématographiques. Szendy est bien revenu sur la dimension cinématographique qui anime l'environnement du grand magasin. Les escalators et les ascenseurs de verre qui appartiennent à l'architecture de l'espace commercial forment ainsi « une voierie générale du visible et permettent d'engrener ainsi les regards qu'ils transportent dans des glissières qui seraient l'équivalent, pour la perception dite naturelle, des grues et autres chariots (*dolly*) sur lesquels s'agencent le cinéregard » (115). Mais cette puissance de transport qui emporte et fait gonfler la puissance du regard peut également prendre une forme menaçante, retrouvant le potentiel d'agressivité. Dans *L'Autre* et *Passion simple*, l'espace du supermarché comme celui du centre commercial sont représentés à travers une lumière artificielle qui semble n'aménager aucune place à l'ombre. La lumière totale permet moins de voir que d'éblouir. Car si le supermarché et le centre commercial donnent l'illusion d'un pouvoir de tout-voir, ils apparaissent également comme des espaces où sujet percevant et objet perçu se confondent sans cesse. Pour Szendy, la «voierie générale du visible» qu'organise le centre commercial conduirait à une marchandisation du regard désormais assujetti à une «iconomie de la vision» (107). Le regard (é)pris dans l'«intériorité mouvante» du centre commercial se laisse ainsi déborder, s'enfonce et se noie dans le flux perceptif qui configure l'architecture du lieu. Et c'est justement en tant que représentation de notre société, que le centre commercial symptomatise un malaise qui dépasse les limites de son espace. Car si au sein de cette vaste machinerie du regard, la sensation d'être épié devient un phénomène courant, celle-ci concerne également le monde du dehors. Dans *L'Autre*, les plans d'ensemble représentant Anne-Marie dans la ville nocturne suscitent une impression étrange et malaisante comme si l'héroïne du film était suivie. L'apparition d'un passant renforce cette sensation, conférant à ces séquences extérieures une atmosphère d'insécurité. Cette menace ne se concrétisera pourtant jamais: aucune agression physique n'émane du dehors. Cette tension inaccomplie permet de renvoyer à la nature de la jalousie telle que décrite par le récit d'Ernaux: une impression d'inassouvi. De fait, dans l'adaptation de Bernard et Trividic, les plans d'ensemble qui accompagnent les trajets d'Anne-Marie vers son arrêt d'autobus demeurent vides, comme habités par la sensation d'une action morte née, d'une présence qui n'aurait jamais existé.

Les nuits blanches passées par l'héroïne de *L'Occupation* sur Internet ou sur le minitel pour trouver le nom de celle qui l'aurait remplacée n'aboutissent à aucune espèce de satisfaction mais plutôt à un report continuel de la jouissance comme promesse à venir. Ernaux prend néanmoins garde à ne pas juger les occupations obsessionnelles de ses narratrices. L'écriture n'a pas de vocation moralisatrice ou de vocation thérapeutique mais elle ne doit pas non plus se contenter de diagnostiquer la maladie. Ce caractère maladif ne s'énonce pas comme tel dans le récit d'Ernaux mais est bien mis en évidence dans *L'Autre* qui traite la jalousie de son personnage comme une authentique pathologie mentale conduisant à des scènes d'hallucination, des gestes d'automutilation pour aboutir à une tentative de suicide. Cet ajout du film vis-à-vis du livre n'a pas seulement pour but de renforcer la dramatisation du récit mais aussi d'offrir un éclairage sur l'écriture même d'Ernaux. Car dans le film de Bernard et Trividic le personnage d'Anne-Marie ne se contente pas de prêter ses traits à la narratrice du récit, mais bien d'incarner quelque chose de l'écriture de l'autrice. En se racontant par l'écrit, Ernaux expose et extirpe de son esprit les douleurs, les joies, les peines et les regrets d'une relation amoureuse. Ce geste, le film le matérialise clairement en représentant Anne-Marie frapper son crâne avec un marteau, représentation difficilement soutenable qui encadre l'adaptation en apparaissant au début et à la fin du film. Le style d'Ernaux a bien quelque chose à voir avec une écriture à coup de marteau : une écriture brute dans sa forme, brutale dans son fond, qui ouvre les plaies pour les explorer plutôt qu'elle cherche à les suturer. *L'Autre* prendra ainsi soin de ne pas expliciter clairement ce geste. Comme l'écriture d'Ernaux ne cherche jamais à se justifier (la réponse au pourquoi de l'écriture est contenue par l'écriture elle-même), cette image particulièrement violente vaut pour elle-même. Le choc ressenti par le.la spectateur.rice l'incite à relire le texte d'Ernaux à partir de cette image fondatrice : l'écriture, elle aussi, doit susciter un choc, un ébranlement semblable à une violence physique et sentimentale.

Cette considération de l'écriture peut rappeler les propos de Nathalie Sarraute à propos de « l'élément psychologique » que l'écrivain.e doit s'employer à s'éloigner « insensiblement de l'objet avec lequel il faisait corps. Il tend à se suffire à lui-même et à se passer le plus possible de support. C'est sur lui que tout l'effort du romancier se concentre, et sur lui que doit porter tout l'effort d'attention du lecteur » (73-74). Pour Ernaux, il s'agit donc moins d'écrire sur la jalousie que de jalouser l'écriture : « J'écris [...] la jalousie comme je la vivais, en traquant et accumulant les désirs, les sensations et les actes qui ont été les miens en cette période, raconte Ernaux. C'est la seule façon pour moi de donner une matérialité à cette obsession. Et je crains toujours de laisser passer quelque chose d'essentiel. L'écriture, en somme, comme une jalousie du réel » (LO 41-42). Car du réel toujours quelque chose (s')échappe. L'écrivain.e comme le réalisateur/réalisatrice doit accepter que son travail ne puisse embrasser la totalité de l'expérience du réel. Pour la littérature et le cinéma, il ne s'agit jamais de restaurer le réel, ou un moment du réel, mais de travailler à partir de celui-ci. La transposition d'un événement aussi authentique soit-il sous la forme d'images et de mots ne peut s'accomplir qu'à travers un double geste d'abandon et de perte. Pour Ernaux comme pour ses adaptateurs et adaptatrices, le médium artistique est renvoyé à sa fonction de transmettre l'incommunicable. Raconter ce qui a eu lieu ne revient donc pas à répéter différemment cet épisode mais à se confronter avec l'absence présente de cet épisode.

2 Le marabout et la couturière. L'écriture et le film comme agents de communication

Le film de Bernard et Trividic reprend à son compte la tension qui travaille l'écriture d'Ernaux tiraillée par la question du bien-voir et la volonté de retranscrire des sensations qui débordent sans cesse l'ordre du langage, de même que l'ordre social et moral. À la question de la position de la caméra (voir depuis le dehors, filmer depuis le dedans) correspond l'interrogation de l'écrivaine qui s'emploie à revenir à la qualité de geste de l'écriture, soit à une littérature comprise comme force motrice trouvant son origine au-dedans de la langue. On peut revenir sur ce point aux réflexions de Roland Barthes qui considérait que « [L']écriture, […], est toujours enracinée dans un au-delà du langage, elle se développe comme un germe et non comme une ligne, elle manifeste une essence et menace d'un secret » (15). Si l'écriture est située « au-delà » du langage, rien ne l'empêche pour autant d'entraver cette ascension, ambition qu'avait d'ailleurs théorisée Ernaux dans *Une femme* en déclarant écrire « au-dessous de la littérature » (23). Se maintenir au-dessous signifie opérer un point de bascule qui fait vaciller l'écriture sur elle-même au risque de la blesser. Selon Gilles Deleuze,

> Quand il s'agit de fouiller sous les histoires, de fendre les opinions et d'atteindre aux régions sans mémoires, quand il faut détruire le moi, il ne suffit certes pas d'être un « grand » écrivain, et les moyens doivent rester pour toujours inadéquats, le style devient non-style, la langue laisse échapper une étrangère inconnue, pour qu'on atteigne aux limites du langage et devienne autre chose qu'écrivain, conquérant des visions fragmentées qui passent par les mots d'un poète, les couleurs d'un peintre ou les sons d'un musicien. (142)

Cette conquête qui prend pour objet les régions oublieuses du « moi » conduit donc à une chute de l'écriture, étalée en fragments sur le sol mobile d'un devenir autre de la littérature. D'où l'affirmation d'Ernaux consignée au début de *La Place* :

> Pour rendre compte d'une vie soumise à la nécessité, je n'ai pas le droit de prendre d'abord le parti de l'art, ni de chercher à faire quelque chose de « passionnant », ou « d'émouvant » […]. Aucune poésie du souvenir, pas de dérision jubilante. L'écriture plate me vient naturellement, celle-là même que j'utilisais en écrivant autrefois à mes parents pour leur dire des nouvelles essentielles. (24)

L'écriture « plate » n'aplanit pas mais épouse au contraire les irrégularités des mouvements dont elle se nourrit. La mention de l'usage de cette écriture par l'évocation des lettres envoyées aux parents renvoie bien à la donnée de fouille évoquée par Deleuze. La correspondance renvoie à ce style sans style qui rappelle à la littérature sa fonction première d'agent de communication. La platitude se présente donc comme une dynamique d'écriture qui vise non un au-delà propre à la constitution d'un style mais bien plutôt un en-deçà qui concerne très directement le langage en tant que mode communicationnel. La démarche d'Ernaux impacte également l'adaptation cinématographique de ses récits. La séquence introductive de *L'Autre* retrouve quelque chose du caractère «plat» et cette position «du dessous» revendiqués par l'écrivaine. L'usage du plan d'ensemble fixe pour représenter les bandes d'autoroutes ou les allers et venues des consommateur.rices renvoie à la simplicité des premiers films des frères Lumière. Comme *L'Arrivée d'un train en gare de la Ciotat* (1895) ou *La Sortie des usines Lumière* (1895), la représentation se confond avec une simple monstration, la mise en scène avec une mise-en-exposition. Si enjeux scéniques il y a, ceux-ci demeurent cachés, comme dissimulés par le caractère ordinaire de l'événement qui apparaît à l'écran (l'arrivée d'un train en gare, la sortie des ouvriers d'une usine, des voitures défilant sur une route). L'intentionnalité d'Arbid et de Bernard et Trividic, comme chez Ernaux, est d'abord de communiquer dans un seul plan les sensations concentrées à l'intérieur d'un ou de plusieurs mouvements. Les voyageurs et voyageuses sur le quai de la gare, les ouvrier.e.s échappé.e.s des portes de l'usine configurent un réseau de gestes et d'attitudes quasi-imperceptibles mais que le dispositif dans son apparente neutralité donne à ressentir comme autant d'activités de la mobilité. Si l'enjeu premier des frères Lumière était de recomposer mécaniquement le mouvement, l'apparente unité de celui-ci éclate lors de sa projection sur l'écran. Il n'y a jamais un mouvement mais des mouvements multiples qui se mêlent, s'entrelacent, s'opposent, se confrontent. D'emblée donc «le» mouvement cinématographique convoque des séries d'intensité que saura réinvestir l'adaptation de *L'Occupation* pour donner à ressentir le vertige sentimental qui submerge son héroïne. Ce caractère polysémique du mouvement cinématographique a bien été relevé par Luc Vancheri qui considère que les films des frères Lumière peuvent être perçus comme des «drames du visible et du visuel, des signes et des symptômes qui réorganisent l'image, des lignes souterraines qui courent sous l'intrigue» (24).

Le panorama urbain qui ouvre *L'Autre* participe donc bien de cette stratégie de la fouille et de la mise à jour dont se réclame l'écriture d'Ernaux. Le premier plan de *L'Autre* introduit ainsi la diégèse à travers un retour à une espèce d'antériorité du langage cinématographique, non pas un langage que le cinéma aurait dépassé, mais un langage qui lui a toujours appartenu et qui ne l'a jamais quitté. Ce langage est peut-être celui de l'enregistrement, idée convoquée par Jean-Benoît Gabriel qui perçoit dans l'écriture d'Ernaux une « dimension 'enregistreuse' » à la fois sensible dans sa « restitution fidèle des sons et des images » et dans le « style particulier de la prise de note » (n.p.) qui traversent ses écrits. Ce terme d'« enregistrement » ne doit pas se confondre avec un simple geste de décalque. Car l'enregistrement implique un processus qui altère nécessairement les qualités de l'objet enregistré. De même, le réalisateur ou la réalisatrice qui pose sa caméra face à un événement ou face à un simple visage ne se contente pas de les capturer, mais instaure d'emblée une distance entre son appareil enregistreur et ce qui lui fait face. Et c'est justement cette distance qui assure la singularité du geste de l'écriture, qu'il soit littéraire ou cinématographique. Cet aspect se retrouve également dans l'adaptation de *Passion simple*. Ainsi de cette scène située au début du film représentant en un gros plan fixe le personnage d'Hélène décrivant face à la caméra sa relation amoureuse. Tourné face à un mur blanc, ce plan-séquence étonne par son apparente neutralité. Le regard-caméra de l'actrice et la pauvreté délibérée du décor renvoient à un inconscient cinéphile particulier – on songe notamment au regard-caméra de Harriet Anderson devant un fond noir dans *Monika* (Ingmar Bergman, 1953) ou à ceux de Liv Ullmann et Bibi Andersson capturés par le même réalisateur dans *Persona* (1966) tout en assumant sa théâtralité. Le respect de la durée et le fond neutre transforment partiellement le plan en une scène de théâtre, espace qui, au-delà de la référence bergmanienne, peut rappeler quelque chose de la mise en scène des films réalisés à la fin du XIXème siècle par Thomas Edison et William Kennedy Laurie Dickson. Dans ces courts métrages qui précèdent de quelques années les premiers essais du Cinématographe des frères Lumière, les actrices et acteurs (souvent artistes de cirque ou de music-hall) prenaient place devant un fond noir pour exécuter un numéro ou une simple action physique. Comme dans les films des frères Lumière, la mise en scène se réduit au minimum : utilisation d'un plan fixe pour capturer une scène en durée réelle. Ce choix technique particulier permet à nouveau de convoquer la multiplicité d'une mobilité qui ne saurait se réduire à une sensation univoque. Au mouvement de l'image cinématographique répondent les mouvements des artistes filmés. Chacun de ces mouvements incarnent des durées singulières qui se superposent les unes aux autres renvoyant aux intensités de mouvement et de temps qui traversent le réel. Parmi ces films faisant la part belle aux démonstrations physiques spectaculaires (numéros d'acrobaties, exécution d'une chorégraphie) se distingue celui au titre programmatique *L'Éternuement de Fred Ott* (*Fred Ott's Sneeze*). Réalisé en 1894 et mettant en scène un employé de l'entreprise d'Edison, le film se contente de représenter en gros plan un homme en train d'éternuer. Mais par son cadrage en gros plan et son fond neutre (un mur noir), cette action quotidienne prend valeur de spectacle à part entière. C'est bien ce phénomène que retrouve la mise en scène de la séquence de *Passion simple*. Par ce dispositif inhabituel au sein du cinéma contemporain, le film de Danielle Arbid fait écho à certaines ambitions contenues dans les récits d'Ernaux. D'abord, celle de procéder à une sorte de généalogie permettant de revenir aux origines (celles d'un sentiment ou d'un événement[2], celles du cinéma entre le modèle fourni par Edison et Dickson et la scène de théâtre), ensuite celle de rappeler la visée de l'acte narratif : un récit est fait pour raconter mais, plus encore, pour être récité, c'est-à-dire lu dans une langue inhabituelle, à la fois proche et éloignée de la langue quotidienne, d'où l'importance de la dimension orale qui accompagne la séquence de *Passion simple* donnant l'impression que l'actrice récite le texte d'Ernaux.

Écrire, rappelle l'œuvre d'Ernaux, permet de communiquer quelque chose de l'incommunicable du sentiment, de même que filmer, indiquent ses adapteurs.rice.s, consiste d'abord et avant tout à montrer autrement. Pour Ernaux, comme pour la réalisatrice et les réalisateurs, l'écriture impose de revenir aux fondements du langage pour faire émerger sur la page ou à la surface de l'image ce que Jacques Lacan appelait le « *langage premier* », celui du désir, qui « a le caractère universel d'une langue qui se ferait entendre dans toutes les autres langues, mais en même temps, pour être le langage qui saisit le désir au point même où il s'humanise en se faisant reconnaître, il est absolument particulier au sujet » (175, c'est l'auteur qui souligne). Le rejet de l'au-delà du style ne supprime donc pas la singularité du langage de l'écrivaine ou du.de la réalisateur.rice mais permet d'en faire la condition même d'une reconnaissance et d'un partage désirant plutôt que rendu désirable par les apprêts stratégiques d'une littérature et d'un cinéma orientés par leurs effets. Cette approche, Ernaux la décrit dans *L'Occupation* comme la tentation d'une chute au moment où elle revient sur ce geste de jalousie consistant à enfoncer des épingles dans une figurine de mie de pain représentant l'amant haï : événement qui le précède et lui succède à la fois. *Passion simple* apparaît alors comme l'origine contrariée de cet événement, soulignant le caractère complexe qui se rattache à la forme généalogique chez Ernaux.

---

2 Cette valeur généalogique prend une forme particulière dans *Passion simple* dont un passage est consacré au retour de la narratrice dans le quartier dans lequel elle avait subi un avortement clandestin. Cet épisode renvoie à *L'Événement*, autre récit d'Ernaux qui raconte le déroulement de cet avortement. L'originalité de cette mention est que ce récit sera publié neuf ans après *Passion simple* qui se présente donc à la fois comme un rappel et une annonce, ceux d'un événement.

> Cette possibilité de faire des figurines en mie de pain et d'y planter des épingles ne me semblait plus si débile. En même temps, la représentation de mes mains triturant la mie [...] était celle d'une autre personne, d'une pauvre crédule : je ne pouvais pas « descendre jusque-là ». La tentation d'y descendre avait pourtant quelque chose d'attirant et d'effrayant, comme se pencher au-dessus d'un puits et voir trembler son image dans le fond. Le geste d'écriture, ici, n'est peut-être pas si différent de celui de planter des aiguilles. (LO 36)

L'écriture est ainsi d'abord renvoyée à sa valeur d'activité manuelle, ignorante des idéaux du style pour se complaire dans la simple confection d'un objet-talisman : la feuille comme surface réceptive de frustrations trop longtemps contenues. Mais l'acte de « planter des aiguilles » correspond également à un acte de torture teinté de mysticisme auquel ne peut prétendre l'écriture. Dans cette perspective, le geste d'écriture peut alors apparaître comme un moment limite, un authentique passage à l'acte mais dont les conséquences seraient aussi fonctionnelles que celles supposément obtenues par une écriture thérapeutique. Or, ce n'est pas exactement cette écriture que vise Ernaux, comme elle le précise d'ailleurs dans la dernière phrase de ce passage (c'est « ici » et seulement « ici » que le « geste d'écriture » se rapproche de celui de « planter des aiguilles », que ce soit pour confectionner une figurine vaudou ou une simple broderie, LO 36). Un autre élément frappe en effet à la lecture de ces lignes : l'importance qu'y joue l'image et, plus généralement, la représentation. Pour Ernaux, l'écriture ne relève ni d'un acte magique (l'au-delà du style) ni d'une pratique de couturière (l'écriture fonctionnelle), mais d'un art de créer des images dont la valeur de transmission repose sur leur caractère incertain. Cette image, c'est celle qui tremble à la surface du puits, qui pourrait être la mienne, mais également la sienne, qui est la nôtre, en définitive.

3 Conclusion – La morale de l'écriture

Deux images encadrent le récit de *Passion simple*. Celle qui le clôture est une photo « un peu floue » de l'amant qui rappelle sa « lointaine ressemblance avec Alain Delon » (75). Le cinéma apparaît donc sous la forme d'une personnalité publique (la vedette Alain Delon) qui profite de la composition « floue » pour investir le cadre privé de la photographie intime. Ce jeu entre le public et le privé qui renvoie à une exposition de l'intime est justement celui qui caractérise l'image ou plutôt les images qui ouvraient le récit. C'est en effet la description d'un film pornographique qui introduit la narration. Comme la photographie finale, « les images diffusées sur l'écran étaient floues, les paroles remplacées par un bruitage étrange, grésillements, clapotis, une sorte d'autre langage, doux et ininterrompu» (PS 11). L'écriture se découvre donc en même temps que l'image, partageant les modalités d'une expression autre. Le «clapotis» rappelle quelque chose de l'image reflétée dans le puits, image ondulante, imprécise, sans pour autant abstraire totalement la figuration. De fait, la narratrice distingue dans l'image floue de l'écran des éléments qui semblent s'enchaîner sans logique préétablie : un homme, une femme, un sexe féminin, un sexe masculin, un coït sous la forme d'un «va-et-vient» aboutissant à la représentation «du sperme […] répandu sur le ventre de la femme» (PS 11-12). Le rapport entre l'image et l'écriture se poursuit et s'affirme même à travers la déclaration d'Ernaux qui conclut ce passage : «Il m'a semblé que l'écriture devait tendre à cela, cette impression que provoque la scène de l'acte sexuel, cette angoisse et cette stupeur, une suspension du jugement moral» (PS 12). Il convient de s'arrêter sur ces derniers termes. La «suspension du jugement moral» revendiquée par Ernaux inscrit l'écriture dans une posture éthique et, partant, philosophique, qu'il s'agirait d'éclairer. Dans son essai intitulé *La Mauvaise conscience* (1966), Vladimir Jankélévitch semble avoir parfaitement résumé l'entreprise de *Passion simple* et de *L'Occupation* en remarquant que «ce qui est douloureux, c'est le déchirement, la demi-adhérence, c'est de continuer à subir un sentiment qui est déjà objet, ou de contempler comme un spectacle un événement qui n'est pas encore détaché du moi, c'est de redevenir, en un mot, sujet passif de quelque chose dont on fut à moitié spectateur» (22). La jalousie rapportée par *L'Occupation* comme la passion amoureuse racontée par *Passion simple* placent leur narratrice dans cette situation de «demi-adhérence» propre à une écriture post-passionnelle qui met en face à face la spectatrice active avec l'actrice qu'elle a été. La conclusion des deux récits s'offre ainsi comme la fin de quêtes irrésolues : la jalousie tout comme l'amant n'ont pas définitivement disparu. L'un comme l'autre ne sont presque plus là, ramenés à un sentiment vague, une arrière-pensée qui demeure en substance. Écrire à propos d'une jalousie et d'une passion (presque) passée, c'est donc considérer l'écriture comme une «demi-adhérence», c'est contempler ces moments comme le reflet qui se projette sur l'eau du puits : l'image n'est plus tout à fait là, mais elle a n'a pas totalement disparu. D'où le lien éthique qu'Ernaux établit entre les images floues du film pornographique et son propre geste d'écriture. Ces images vues sur l'écran de télévision représentent bien la valse entre deux sexes, mais quelque chose se désiste malgré tout de ce spectacle. Ce quelque chose, nous dirait Jankélévitch, c'est un «je-ne-sais-quoi», un «presque-rien» mais qui pour la (mauvaise) conscience de l'écriture prend une valeur d'absolue nécessité. Cette valeur morale traverse la totalité de l'œuvre d'Ernaux. Se pose ainsi fréquemment la question des limites de l'implication subjective dans les événements écrits. À la fin de *Passion simple*, Ernaux revient sur ce lien entre identité et écriture en remarquant les contraintes qui s'y rattachent et qui peuvent entraver le travail de l'écrivain : « Il est possible que l'obligation de répondre à des questions du genre 'est-ce autobiographique ?', d'avoir à se justifier de ceci et cela, empêche toute sorte de livres de voir le jour, sinon sous la forme romanesque où les apparences sont sauves » (69-70). Chez Ernaux, la localisation indéfinie de l'écriture (fiction, document, imaginaire, vécu) se couple de l'usage du pronom personnel, « Je », qui prend la force d'une affirmation qui dépasse la seule problématique stylistique pour prendre la forme d'une intention morale. Cette question, Jankélévitch la soulève sous la forme d'un défi : parvenir à « dissocier en soi l' 'œil' et le 'regard', séparer par surprise le moi authentique de cet autre moi-même qui pose en regardant » (33). L'éthique de l'écriture se trouverait donc dans cette dissociation : l'écrivain qui fait de la feuille un miroir n'aboutira qu'à un récit semblable à une pose stérile, tandis que l'écrivain qui emploie le « Je » comme un pronom réellement personnel et déterminé, comme une implication totale du soi à l'autre, peut aboutir à quelque chose d'authentique quand bien même ce quelque chose, il ne l'aurait pas vécu sinon à travers la puissance que permet le face à face de l'écriture. La notion de « regard » soulevé par Jankélévitch nous ramène donc aux rivages du miroir flottant et de l'image. La description du film pornographique décrit par Ernaux pourrait en fait s'appliquer à tout film. Certes, le cinéma est une formidable machinerie à fictions mais il peut, comme l'écriture, devenir un mécanisme d'une mémoire morale.

Ernaux oppose « la stupeur » qui habite les images du film pornographique à la passion amoureuse marquée par l'attente. Il est intéressant de noter que ce passage du récit est justement absent de l'adaptation d'Arbid. Cette absence s'explique peut-être par ce qui distingue le régime pornographique et le régime cinématographique. Car là où la pornographie se complaît dans l'immédiateté d'une jouissance univoque, le cinéma propose des images qui condensent autant qu'elles cristallisent, c'est-à-dire retiennent et préservent. Le cinéma participe alors de cette lutte contre l'irréversible et contre le lent oubli des passions propre à ce que Jankélévitch décrivait comme : « La consolation par la seule durée [qui] est non seulement lente et graduelle, mais encore négative : elle endort sans persuader, elle ne crée pas en l'homme l'acquiescement intime ni la conversion à la paix ; elle efface peu à peu la douleur, elle ne nous rend pas la joie qui précédait cette douleur » (87). *L'Occupation* comme *Passion simple* sont des récits de cette joie contenue dans la douleur, sur la façon dont l'écriture peut retenir la joie et la douleur d'un événement passé dans la douleur du présent. De même que le cinéma se présente comme un art de la présentification du passé, chaque diffusion, chaque projection, rendant absolument présentes les images d'un événement et d'une époque révolue. La conscience morale de l'écriture littéraire et cinématographique réside donc dans ce brassage des mobiles et des temps. Cinéma et littérature n'ont pas pour fonction de consoler le.la lecteur.rice mais de prouver que le présent profite toujours du devenir contenu par la joie et la douleur du passé.

Ouvrages cités

Barthes, Roland. *Le Degré zéro de l'écriture*. Seuil, 2002 (1953).

Bazin, André. « Mina… Trop Beyle. *Mina de Vaghel.* » *Cahiers du cinéma*, vol. 21, mars 1953, p. 55–58.

Deleuze, Gilles. *Critique et clinique*. Minuit, 1993.

Ernaux, Annie. *Regarde les lumières mon amour*. Seuil, 2014.

Ernaux, Annie. *L'Occupation*. Gallimard, 2002.

Ernaux, Annie. *Passion simple*. Gallimard, 1991.

Ernaux, Annie. *Une femme*. Gallimard, 1988.

Ernaux, Annie. *La Place*. Gallimard, 1984.

Fort, Pierre-Louis. « Ernaux. La vie. La vraie. » *Annie Ernaux. Un engagement d'écriture*, dir. Pierre-Louis Fort et Violaine Houdart-Merot, Presses Sorbonne Nouvelle, 2015, p. 51-59.

Fred Ott's Sneeze. Réalisé par Thomas Edison et William Kennedy Laurie Dickson, Edison Manufacturing Company, 1894.

Gabriel, Jean-Benoît. « Cinématographie de l'écriture chez Annie Ernaux. » *Annie Ernaux, les écritures à l'œuvre*, dir. Aurélie Adler et Julien Plat, Université de Picardie Jules Verne/Université de Lausanne, 2017. https://www.fabula.org/colloques/document6653.php Dernier accès le 21/01/2025.

Jankélévitch, Vladimir. *La Mauvaise conscience*. Montaigne, 1966.

L'Autre. Réalisé par Patrick-Mario Bernard et Pierre Trividic, Agat Films & Cie, 2008.

La Sortie des usines Lumière. Réalisé par Auguste et Louis Lumière, Société Lumière, 1895.

Lacan, Jacques. *Écrits 1*. Seuil, 1966.

Passion simple. Réalisé par Danielle Arbid, Les Films Pelléas, 2020.

Sarraute, Nathalie. *L'Ère du soupçon. Essais sur le roman*. Gallimard, 2009 (1956).

Sortie d'un train en gare de la Ciotat. Réalisé par Auguste et Louis Lumière, Société Lumière, 1895.

Szendy, Peter. *Le Supermarché du visible. Essai d'iconomie*. Minuit, 2017.

Vancheri, Luc. *Les Pensées figurales de l'image*. Armand Colin, 2011.

8

"Je suis entrée dans l'image et je crève": *Les Années Super 8* and the Emancipation of the Frozen Woman

Jacqueline Dougherty

Abstract This chapter examines *Les Années Super 8* as the epilogue to the figure of the "femme gelée." Annie Ernaux amends the visible, but "false" images of familial contentment by writing and relaying her invisible but "true" memories of disenchantment. The film reveals that writing, and most notably, publishing *La Femme gelée* was instrumental in Ernaux's emancipatory trajectory.

Keywords Intertextuality – *Ekphrasis* – Intermediality – Women's writing – Auto-socio-biographical writing

Ever maintaining her longstanding intermedial writing practice, Annie Ernaux concludes the voiceover of *Les Années Super 8* by establishing that the narrative embedded in the film's five-decades-old scenes of family life and travel can be remediated and subsequently inscribed *only* through the encounter between image and text.

> Mais quelle histoire se racontait ici dans ce défilement des images sans autre bruit que le grésillement du projecteur? Il fallait des mots pour donner sens à ce temps muet, ces bribes d'une vie familiale prise de manière invisible dans l'histoire de l'époque. Ce serait un fragment d'autobiographie familiale, l'occasion aussi, pour moi, d'évoquer les années déterminantes dans ma vie et de retrouver un peu cette lumière tombée sur le passé, une lumière dorée de l'été indien que chantait Joe Dassin au milieu de ces années-là. (1'00'54–1'01'44)

A collaborative endeavor[1] with her younger son, David Ernaux-Briot, *Les Années Super 8* is comprised of just over one hour of silent home movies filmed

1 Including *Les Années Super 8*, Annie Ernaux has now produced seven collaborative projects: *L'Écriture comme un couteau* (2003) with Frédéric-Yves Jeannet, *L'Usage de la photo* (2005) with Marc Marie, *Les Mots comme des pierres* (2013) and *Le Vrai lieu* (2014) with Michelle Porte, *L'Autre fille* (2023) with Nadège Fagoo, *Je suis née quelque part* (2024) with Coralie Miller.

© 2026 KONINKLIJKE BRILL BV, LEIDEN | HTTPS://DOI.ORG/10.1163/9789004760219-010

primarily by the author's then-husband, Philippe Ernaux, between 1972 and 1981. That decade marks the final years of Annie Ernaux's marriage and is the period during which she published her only three novels before permanently abandoning the genre—and literary conventions in general—with *La Place* in 1983. It is *La Place* that not only introduces the henceforth ubiquitous auctorial praxis Ernaux would later designate as "auto-socio-biographie" (ECC 21) but also inaugurates the intermedial negotiation of text and the material image through the *ekphrastic* description of personal photographs. Indeed, photographic images occupy a privileged and essential status in the author's self-professed mission of "l'écriture de la mémoire et de la réalité" (VL 65). She asserts the interdependence between text and image in *La Honte*, stating: "Le 'texte' éclaire la photo, qui en est aussi l'illustration" (90–91). Serving as "supports de la mémoire des années passées et [...] une façon d'ancrer le texte dans la réalité, de constituer un témoignage" (Arribert-Narce 160–161), photographs possess the same evidentiary potency as "celle de Barthes dans *La Chambre claire*: '*ça-a-été*, ça a eu lieu,' une valeur de preuve" (Delaunois 157).[2] Scholars have long discussed Ernaux's deployment of the photographic image, and in recent years, have begun to explore the cinematographic nature of her writing. That category of intermediality refers to "the imitation and evocation of filmic techniques such as dissolves, zoom shots, montage editing [and] descriptive modes in literature which evoke visual effects" (Rippl 53), a phenomenon that Élise Hugueny-Léger observes in *Mémoire de fille* as "un mode de représentation que l'on peut qualifier de filmique" ("Le Romanesque cinématographique de *Mémoire de fille*" 52). Likewise, in his study of the *journaux extimes*, Jean-Benoît Gabriel expands the notion of Ernaux's "écriture *photographique* du réel" (JD 9, my emphasis), positing that it more closely resembles cinematic writing: "l'énonciation marquée des textes d'Annie Ernaux rappelle plutôt celle de certains films documentaires" (Gabriel 170).

In addition to her predilection for photo-cinematic modes of representation—including literary adaptations of the flashback, freeze-frame and textual scissions that represent cinematic fades—intertextuality is another constant throughout Ernaux's corpus. Through the lens of intertextuality and *ekphrasis* of material and immaterial images, this essay asserts that *Les Années Super 8* serves as the epilogue to the account of the "femme gelée," as she is written in the eponymous 1981 novel and in *Les Années* twenty-seven years later. The works are inextricably linked, prelude and sequel to the author's reappro-

2 This principle is repeated at the end of *Les Années Super 8*, where Ernaux reports that the reaction upon viewing the films was an incredulous "ça a été moi, c'était nous" (1'00'35).

priation of the identity she had begun to forge for herself before marriage, an identity largely informed by images of the women populating her personal and social landscape from childhood through young adulthood. Which images of Ernaux's "femme gelée" persist in *Les Années Super 8*? What recourse does she seek to extricate her dispossessed psyche from literal and figurative spaces of confinement and exclusion? In addressing these questions, this essay will also discuss the manner in which the film's voiceover narration expresses the long-desired and hard-earned independence attained by the *elle* of *Les Années*. *Les Années Super 8* appends to *La Femme gelée* and *Les Années* images, audible words (that is, Annie Ernaux's voiceover narration), and, near the end of the film, one extended sequence enshrouded in silence. The voiceover elucidates two crucial and concurrent events from 1972 to 1981, both of which culminate in the emancipation of the "frozen woman." First, the film conveys Ernaux's quest to reclaim agency by finally—a decade after her first manuscript was rejected by Seuil—becoming a published author, and second, the disintegration of her marriage. Ernaux's voiceover is more than a mere script; on the contrary, we might designate it as an *extended ekphrasis* which, rather than simply describing the scenes and images filmed, combats their incomplete, if not illusory nature, identified in *Les Années* as "l'invisible de la photo" (121). Filtered through the gaze of Philippe Ernaux, the "premier filmeur" (03'52), the scenes represent what *he* chose to make visible, the image he wished to project. To correct that deficit and to adhere to her writerly mission, Annie Ernaux supplements the *visible* but false images of marital contentment to trigger and relay her *invisible* but true memories and sensations of disenchantment and ever-increasing discord. In the end, we discover that writing played a, if not *the*, decisive role in Ernaux's emancipatory trajectory.

Over the last twenty years, Ernaux has delved even more deeply in her deployment of *ekphrastic* intermediality by choosing to print photographs in *L'Usage de la photo* (2005), *L'Autre fille* (2011), the photojournal opening *Écrire la vie* (2011) and *Retour à Yvetot* (2013). Yet, that device attains its apogee in *Les Années Super 8* where, for the first time in her fifty-one-year career, writing and film—that is, *moving* rather than *fixed* material images—are interconnected and interdependent. The scenes of family life and travel captured by Philippe Ernaux, and for which he is acknowledged in the film and closing credits, are accompanied by the retrospective *and* introspective voiceover—the oral, aural and written *ekphrasis* of both material images and memory-images—read by Annie Ernaux herself and around which her son edited five hours of raw footage to produce *Les Années Super 8* (FLC 0'06–0'17).[3] Ernaux approached the

---

3 https://www.youtube.com/watch?v=XokZGrhpcI4&list=PL2NPq7rhrb3smXY7GEpdOomlbSSYI7UMJ&index=30 Last access 08/14/2024.

composition of the voiceover as she does when writing her books, again blurring the boundaries between forms of media: "Ce texte, je l'ai écrit aussi, il faut le comprendre, comme un véritable texte comme j'aurais pu le faire pour un livre; c'est la même chose pour moi" (FLC 15'55–16'06).[4] The composition of the voiceover text was itself an intermedial endeavor in that it required negotiating material media—the Super 8 reels and diary entries[5] from the nine years spanning the film—and immaterial media—Ernaux's memory-images. Intertextual in its content as well as in its narrative form, the voiceover mirrors the narration of *Les Années* in its abundant use of the *imparfait* as well as the fluctuation between *on*, *nous*, and *elle*, but also calls to mind *Mémoire de fille* with its alternance of *je* and *elle*. Hugueny-Léger views this oscillation between *je* and *elle* in the film as "une difficulté d'identification," ("Une mise à distance du réel" n.p.). In *Les Années Super 8*, it is actually an oral (and written) narrative device used to distinguish the emancipated Annie Ernaux—the *je* who narrates the sequence retrospectively—, from her past self, the Super 8-*elle*.

Moreover, the film presents two levels of collaboration, both of which involve the "co-mediation" of image, memory, and text. The first of these is posthumous and, perhaps, might have been unwilling, as Philippe Ernaux died more than two decades before the film's release, and more than that, it is plausible that Philippe Ernaux, who, at the end of their marriage, "entrait résolument dans une autre existence et nous abandonnait la mémoire de l'ancienne" (AS8 58'51–58'58), would have refused to participate in the project for, in the works published prior to his death in 1999, his (ex-)wife had not portrayed him in a positive light[6] and when the marriage ended in 1982, he took with him the Super 8 camera, leaving with Annie Ernaux the screen, the projector and the reels of film, in other words, the *images* and the devices with which she (and eventually, their son) could "re-view," "re-stage," and "*rewrite*" them.

---

4 See "Annie Ernaux and David Ernaux-Briot on the Super 8 Years" https://www.youtube.com/watch?v=XokZGrhpcI4&list=PL2NPq7rhrb3smXY7GEpdOomlbSSYI7UMJ&index=29 Last access 08/14/2024.

5 Ernaux acknowledged using her diary, as she does frequently in composing her texts, when writing the voiceover for *Les Années Super 8*: "Je ne pensais vraiment pas à me servir de mon journal, mais c'est devenu une sorte d'appui, d'appui des images et aussi de contrepoints car on s'aperçoit que l'image peut donner l'impression de bonheur, de joie, mais je savais qu'il y avait dans mon journal des passages qui contredisaient ces apparences" (Quinzaine des cinéastes 6'05–6'31). https://www.youtube.com/watch?v=RhqqCmWIj4I&list=PL2NPq7rhrb3smXY7GEpdOomlbSSYI7UMJ&index=27 Last access 01/12/2025.

6 I am considering here *Les Armoires vides, La Femme gelée* and *La Place*. It bears mentioning, though, that Ernaux acknowledges Philippe Ernaux's support during her mother's battle with Alzheimer's Disease and her subsequent death in both *Une Femme* and "*Je ne suis pas sortie de ma nuit.*"

The genesis of the mother and son film—the second level of collaboration—reveals another innovative (re)mediation of text-image. David Ernaux-Briot explained that his children, born after the death of Philippe Ernaux, had expressed an interest in seeing the Super 8 films. This turned into a gathering during which Ernaux-Briot actually recorded the whole family as they watched the Super 8 movies to capture their reactions (Quinzaine des cinéastes 3'14–3'41).[7] While subsequently examining his recording, Ernaux-Briot thought these family films might resonate outside of the Ernaux family nucleus and thus, the project was born. He then asked his mother to write the voiceover commentary and *only thereafter* did he edit the sequences, as he states in a 2024 interview with Loreto Cantón:

> Le texte a été écrit par ma mère, le film est le résultat de mon travail. Elle n'est pas intervenue dans le choix des images, je n'ai pas touché au texte, hormis quelques coupures et une ou deux petites réorganisations pour des questions de durée et logique cinématographique. Ce sont deux voix qui se conjuguent. (250)

Forty-one years before *Les Années Super 8* premiered, first in Cannes (May 2022) and subsequently in theaters (December 2022), Ernaux published *La Femme gelée*, conceived, as she informs us in the film, as "mon histoire de femme, assignée depuis mon mariage, au rôle de nourricière, de gestionnaire silencieuse de l'intendance, alors que j'avais été élevée dans l'idée de ma liberté et de mon égalité avec les hommes"[8] (47'37–47'52). With the exception of a few passages in *Les Années*, *La Femme gelée* is the sole *written* work to date in which the author details her marriage and family life, albeit in less than half of the narrative.[9] Moreover, aside from being Ernaux's final novel, *La Femme gelée* is pivotal in marking the genesis of the thereafter omnipresence of visual terms, primarily, *image*—and, less frequently in the text, "imagerie de la mémoire," (37), film (111, 141), and "cinéma" (113)—, as surrogates for *souvenir* and *mémoire*. As Paul Ricœur remarks, "les souvenirs se présentent comme images" (29), thus Ernaux's choice of terms is significant. Those memory-images and/or

---

7 https://www.youtube.com/watch&v=RhqqCmWIj4I&list=PL2NPq7rhrb3smXY7GEpdOoml bSSYI7UMJ&index=28 Last access 01/14/2025.

8 The narrator of *La Femme gelée* expresses a similar sentiment: "Devenir quelqu'un, ça n'avait pas de sexe pour mes parents" (39).

9 Specifically, only the final 64 of 182 pages cover the narrator's relationship with her husband, from courtship through the infancy of their second son; the previous 116 pages retrace the narrator's childhood, adolescence and young adulthood.

memory-scenes undergo the same sort of *ekphrasis* as material photographs and material films and function as the "representation and performance of memory" (Leblanc 157).

In an interview with Fabien Arribert-Narce, Ernaux states that her deployment of a photo-cinematic lexicon occurs on a subconscious level, resulting most likely from the operation of her memory, which "fonctionne beaucoup aussi comme un film déroulant des scènes" (151). These various immaterial *images* and *scènes*, along with their material counterparts (photographs and film sequences), bring to light her most frequent leitmotivs, including, but not limited to socio-cultural alienation and shame, women's reproductive rights, patriarchal oppression and sexual inequality. While assigning a privileged status to the notion of visual memory, Ernaux's deployment of the photo-cinematically evocative terms *scène, image, cinéma* and *film* also is an effort to undermine the instability of memory by materializing it indelibly through writing. Once the act of writing is complete, the various *images* and *scènes* can then be "materialized" and therefore, "read," as purported by Pierre Fresnault-Deruelle:

> L'image—on l'a souvent dit—peut être légitimement considérée comme un texte au sens fort du terme [...] dans la mesure où ses constituants (et leur distribution dans l'espace de la représentation), vont solliciter de la part du spectateur une série d'ajustements dont on pourrait dire qu'ils se ramènent à ce qu'on appelle précisément la lecture. (14)

Thus, Ernaux planted the seeds of text-image intermediality quite early in her writerly trajectory.[10] Whether on the page or on the screen, Ernaux and her fictional double, the narrator of *La Femme gelée*, fully maximize the polysemy of the term *image*. In Ernalian terms, aside from representing a memory, an image also represents an ideal, a paradigm or an archetype, sometimes conveying those meanings simultaneously. *La Femme gelée* presents two diametrically

10 Nonetheless, even after *La Place*, the first of her narratives to implement *ekphrastic* commentary of photographs, the author continues to call forth countless *immaterial* memory-images, most notably, the "Instantané de la mémoire" (LP 95) of her father during her wedding reception, the "Images d'elle, entre quarante et quarante-six ans" (UF 48) that reveal the intrepid character of her mother, Blanche Duchesne, "la scène indicible de mes douze ans" (LH 38), where, in an uncharacteristic rage, Alphonse Duchesne nearly murdered his wife, "des arrêts sur mémoire" (LA 240), facilitating the composition of *Les Années*, and "la scène du récit" (AF 13), during which Ernaux discovered not only the existence of her deceased sister, Ginette, but also her mother's apparent preference for her firstborn child.

opposed images of women who populated the narrator's familial and social landscape from childhood through her marriage. The novel's incipit evokes paradigms of traditional bourgeois housewives, one of which is surrounded by a carefully curated and formal décor, where silence and beauty reign, and the other whose days are punctuated by a series a well-timed domestic and maternal tasks:

> Femmes fragiles et vaporeuses, fées aux mains douces, petits souffles de la maison qui font naître silencieusement l'ordre et la beauté, femmes sans voix, soumises, j'ai beau chercher, je n'en vois pas beaucoup dans le paysage de mon enfance. Ni même le modèle au-dessous, moins distingué, plus torchon, les frotteuses d'évier à se mirer dedans, les accommodatrices de restes, et celles qui sont à la sortie de l'école un quart d'heure avant la sonnerie, tous devoirs ménagers accomplis; les bien organisées jusqu'à la mort. (FG 9)

Such women did not exist in the narrator's family circle or social class—and she spends the next six and a half pages of the novel enumerating memories of "her women," the "*images* épisodiques" (FG 15, my emphasis), including her grandmother and aunts, whom she did not see on a daily basis, but rather on occasional family visits. Those boisterous, somewhat untidy and sometimes unkempt proletarian and peasant women worked *outside* of the home, in shops, in fields or in factories, in other words, in spaces occupied primarily by men. Before exposure to the cultivated and seemingly superior lifestyle validated by bourgeois ideologies, the narrator fully expects to follow in the footsteps of her female relatives. Among those female family members, the narrator's mother, the central *image* as both memory and paradigm, is a continuous exemplar of feminine strength and her first model of feminism. Designated as "la femme blanche" (FG 15), perhaps a not-so-subtle nod to her Christian name,[11] the memory-image of the mother is bathed in light, yet is far removed from her silent, acquiescent bourgeois counterparts. On the contrary, she is

> *la force et la tempête*, mais aussi la beauté, la curiosité des choses, *figure de proue qui m'ouvre l'avenir* et m'affirme qu'il ne faut jamais avoir peur de rien, ni de personne. *Une lutteuse contre tout* (FG 15, my emphasis).

The narrator further recalls,

---

11 Blanche Duchesne.

> toutes les choses vibrent près d'elle, éclatent même, jour magnifique et stupéfiant où un cendrier vole par la fenêtre et se pulvérise sur le trottoir devant le livreur qui a eu le tort d'oublier je ne sais plus quelle marchandise (FG 19).

The more dominant of the narrator's parents, her mother is also a constant advocate for scholarly excellence as a means of social ascension and independence, as the narrator remarks:

> Ce que je deviendrai? Quelqu'un. Il le faut. Ma mère le dit. Et ça commence par un bon carnet scolaire. Le samedi elle fait le compte des dix en dictée et en calcul mais ne moufte pas devant l'inévitable quatre en couture et le passable en conduite. Sourcilleuse à la moindre baisse, et que mon père ne trouve pas d'excuses à sa fille. (FG 38)

In addition, memory-images of the nuns at her Catholic school reveal the narrator's appreciation for their unique variety of female strength. Although they are from a different world and lack the vibrancy of her mother, the nuns perpetuate the notions the narrator has already gleaned in her home, namely, that strength and knowledge are without gender restrictions. Recalling her educational experience, the narrator again relies on cinematic lexicon. She evokes

> *Images plus décolorées que celles de ma mère, les demoiselles de l'école, mais des femmes fortes et actives aussi, toutes-puissantes*, avec leurs mains qui écrivent des choses difficiles au tableau [...]. Elles savent tout, et si je ne les aime pas parce qu'elles me sont trop étrangères par leurs mots et leurs airs discrets, je les admire. *Ça ne fait pas un pli pour moi que les femmes sont plus savantes que les hommes.* (FG 49–50, my emphasis)

Armed with her mother's encouragement and proto-feminist influence, the narrator eventually embarks upon university studies in Rouen, determined to fully embrace an autonomous and unrestricted life. She rejects the grim and immobilizing aspects of marriage and motherhood stating that "toutes les femmes à mari et à mômes font partie d'un univers morne" (FG 111), exulting in the unfettered life that is no longer a possibility to the wives and mothers she passes in the streets of Rouen: "Moi, je descends vers les lieux mouvants, vivants, lieux de rencontres, salles de cours, cafés de la gare, bibliothèque, cinémas" (FG 111). Near the end of her studies and while vacationing, she meets her future husband, also a student. After a period of prevarication, she accepts his proposal of marriage and is cautiously optimistic regarding the paradigm of "*l'image* attendrissante du jeune couple moderno-intellectuel"

(FG 130, my emphasis) for the couple had decided that marriage would be "un projet comme un autre, qui ne bouleverserait pas notre vie, ou à peine, chacun continuerait de faire ce qu'il aimait, lui la musique, moi la littérature" (FG 122). It is not long after her marriage that she bemoans her lost freedom, which now seems unreal, as if it were a movie: "Des *images* de découverte et de liberté *du temps d'avant*, j'en ramasse comme je veux, *ça ressemble à un film tourné* en extérieur, des rues, des squares et des paysages de mer, ou dans des chambres. Ni cuisine ni salle à manger" (111, my emphasis). Her analeptic account evokes, above all, melancholy when considered in conjunction with her current *image*, namely that of the ideal housewife: "Mais je sentais que je ne serais jamais plus une fille au bord de la mer, que je glisserais *dans une autre image*, celle de la jeune femme fourbisseuse et toujours souriante des publicités pour produits de ménage. *D'une image à l'autre*, c'est l'histoire d'un apprentissage"[12] (FG 134, my emphasis). Likewise, in *Les Années*:

> Elle se retourne souvent sur des images de quand elle était seule, elle se voit dans des rues où elle a marché, dans des chambres qu'elle a occupées [...]. Dans son journal: «Par un extrême narcissisme, je veux voir mon passé noir sur blanc et par là être telle que je ne suis pas» et «C'est une sorte d'image de femme qui me tourmente. M'orienter peut-être par là.» (100)

The narrator experiences a sort of culture shock in comparison with her parents' unconventional—that is, according to bourgeois norms—lifestyle, but also a profound loss of her autonomous identity when she realizes the insincerity of her husband's previous declaration of mutual freedom and equality within the couple. He expects her to adhere to the unwritten codes upheld by his own middle-class upbringing, namely those of his parents who are, according to society's standards, "le bon modèle" (FG 135). Transformed into "la gardienne du foyer, la préposée à la subsistance des êtres et à l'entretien des choses" (FG 148), the narrator states, "Depuis le début du mariage, j'ai l'impression de courir après une égalité qui m'échappe tout le temps" (FG 166–167). Marriage is, then, the point at which her former identity, informed by the notions of equality, intellectual enrichment and independence, is eradicated. Recalling the "femmes fragiles et vaporeuses" (FG 9) of the incipit and the homes of her middle-class schoolmates, shrouded in "Silence, lumière. Propreté… L'ordre et

12 Gallimard refused Ernaux's initial choice of title for *La Femme gelée*, *Les Années d'apprentissage*, as she explained in an interview with Claire-Lise Tondeur, "Le titre fut refusé par Gallimard qui estimait que cela faisait croire à l'apprentissage d'un métier." (41). The term *apprentissage* appears several times throughout the text, notably on pages 134, 148, 166, 171 and 181.

la paix" (FG 61), the narrator laments, "Dix ans plus tard, c'est moi dans une cuisine rutilante et muette, les fraises et la farine, je suis entrée dans l'image et je crève" (FG 61). While we do not see Ernaux performing any domestic duties in the film, this sentiment carries forth in *Les Années Super 8*.

Although not the first scene ever filmed by Philippe Ernaux, *Les Années Super 8* opens with a shot panning over the mountains of Annecy, that "ville gelée" (AN 32), at the end of winter 1972, the same place and season that conclude *La Femme gelée*. Having relocated to Annecy from Bordeaux shortly after marriage, Ernaux had eventually come to enjoy the city, even though her fictional alias remains less enthusiastic stating, "Je déteste Annecy, c'est là où je me suis enlisée. Que j'ai vécu jour après jour la différence entre lui et moi, coulé dans un univers de femme rétréci" (FG 148), and later, regarding the couple's disparate encounters with the city, "Annecy, il l'a découvert les mains dans les poches, tranquille, après son travail, tout l'espace libre devant lui. Moi, je ne connaissais que des rues à poussettes et à courses" (FG 162). Given that inequity, the very first sequence Philippe Ernaux *did* choose to film, which is also one of two *ekphrastically* written film sequences evoked in *Les Années*, might not surprise us. In that scene, Philippe Ernaux focuses the camera's lens on Annie Ernaux as she enters the family's home carrying two boxes[13] of groceries after retrieving their children from school. When viewing this image many years later, what strikes Ernaux, and what the spectator cannot see, is the intentional staging—the desired *image*—of "un happening théâtral imaginé par mon mari" (AS8 02'38–02'40) and the sort of intrusive violence that the presence of the newly acquired super 8 camera introduced in their life. Moreover, the choice to film such a banal occurrence makes clear Philippe Ernaux's view of his wife's primary status as a conventional middle-class wife and mother. Ernaux had already evoked that same Super 8 home sequence in *Les Années*, where she recalls, "*C'est lui, son mari, qui a filmé* ces images quand elle rentrait des courses avec les enfants ramassés après l'école. L'étiquette sur la bobine du film a pour titre *Vie familiale 72–73. C'est toujours lui qui filme*" (119, my emphasis). Furthermore, that scene elicits more than meets the eye, for Ernaux extracts from the sequence the following invisible but significant elements: very limited free time due to her domestic responsibilities[14] and its

13 In *Les Années*, Ernaux writes, "Une femme entre à son tour, dans un long manteau cintré marron dont la capuche lui dissimule la tête. Elle porte dans ses bras deux cartons superposés d'où dépassent des produits alimentaires" (118–119).

14 In *La Femme gelée*, Ernaux had already written a fictionalized account of Philippe Ernaux's insincere, patronizing and hypocritical encouragement of her literary endeavors: "Quelque part dans l'armoire dorment des nouvelles, il les a lues, pas mal, tu devrais continuer. Mais oui, il m'encourage, il souhaite que je réussisse au concours de prof, que je me 'réalise,' comme lui. Dans la conversation, c'est toujours le discours de l'égalité" (132–133).

impact on respecting the vow she had made several years prior to write about her class defection, social discrimination, and the battle for women's reproductive rights. Readers will recognize that book as *Les Armoires vides*. Ernaux makes reference to the conception and subsequent publication of *Les Armoires vides* on several occasions in *Les Années Super 8*. During a family outing in Annecy, the camera captures the snow-capped mountains, the two children, Ernaux and her mother, who lived with them at the time. The author does *not* comment on these visible aspects. Instead, the image sparks in her memory her state of mind during that period: "Derrière l'image de la jeune mère lisse, je ne peux m'empêcher de me souvenir qu'il y a une femme taraudée secrètement par la nécessité d'écrire et de, comme je l'avais noté dans mon journal, regrouper tous les événements de ma vie en un roman violent, rouge" (AS8 5'22–5'40).

Likewise, in a 1972 sequence from Christmas Day (also the eighth birthday of their elder son, Éric), Philippe Ernaux does not film anything out of the ordinary: we see the children's excitement and the festive atmosphere. When viewing those images over fifty years later, the author reduces those visible moments captured by Philippe Ernaux to "tout cela," choosing to emphasize instead circumstances that only she can see and that clearly bear more personal significance:

> Derrière tout cela, je mets aujourd'hui une autre réalité, celle des après-midis où je n'ai pas cours, j'écris, en secret, un roman qui raconte comment les études, la culture m'ont séparée de mon milieu populaire d'origine. En secret, parce qu'il est impossible d'en parler à mon mari, encore moins à ma mère. Ils sont tous deux présents de manière transparente dans mon roman, eux qui incarnent en somme les deux bornes de mon trajet social, le point de départ et le point d'arrivée. (AS8 06'15–06'51)

Neither her husband nor her mother is favorably represented in *Les Armoires vides* and both would be able to identify themselves in this "livre violent, rouge" (AS8 5'37–5'39). Furthermore, the clandestine abortion narrative framing the novel as well as its belligerent tone and coarse language would doubtless horrify her mother's devout Catholic sensibilities.

The husband's deprecation notwithstanding, the narrator's free time is far too inconsistent for the pursuit of any meaningful writing, as reveals the following fragmented passage, mimicking the uneven and sporadic distribution of her personal time while also demonstrating the futility of writing under such circumstances: "Deux heures et demie. Le Bicou dort. Papier, stylo. N'importe quoi, journal, poème, roman … Du faire-semblant de création" (FG 175–176).

Ernaux's voiceover narrative continues to recount the invisible and ever-increasing marital tension within the couple. In fact, by 1975, when the Ernaux family moved to Cergy-Pontoise, Philippe Ernaux's filming of family life within the domestic space all but ceased, suggesting that the visible image could no longer conform to his desired image, that is, the image codified and validated by bourgeois standards. Similarly, the scenes filmed during a business trip to Ajaccio in 1978 capture the exterior surroundings, monuments, the beach, and only a few seconds of Annie Ernaux herself. She spent most of her time alone while Philippe Ernaux attended meetings, but her solitude was welcome, if not *chosen*, as it afforded her the time—"un moment de plaisir pur" (AS8 47'23–47'25)—, and the space, invisible to others, where she would continue writing the book she had undertaken a short time before. That book was *La Femme gelée*.

When the Ernaux family spent their summer holiday in Spain during the summer of 1980, Annie Ernaux had already submitted the manuscript of *La Femme gelée* to Gallimard. Festivals, the running of the bulls and bullfighting, architecture, and city streets were captured on film, but the invisible aspects lying beneath the various scenes shot by Philippe Ernaux would prove crucial: "À Pampelune, je ne me doutais pas que ce voyage prendrait dans ma mémoire le sens d'une épreuve initiatique *préludant à une autre vie*" (50'10–50'17, my emphasis). That "other life" would begin within two years. This trip indeed put Ernaux to the test, for those visible and stereotypical tourist scenes elicit in the author's memory a heated argument, after which Philippe Ernaux left her alone with their sons until sunset, and led to an epiphany of sorts. Far from being devastated by that circumstance, Ernaux describes it as "un moment parfait" (50'58), much like the bliss she recalls experiencing with only her writing as company in Ajaccio. The Super 8 movies filmed in Spain conclude with a disturbing and nearly two-minute sequence (51'50–53'18) of a bullfight. This is the only scene in the film during which there is no voiceover, although David Ernaux-Briot added to it strained and mournful music. The power imbalance and violence of that bullfight are laid bare for the spectators of the actual event in 1980 and for those viewing the film. How are we to interpret Ernaux's silence during that sequence? As I pointed out earlier, silent acquiescence characterizes the *image* of the traditional bourgeois wife in *La Femme gelée*, so the sequence in the film illustrates her own feelings of powerlessness in a situation for which she cannot find words. She is engaged in a seemingly futile quest for freedom in this fight to the death against the bourgeois codes embraced by her husband, codes that detract from her equality as a human being.

The films from 1981, the final summer of the "Super 8 Years," feature the family's travel to Portugal. At that time, the publication of *La Femme gelée*, which portrayed the narrator's husband, Philippe Ernaux, in an unfavorable light, put the final nail in the coffin of their crumbling marriage. Moreover, it is likely that Annie Ernaux's dedicating the novel to him did not help matters. When commenting the images from Portugal, she notes, "La caméra ne cherchait plus à filmer le bonheur" (54'15–54'20), which is tantamount to saying that Philippe Ernaux could no longer create—or no longer wished to simulate—the illusion of familial harmony. Ultimately, the publication of *La Femme gelée* led to the *dégel* of the frozen woman Annie Ernaux had become from the mid-1960s to the early 1980s. As we discover in *Les Années* and *Les Années Super 8*, Ernaux achieved that emancipation gradually, if not arduously, by seeking and realizing the identity for which she had previously yearned, that of a writer.

At the beginning of this essay, I stated that *Les Années Super 8* provides sequel to the account of Ernaux's "frozen woman." Yet, since the last scenes of the film are from 1981—before her divorce—, is it not also the prologue to the fully emancipated woman of the mid-1980s, the *elle* in *Les Années*? In the second of two personal films evoked in the text, a VHS sequence featuring a discussion with female high school students on writing and women's issues, Ernaux "sees" more than "un petit rire léger—ponctuation de timidité ou résidu incontrôlé d'une adolescence populaire… qui contraste avec le calme et la gravité de son visage au repos" (LA 155–156). It is at this point that the story of the frozen woman finally and fully concludes. Post-divorce, "Elle est dans la dépossession matérielle et la liberté. Comme si le mariage n'avait été qu'un intermède, elle a l'impression de reprendre son adolescence là où elle l'avait laissée" (LA 156). Having written herself *out* of the stifling and submissive image of dutiful wife (and mother) and *into* one of autonomy, the statement "Je suis entrée dans l'image et je crève" (FG 61) may indeed be replaced by "Je suis sortie de l'image et je renais."

Works Cited

Arribert-Narce, Fabien. "Vers une écriture 'photo-socio-biographique' du réel. Entretien avec Annie Ernaux." *Roman 20–50*, vol. 1, no. 51, 2011, p. 151–166.

Cantón, Loreto. "*Les Années Super 8*: Un regard intime et historique sur le passé familial d'Annie Ernaux. Entretien de Loreto Cantón et David Ernaux-Briot." *THÉLÈME: Revista Complutense de Estudios Franceses*, vol. 39, no. 2, 2024, p. 249–250.

Delaunois, Alain. "Interview téléphonique d'Annie Ernaux." *Se perdre dans l'écriture de soi*, edited by Danielle Bajomée and Juliette Dor, Klincksieck, 2011, p. 151–161.

Ernaux, Annie. *Le Vrai lieu*. Gallimard, 2014.

Ernaux, Annie. *L'Atelier noir*. Éditions des Busclats, 2011.

Ernaux, Annie. *Les Années*. Gallimard, 2008.
Ernaux, Annie. *La Honte*. Gallimard, 1997.
Ernaux, Annie. *Journal du dehors*. Gallimard, 1993.
Ernaux, Annie. *Une femme*. Gallimard, 1987.
Ernaux, Annie. *La Place*. Gallimard, 1983.
Ernaux, Annie. *La Femme gelée*. Folio, 1981.
Ernaux, Annie, and Frédéric-Yves Jeannet. *L'Écriture comme un couteau*. Stock, 2003.
Film at Lincoln Center. "Annie Ernaux and David Ernaux-Briot on *The Super 8 Years*." NYFF60. *YouTube*, 13 October 2022, https://www.youtube.com/watch?v=XokZGrhpcI4&list=PL2NPq7rhrb3smXY7GEpdOo%20%20%20%20%20%09mlb%20SSYI7UMJ&index=30 Last access 08/14/2024.
Fresnault-Deruelle, Pierre. *L'Éloquence des images: images fixes III*. PUF, 1993.
Gabriel, Jean-Benoît. "Cinématographie de l'écriture chez Annie Ernaux." Fabula / les colloques, "Annie Ernaux, les écritures à l'œuvre," 2020. https://doi.org/10.58282/colloques.6653 Last access 09/05/2024.
Hugueny-Léger, Élise. "Le Romanesque cinématographique de *Mémoire de fille*." *Littérature*, vol. 2, no. 206, 2022, p. 45–57 https://www.cairn.info/revue-litterature-2022-2-page 45.htm Last access 07/15/2024.
Hugueny-Léger, Élise. "Une mise à distance du réel—sur *Les Années Super 8* d'Annie Ernaux et David Ernaux-Briot." *Analyse d'opinion critique* (AOC). 15 décembre 2022. https://aoc.media/critique/2022/12/14/une-mise-a-distance-du-reel-sur-les-annees-super-8-dannie-ernaux-et-david-ernaux-briot/ Last access 08/15/2024.
Leblanc, Julie. "*Ekphrasis*, Illustration, and Adaptation: Annie Ernaux's Intermedial Autobiographic and Photographic Production." *Ekphrasis, Illustration and Adaptation. Palgrave Studies in Adaptation and Visual Culture*, edited by Shannon Wells-Lassagne and Sophie Aymes, Springer International Publishing, 2024, p. 153–174.
Les Années Super 8. Directed by David Ernaux-Briot, Pelléas, 2022.
Newell, Kate. *Expanding Network Adaptations. From Illustration to Novelization*. Palgrave Macmillan, 2017.
Quinzaine des cinéastes. "Q&A *Les Années super* 8 / *The Super 8 Years*." Quinzaine des cinéastes, May 24, 2024. YouTube https://www.youtube.com/watch?v=RhqqCmWIj4I&list=PL2NPq7rhrb3smXY7GEpdOomlbSSYI7UMJ&index=28 Last access 01/14/2025.
Ricœur, Paul. "Définition de la mémoire d'un point de vue philosophique." *Pourquoi se souvenir?*, edited by Françoise Barret-Ducrocque, Grasset, 1999, p. 28–32.
Rippl, Gabriele, editor. *Handbook on Intermediality. Literature—Image—Sound—Music*. De Gruyter, 2015.
Tondeur, Claire-Lise. "Entretien avec Annie Ernaux." *The French Review*, vol. 69, no. 1, 1995, p. 37–44.

9

Sara Fgaier, une réécriture cinématographique des *Années* d'Annie Ernaux : Décontextualisation, réénonciation et poétique de la trace

Benoît Monginot

Abstract This chapter argues that Sara Fgaier's *Gli anni* (2018) profoundly reinterprets and offers a radically oriented interpretive reading of *Les Années*. We define the film's trace poetics, emphasizing the indexical status and the materiality of archival documents, the latter characteristic creating an elegiac tone that amplifies tragic memory at the expense of a critical approach to the document. Finally, the study examines tensions between critical objectification in Ernaux and subjective appropriation in Fgaier.

Keywords *Found footage film* – narrative identity – re-enonciation – rewriting

Gli anni[1] (2018) est un court-métrage de Sara Fgaier, une réalisatrice, monteuse et productrice italienne d'envergure nationale. Il s'agit de l'aboutissement d'un travail de recherche-création financé en 2017 dans le cadre de la première édition du projet *Re-framing home movies*, une initiative culturelle qui propose des parcours de formation et de production cinématographiques visant à promouvoir la connaissance et la valorisation des films familiaux et amateurs[2]. D'une durée de vingt minutes, cette création d'une beauté confondante consiste en un montage de films privés provenant de l'*Archivio della Società Umanitaria* (Cineteca Sarda) et de l'*Archivio Superottimisti* (Associazione Museo Nazionale del Cinema) ainsi que d'images composées *ad hoc* par la réalisatrice. L'œuvre s'inscrit ainsi dans la tradition des *found footage films*. Une bande son réalisée par Riccardo Spagnol et Paolo Segat et une lecture, par la réalisatrice, d'extraits

1 L'abréviation GAF servira à désigner exclusivement le film *Gli anni* de Sara Fgaier tandis que GA indiquera la version italienne du texte d'Ernaux, dans la traduction de Lorenzo Flabbi. Je remercie Sofia Frattini, dont le mémoire de mastère (U de Turin) s'intitule « *Gli anni* di Annie Ernaux e Sara Fgaier : un confronto » (2024), de m'avoir fait découvrir Fgaier.

2 Cf. le site de l'association fondée en 2020 dans la lancée des premières éditions : https://www.reframinghomemovies.it/associazione Dernier accès le 21/11/2024.

© 2026 KONINKLIJKE BRILL BV, LEIDEN | HTTPS://DOI.ORG/10.1163/9789004760219-011

des *Années* d'Annie Ernaux accompagnent le défilement des images. Voici la présentation du film donnée par le site de la maison de production Dugong Films :

> Une femme donne voix au texte des *Années* d'Annie Ernaux, quelques fragments recueillis sur les rivages d'une Sardaigne hors du temps. Ni les mots ni les images ne prétendent épuiser le récit de son histoire : les lieux du passé émergent comme les reflets d'une mémoire fragmentaire et changeante, investis par une lumière neuve. Des gestes, des visages, des scènes de vie partagée en famille, sont réagencés et désancrés de leur contexte d'origine pour devenir la matière expressive d'une confession qui est à la fois découverte de soi et récit collectif. Une promesse à renouveler, inscrite dans l'échange entre archive et parole[3].

Ce synopsis met déjà en évidence un certain nombre de ressemblances entre le texte d'Annie Ernaux et l'œuvre de Sara Fgaier : l'un comme l'autre se pensent comme des œuvres de mémoire situées à la lisière de l'autobiographie (la « confession » ici mentionnée) et d'un « récit collectif »[4] ; ils procèdent tous deux par agencement d'éléments épars et disparates (gestes, formules, scènes, photographies, etc.) dans la perspective heuristique d'une révélation[5] d'une forme de lisibilité dans l'anomie des accumulations de l'archive.

À ces similitudes, il faut ajouter la composition chronologique d'un récit orienté qui laisse apparaître les grandes étapes d'une vie de femme ainsi résumées par Fgaier dans un entretien accordé à Alma Mileto et dans lesquelles on reconnaît certains des éléments charnière de la vie d'Ernaux évoqués dans *Les Années* :

> Le film est divisé en trois parties, toutes centrées sur la figure féminine : l'enfance/ la jeunesse qui mène au mariage ; le sentiment de stagnation dû à la dépendance à l'égard du personnage masculin qui ne permet pas à la femme de s'exprimer,

3 Je traduis ici, comme dans la suite de l'article sauf mention contraire, tous les originaux italiens. https://www.dugong.it/project/gli-anni/ Dernier accès le 27/12/2024.

4 Le projet d'Ernaux se réfléchit ainsi dès la troisième séquence des *Années* : il s'agit, par l'écriture, de « capter le reflet projeté sur l'écran de la mémoire individuelle par l'histoire collective » (LA 56), ce qui se formulera, à la fin du livre comme une tentative de « reconstituer un temps commun, celui qui a glissé d'il y a si longtemps à aujourd'hui – pour, en retrouvant la mémoire de la mémoire collective dans une mémoire individuelle, rendre la dimension vécue de l'Histoire » (LA 251).

5 Voir, chez Ernaux, la réflexion autour du pouvoir heuristique de la « sensation palimpseste » et sa confrontation avec le travail d'un effort critique de recherche des structures des données de l'expérience (LA 213-214, 250).

> d'où la décision de divorcer ; le retour à l'unité individuelle, la récupération de la liberté originelle de l'adolescente, vécue avec la conscience et l'expérience de la maturité. Bref, la construction d'une identité, la dialectique nécessaire entre un être humain singulier et celles et ceux qui l'entourent, la solidification d'un « je ». (Mileto « Conversazione » n.p.)

Enfin, la réflexivité d'un texte qui raconte aussi bien les années d'une vie que le lent processus de maturation qui a permis la formation du récit, s'arrêtant ici et là sur le présent et les modalités de son écriture[6], trouve une correspondance visuelle dans le film quand, par deux fois (GAF 3'46, 15'20), la réalisatrice et monteuse insère des séquences dans lesquelles des images (filmées, photographiées ou photocopiées) de ses mains rappellent aux spectateur.ice.s l'artisanat de la création filmique.

Il ne faut pourtant pas s'y tromper : en dépit de la reprise tel quel du titre et de fragments des *Années*, le travail de Fgaier n'est ni une simple adaptation, ni même une transposition. Son projet artistique déplace et transforme radicalement celui de l'autrice. Il en propose une lecture partiale et nettement orientée. J'essaierai de présenter ici une caractérisation de cette lecture et d'en cerner les principales inflexions. Dans les deux premiers temps de mon exposé, j'analyserai le traitement que subit le texte original et les effets signifiants de la réécriture de Fgaier. Comme on le verra d'abord, le texte d'Ernaux, lu par la réalisatrice, fait l'objet non seulement d'un inévitable processus de sélection et de montage qui permet de scander les étapes du schéma narratif mentionné plus haut, mais aussi d'un travail systématique de décontextualisation qui vise à mettre en évidence les traits archétypaux d'une expérience du temps déjà présents dans l'œuvre de l'autrice mais avec moins de relief. Je montrerai ensuite comment la réalisatrice effectue une réénonciation radicale du texte d'Ernaux qui s'inscrit dans une logique d'investissement subjectif du discours (verbal et filmique) qui tranche avec la distanciation énonciative qui préside au geste critique des *Années*. Enfin, j'essaierai d'établir que les opérations effectuées par Fgaier aboutissent à une insistance sur le statut indiciel des documents d'archive et donnent au film une tonalité affective fortement élégiaque. Au terme de ces développements, je proposerai une brève tentative de définition de deux processus d'identification narrative que tout semble opposer.

---

6 Dans le texte les références au processus de réflexion sur l'écriture des *Années* sont plus nombreuses que celles qui évoquent le présent même de l'écriture qui ne deviennent plus fréquentes qu'à la fin du livre.

1 Décontextualisation et expérience archétypale du temps

Une des différences majeures entre les deux œuvres relève du traitement de la référentialité historique. Là où l'écrivaine tâche d'ancrer référentiellement «les images de sa mémoire pour détailler les signes spécifiques de l'époque, l'année, plus ou moins certaine, dans laquelle elles se situent» (LA 250-251), Fgaier met en œuvre un véritable caviardage du texte original qui tend à éliminer tout détail susceptible de rapporter les énoncés à une situation identifiable. Exemple emblématique de cette réélaboration textuelle, vers la fin du film (GAF 18'23), la voix de la réalisatrice dit le passage suivant en omettant le complément circonstanciel de temps (ici barré mais présent dans la traduction de Flabbi) pourtant absolument essentiel à la définition du travail d'Ernaux: «Ce qui compte pour elle, c'est au contraire de saisir cette durée qui constitue son passage sur la terre ~~à une époque donnée~~, ce temps qui l'a traversée, ce monde qu'elle a enregistré rien qu'en vivant» (LA 250). Un tel effacement de la référence à l'époque fait système avec le gommage des détails qui permettent, chez Ernaux, la construction d'une perspective socio-historique. Ainsi, dans la lecture de l'incipit, dont la réalisatrice conserve seulement l'idée d'une disparition annoncée de toutes les images, elle décide d'omettre la liste des images singulières, issues d'une mémoire personnelle ou collective, donnée par Ernaux dans son livre. Les exemples d'une telle réorientation du texte sont nombreux. Je mentionnerai encore, pour illustrer mon propos, la scène émouvante d'une ronde de femmes et d'enfants en bord de mer, accompagnée de la lecture du texte suivant: «Je regarde des silhouettes imprécises de femmes, seules ou accompagnées d'enfants. Je les vois comme des images de moi, détachées, désemboîtées les unes des autres à la manière des poupées russes. Je cherche sur leurs visages les signes du bonheur ou du malheur. Comment font-elles?» (GAF 14'20).

Le passage est composé de deux morceaux prélevés respectivement dans un paragraphe de la séquence consacrée au début des années 1990 (LA 186) et dans celle couvrant le début des années 1980 (LA 147). Dans le texte original, le premier morceau (les deux premières propositions de la citation) évoque une rêverie de la narratrice laquelle, observant des femmes en train de faire leurs courses à l'hypermarché, se revoit ou s'imagine elle-même à différents âges; le second parle de la curiosité inquiète de la narratrice pour les femmes de son âge qui semblent capables de supporter une existence conjugale qu'elle-même ne tolère plus. Sans souci de chronologie, Fgaier recompose le texte en fonction d'un principe thématique très général (les deux passages parlent du regard que la narratrice porte sur d'autres femmes, y mesurant sa propre existence). Ce faisant, elle évacue le temps, le lieu et l'objet précis de scènes qui consti-

FIGURE 9.1 Capture d'écran du film *Gli Anni* de Sara Fgaier

tuent pourtant autant de jalons auto-socio-biographiques du texte ernausien puisqu'elles s'y insèrent dans différentes séries de réflexions socio-politiques sur les lieux de la consommation ou sur l'aliénation des femmes par l'institution patriarcale du mariage.

Comme elle le confie à Alma Mileto, dans son exploitation des *found footages* la réalisatrice est plus sensible à ce qu'elle définit comme des figures archétypales de l'expérience féminine qu'à la nature documentaire des images qu'elle réinvestit :

> dans les prises recyclées, certaines des situations racontées, sans jamais perdre leur consistance historique, parviennent à s'élever à un niveau plus symbolique, archétypal, y compris à partir du plan émotionnel sur lequel elles se jouent, et elles parlent ainsi à la communauté et non plus seulement à l'individu qui les a filmées. (Mileto, « Conversazione » n.p.)

C'est donc à la figuration d'une généralité expérientielle partagée que conduisent les interventions textuelles opérées par la réalisatrice : à l'instar des images d'archives familiales dont la présentation du film explique qu'elles sont « réagenc[ées] et désancr[ées] de leur contexte d'origine », des fragments du texte d'Ernaux se voient déracinés des contextes socio-historiques que l'autrice cherchait à retrouver. Il y a peut-être, dans ce remodelage du texte de départ, la transposition textuelle d'une possibilité poétique du *found footage film*, genre cinématographique qui pose de façon centrale la question du montage (comme compilation, collage ou appropriation[7]). Plus généralement, on peut apercevoir dans cet effet de décontextualisation un phénomène présent dans toute opération de citation, qu'elle soit filmique ou textuelle[8]. Cependant, il me semble nécessaire de caractériser les modalités mises en œuvre par Fgaier. Celles-ci, en effet, bien qu'elles semblent faire écho à la pratique du montage citationnel ernausien[9], s'en distinguent en cela que leur portée heuristique n'a plus rien de la recherche d'une lisibilité sociologique et critique du disparate des éléments culturels auquel un sujet historique est confronté au cours de son existence.

Ainsi, la scène de la ronde permet de mettre en évidence un des aspects presque intemporels présent dans la scène ernausienne de l'hypermarché, aux dépens de ses caractéristiques référentielles et de leurs implications. Les lignes qui suivent l'image de la matriochka, et que la réalisatrice choisit de ne pas lire, continuent ainsi dans le livre :

> Elle se représente ici, dans dix ou quinze ans, le caddie rempli de confiseries et de jouets pour des petits-enfants qui ne sont pas encore nés. Cette femme lui paraît aussi improbable qu'à la fille de vingt-cinq ans paraissait la femme de quarante qu'elle ne pouvait même pas imaginer être un jour et qu'elle n'est déjà plus. (LA 186)

On a là une représentation des âges de la vie que la ronde des femmes et des enfants pourrait illustrer à l'écran, en l'absence du texte qui n'est pas lu par la réalisatrice. Cette représentation peut être rattachée à une longue tradition de réflexion sur la temporalité de la condition humaine et ce sont bien ces cadres temporels partagés de l'expérience subjective qui semblent intéresser la réalisatrice davantage que l'historicité contextualisée de toute expérience. De là

7 Sur cette tripartition générique des *found footage films*, voir William Wees (35).

8 « collage/montage begins with the artist tearing pieces out of context or picking them out of the cultural 'garbage heap.' It is useful, in this regard, to recall Walter Benjamin's observation that, 'interruption is one of the fundamental methods of all formgiving. It reaches far beyond the domain of art. It is, to mention just one of its aspects, the origin of the quotation. Quoting a text implies interrupting its context' » (Wees 53).

9 Sur la question de la représentation du discours autre dans *Les Années*, on pourra se reporter à Véronique Montémont, Alain Rabatel et Benoît Monginot (« Politisation »).

l'impression que l'effacement des données socio-historiques a pour fonction de souligner des données anthropologiques sinon universelles, du moins plus générales, qui constituent bien une part, mais une part seulement, du texte ernausien.

> N'est-ce pas ce qu'indiquait déjà la citation mise en exergue du film ?
> Écrire pour lutter contre la longue vie des morts.
> Se débarrasser des ombres.
> Et mettre un peu de vie de côté, en nous sauvant de notre disparition future.
> C'est déjà ça le salut. (GAF 00'31)

Celle-ci ne provient pas du texte des *Années* comme cela a parfois été affirmé par erreur. Il s'agit en réalité d'un *montage* textuel réalisé à partir d'une réponse d'Ernaux à une question (pour le moins générale sinon essentialisante) de Marco Missiroli dans un entretien qui tend justement à effacer le versant sociologique du projet ernausien pour en interroger exclusivement les aspects mémoriels et rituels. Quand le romancier demande à Ernaux en 2012 « Que doit faire la littérature ? », cette dernière lui répond :

> Elle doit se débarrasser des ombres. Et mettre de côté un peu de vie, en nous sauvant de notre disparition future. C'est déjà ça le salut. Je ne veux pas me concentrer sur une foi, je ne veux pas faire de clin d'œil au lecteur, je ne peux pas concevoir des œuvres qui flattent l'opinion publique [...]. Écrire, sans penser à ce que les autres diront : voilà ce que je demande. Écrire dans le silence de ma maison, seule, pour lutter contre la longue vie des morts. (Missiroli n.p.)

Cette citation selon laquelle le fait littéraire serait voué à un pur sauvetage mémoriel induit et étaye une lecture partiale des *Années* qui tend à en occulter le versant critique, la volonté d'agir dans et par la langue contre ce qui révolte l'autrice, toutes choses que celle-ci affirme pourtant avec force (LA 252). Ce point de vue sur l'œuvre entre d'ailleurs en résonnance avec une forme de mélancolie mémorielle dont on sait que les *found footage films* y puisent souvent leur inspiration[10].

10 Voir Marco Bertozzi (2008, 264 ; 2012, 17).

2 Réénonciation

Au même titre que le recyclage des images d'archive, le montage textuel opéré par la réalisatrice représente un réinvestissement à nouveaux frais d'un matériau verbal : il constitue, à partir des traces d'une première énonciation, une énonciation nouvelle qui, dans le cas qui nous occupe, ne se superpose que partiellement avec l'énonciation d'origine. On peut affirmer que la réécriture ici représente un cas de représentation du discours autre et qu'elle marque une différence au moment même où elle se rapporte au texte qu'elle réélabore, même quand n'est pas explicitement signalée l'hétérogénéité discursive qui la constitue[11]. Plus généralement, le matériau signifiant, verbal ou imaginal, réinvesti par la réalisatrice est ainsi déplacé par rapport à ce qui en constituait le contexte pragmatique originel. Le réinvestissement s'effectue donc sur trois plans : une interprétation et une réélaboration du texte (premier plan), un montage signifiant des séquences filmiques (deuxième plan), une interprétation réciproque des images par le texte et du texte par les images sélectionnées (troisième plan)[12].

Au plan textuel, cette réénonciation se manifeste par une modification des choix énonciatifs d'Ernaux. À la troisième personne qui désigne la narratrice dans le texte, Fgaier substitue la première personne, comme s'il s'agissait de signifier un réinvestissement personnel du texte de départ. Ainsi, au processus de dépersonnalisation et d'écriture transindividuelle de l'autrice semble répondre une tentative d'identification de la réalisatrice. On pourrait voir là comme l'effet d'une prédisposition explicite du texte, du fait qu'il appelle déjà, presque programmatiquement, une transénonciation. En effet, comme le rappelle Alain Rabatel, le texte d'Ernaux se fonde sur une « désinscription narrative » et présente un « je » narrant et un « je » narré qui « perdent de leur glu factuelle pour devenir une forme vide propre à partager les émotions, les expériences et le savoir qu'on en retire. L'objet (y) apparaît d'emblée comme une expérience partagée » (112). C'est sans doute cette caractéristique de l'écriture des *Années* qui en facilite le réinvestissement et la réénonciation par les lecteur.ice.s.

---

11 Voir Jacqueline Authier-Revuz (1984, 105-106 ; 2004, 53).

12 Sur cet aspect du film de Fgaier, je renvoie à l'article de Mileto qui aborde de façon très suggestive la question du rapport herméneutique entre voix off et image, affirmant ainsi que, dans le film, « c'est la voix qui inscrit l'image dans un autre espace-temps, qui rencontre précisément dans cette altérité l'opération créatrice de qui, dans un autre temps, entreprend à l'intérieur de ce répertoire un nouveau chemin de connaissance de soi » (Mileto « Immagini » 172).

Précisons que la réénonciation opérée par Fgaier n'est pas une répétition du même. À la distance sans médiation du texte ernausien[13], Fgaier substitue une subjectivisation qui rapatrie les énoncés vers l'expérience individualisée d'un sujet qui se dit à la première personne. Cela explique que la plus grande partie des fragments prélevés dans *Les Années* se réfèrent aux passages qui parlent de la narratrice à la troisième personne du singulier, à l'exclusion de toutes les mentions de sujets collectifs. L'enjeu est encore une fois de marcher dans les pas du récit d'Ernaux en élimant toutes les aspérités référentielles qui feraient obstacle à une réénonciation personnelle. Là où le travail de l'écrivaine, grâce à un effort de distanciation, tendait analytiquement à mettre en évidence les conditions socio-idéologiques d'un vécu exhibant ici ou là les stéréotypies constitutives de toute parole personnelle[14], là où son geste était proche de celui de « l'histoire des mentalités dans ce désir de dire les transformations des représentations et des pensées, des façons de faire et des manières d'être » (Demanze 51), il semble que Fgaier tente de conjurer toute distance critique, effaçant par là même la thématisation insistante d'un conditionnement social de la narratrice.

Un exemple particulièrement significatif de cela est donné à la minute 2'50, quand, au terme de la lecture de l'incipit, comme pour ouvrir le récit, la voix off lit la phrase suivante : « Mon histoire est l'histoire d'un amour ». Dans le texte d'Ernaux, il s'agissait d'une des citations de la deuxième partie de l'incipit, indiquée en italiques (LA 17). Évoquant l'interprétation par Dalida (1957) de la traduction d'un célèbre boléro écrit et composé par Carlos Eleta Almarán (1955), dans son contexte d'origine cette formule était aussi bien une référence culturelle d'époque qu'une indication de la circulation de formes-sens capables de nourrir l'imaginaire romanesque des sujets. Or dans le film, la dimension citationnelle de la phrase n'est rien moins qu'évidente. Rien dans la diction de Fgaier n'indique un quelconque décalage énonciatif et la position stratégique de la formule à la fin de l'incipit conduit plutôt à une interprétation co-référentielle intratextuelle : « mon histoire, celle que vous allez entendre, est celle d'un amour ». Au passage de la troisième à la première personne s'ajoute donc celui de la mention à l'usage. Il est d'ailleurs particulièrement significatif que cette citation, indécelable à l'oral, insiste sur la dimension narrative, sinon romanesque du film, dont on a vu déjà que la réalisatrice l'a structuré comme

---

13 Sur ce point, voir Rabatel. Selon le linguiste, dans *Les Années*, il y aurait distance parce que désinscription énonciative, immédiation car jeu empathique sur les valeurs aspectuelles de l'imparfait ou du présent de narration qui ressaisit les processus à partir d'une intériorité de leur déroulement.

14 Voir Monginot (« Formules » § 36).

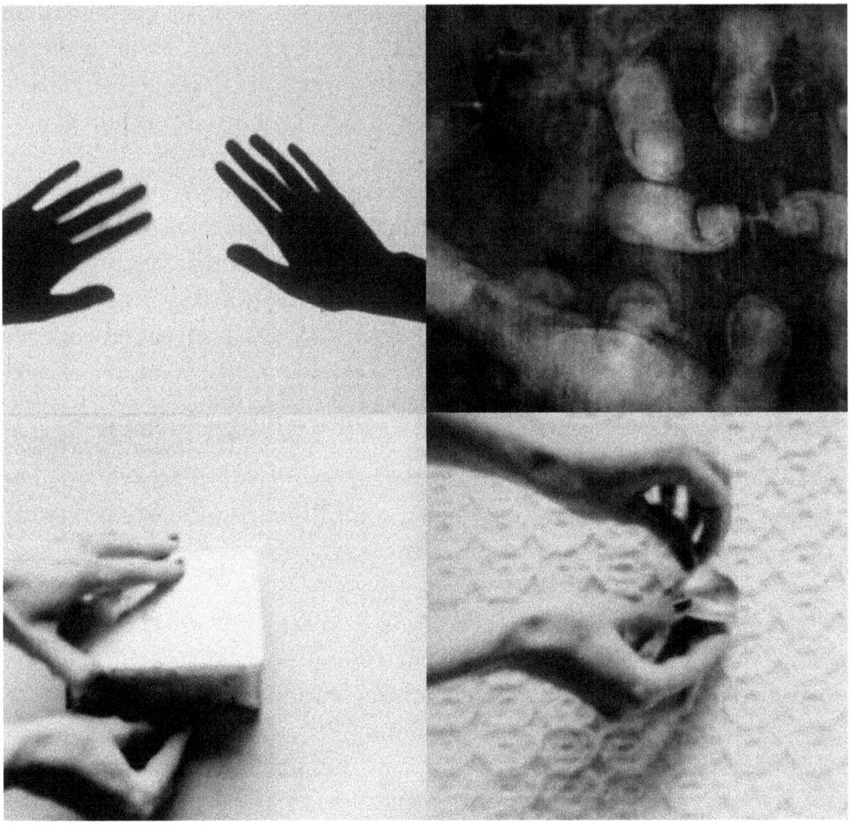

FIGURE 9.2 Capture d'écran du film *Gli Anni* de Sara Fgaier

un récit en trois étapes. Or, n'était-ce pas en effet la narrativité qui était devenue presque indécelable au sein du dispositif pléthoriquement citationnel mis en œuvre dans *Les Années* puisque l'autrice s'attachait, dans un décalage énonciatif constant, « à brosser au premier plan ce que l'historien a longtemps tenu en arrière-fond de la fresque événementielle » (Demanze 51) ?

À l'objectivité des photos de soi que la narratrice commente dans le livre de manière distanciée, on pourrait opposer de la même façon les images des mains de la réalisatrice qui peuvent parfois rappeler une perception subjective du corps, comme en première personne, les mains étant ce qui, de notre corps, est le plus évidemment dans notre champ de vision[15].

15 Comme me le suggèrent les éditrices du volume, il serait intéressant de comparer l'interprétation sociologique des photographies de parents ouvriers d'Ernaux dont les mains évoquent plus largement l'épreuve du travail à l'impression d'intimité des images des mains de Fgaier. Voir Ernaux, « Parmi les rares photos de famille… ».

On y verrait à bon droit une tentative de refuser l'extériorité supposée des représentations et d'y substituer une phénoménologie des images, une saisie incarnée du visible, selon un geste déjà à l'œuvre dans la réénonciation cathectique des images d'archive et du texte des *Années* par le montage et la réécriture. La cathexis (terme utilisé par James Strachey pour traduire la *Besetzung* freudienne, aussi traduite en français par « investissement ») est « le fait qu'une certaine énergie psychique se trouve attachée à une représentation ou un groupe de représentations, une partie du corps, un objet, etc. » (Laplanche et Pontalis, 211).

On voit donc comment le texte original et sa lecture-reconfiguration par Fgaier s'opposent selon une manière de chiasme. Du livre au court-métrage, la dépersonnalisation énonciative laisse place au retour d'une énonciation à la première personne qui confère au film l'aspect d'un journal intime. Mais ce que la réécriture de Fgaier gagne en ancrage énonciatif, elle le perd du point de vue des références informationnelles historiques et culturelles, dont on a vu qu'elles sont systématiquement écartées. Pour le dire autrement, à la dépersonnalisation du récit ernausien (qui aboutit presque à l'élision de la narration, faute de personnage), répond l'investissement individuel de la réalisatrice (et l'idée que se dit là *une* histoire). À la particularisation et à l'accumulation des éléments du monde, de 1940 aux années 2000, s'oppose sa réduction à la généralité d'une expérience archétypale par l'effacement des spécificités contextuelles du document (textuel, mais aussi imaginal).

3 Du document à la trace

Or, c'est sans doute le traitement des documents qui permet de synthétiser la différence de perspective entre les deux œuvres. Chez Fgaier, le statut du document d'archive est donné à travers sa relation avec la voix narrante. Cette relation pourrait sembler en premier lieu de nature illustrative : la correspondance thématique entre les contenus de la voix off et l'image est fréquente. Les exemples sont extrêmement nombreux : on pensera à la danse sensuelle d'une jeune femme (GAF 2'06) qui donne corps au syntagme tout juste prononcé « desiderio sessuale » (désir sexuel), à l'apparition de l'image d'un couple lorsque la narration se concentre sur l'expérience de la conjugalité (GAF 5'10) ou encore à la séquence consacrée au déjeuner de famille (GAF 5'36) dans laquelle les images d'un repas de fête correspondent étroitement au texte lu. Parfois cette relation illustrative advient *in absentia*, quand une image est chargée de représenter des passages du livre que la réalisatrice a choisi de couper. Nous en avons déjà vu un exemple plus haut et pourrions mentionner les différentes images en contrejour (3'04-4'05 : silhouettes se profilant devant l'entrée d'une grotte, femme en bord de mer dont le visage n'est pas distinguible, photocopies des mains de la réalisatrice) qui précèdent la lecture d'un passage (GAF 3'50) pris dans un paragraphe qui continue ainsi, « Dans ces chambres, elle ne se revoit jamais avec la netteté d'une photo, mais de façon floue, comme dans un film sur une chaîne cryptée, une silhouette, une coiffure, des mouvements » (LA 187). Ici, les contrejours signifient visuellement la notation d'une mémoire lacunaire présente dans le texte écrit mais omise par la voix off.

Pourtant, la reconnaissance d'une telle dimension illustrative est loin de rendre compte du statut des documents d'archive dans le film. Parce que l'opération de collage qui assemble les éléments filmiques reste toujours manifeste et que rien n'est fait pour la maquiller, à l'unité et à la cohérence de la voix narrante s'opposent, narrativement, le disparate des figures représentées et, matériellement, l'hétérogénéité des supports dont elles proviennent. Un premier décalage énonciatif se produit entre l'intégration des images dans la narration guidée par la voix off et leur contexte d'origine. Un deuxième décalage a lieu entre la fonction d'usage de ces images (comme représentation d'un référent) et leur sollicitation en mention, comme discours filmique représenté, cité, dans le montage. Du fait de ces décalages, l'image est aussi bien un support de projection et de re-signification relativement modelable permettant d'illustrer une narration, qu'une illustration d'emblée approximative de cette même narration, une image sinon forcée, du moins détournée. De là vient également qu'elle puisse apparaître comme une représentation dont le sens ne soit plus à chercher référentiellement (comme ce pourrait être le cas dans un film privé en contexte familial), mais dans la considération du fait même qu'elle soit une représentation. Comme le remarque William Wees,

> by incorporating disparate materials found, rather than made, by the artist, and by dispensing with long-respected principles of coherence and organic unity in art, collage changed the basic rules of artistic representation – or what Marjorie Perloff calls referentiality : « The question of referentiality inherent in collage thus leads to the replacement of the signified, the objects to be imitated, by a new set of signifiers calling attention to themselves as real objects in the real world. ». (45-46)

Aussi, les images du film de Fgaier, si elles ont bien une fonction d'illustration thématique, valent-elles tout autant par la considération réflexive de la chose qu'elles sont : leur mobilisation par collage performe un sens réflexif au-delà de la direction narrative qui leur sert de cadre. Le contenu de cette réflexi-

FIGURE 9.3 Capture d'écran du film *Gli Anni* de Sara Fgaier

vité semble assez clairement déterminé : parce que son découpage/montage du texte insiste davantage sur la dimension mémorielle et temporelle que sur la discursivité sociologique du livre d'Ernaux[16], la construction proposée par la réalisatrice fait apparaître leur statut de trace. Pour le dire autrement, derrière la dimension illustrative perce l'impression que l'intégration narrative des documents d'archives qu'elle recycle n'est que partielle et que résiste, inassimilable et infra-discursif, la désignation de la dimension sémiotique de l'image comme *trace* d'un ça a été.

En soutien de cette interprétation, je ferai l'hypothèse qu'il y a, dans le film, quelque chose d'une rêverie de la trace : les images en négatif, en contrejour et les décalques du corps par la photocopieuse manifestent un intérêt de la réalisatrice pour l'image considérée comme empreinte des corps.

16 Cf. section 1.

La dernière phrase du texte lu par la réalisatrice – saisir la durée qui constitue son passage sur la terre (GAF 18'23), citée plus haut – n'en témoigne-t-elle pas, qui invite à considérer la mémoire comme une forme d'enregistrement[17], selon un imaginaire machinique et processuel qu'une cinéaste ne peut manquer de s'approprier ?

La tonalité élégiaque nettement plus sensible chez Fgaier que chez Ernaux – bien que, chez cette dernière, un *lamento* poignant résonne à plusieurs reprises, notamment dans l'incipit et l'excipit du livre – est à mettre aussi au compte d'une telle réflexivité qui insiste autant sur la matérialité singulière des images en-deçà de leur interprétabilité en termes de savoir socialisé. Parce que le signe indiciel, davantage que le symbole ou l'icône, pour reprendre la célèbre triade de Charles Sanders Peirce, fait signe en vertu d'une contiguïté au référent qu'il désigne, contiguïté fugace (sans quoi l'indice ne serait plus un signe). Cela implique l'inéluctable vieillissement de la trace, toujours matérielle et incarnée, non reproductible et donc non rénovable, un vieillissement (prédigital) que Fgaier manifeste aussi bien à travers l'exhibition de films abîmés (00'50) que par un travail sur l'image qui en souligne ou en accroît la fragilité matérielle (13'00, cf. figure 4) et souligne le devenir fantôme des figures imprimées sur la pellicule. La narration de soi s'aventure alors sur fond de ruines, selon une poétique mélancolique de l'archive comme reste.

Bien entendu, il y a déjà quelque chose de cet ordre-là dans le traitement ernausien des photographies dans *Les Années*[18]. Parfois la description des images qui ouvrent chacune des séquences du livre a quelque chose de la notation tragique ou mélancolique d'un ça a été irrécupérable ou inassimilable que le commentaire discursif ne peut intégrer : ainsi de cette description de deux photographies de 1944 qui se conclut, comme pour la mettre en relief,

---

17 La métaphore cinématographique de la mémoire comme enregistrement par impression ou par projection du monde sur le corps du sujet, considéré comme pellicule ou comme écran est récurrente dans le texte des *Années*. Le projet du livre sera ainsi de « capter le reflet projeté sur l'écran de la mémoire individuelle par l'histoire collective » (LA 56). Cette métaphore dit une forme de passivité de l'expérience du monde par le sujet, passivité qui va de pair avec une conception sociologique de l'hétéronomie du sujet, conception prégnante dans le texte et qui invite à considérer les processus de subjectivation davantage que les représentations illusoires d'une autonomie subjective (Monginot, « Politisation » 109-112).

18 Il revient à Michèle Bacholle (63-128) d'avoir indiqué la présence constante d'un imaginaire et d'une poétique des signes indiciels dans l'œuvre d'Ernaux. De l'empreinte involontaire et précaire à la trace délibérée signifiant une volonté de fixation dont le journal et l'œuvre littéraire sont des exemples d'un degré de publicité croissant, la rêverie ernausienne de l'indice constitue la toile de fond qui confère à ses récits une manière de tragique temporel.

FIGURE 9.4 Capture d'écran du film *Gli Anni* de Sara Fgaier

sur la notation d'un détail anodin, la présence d'une épingle restée accrochée sur un fil à linge (LA 22), ainsi de la description d'une photo de classe (année 1958-1959) qui insiste sur ce que l'image n'a pu conserver et sur le fait que les visages, «alors familiers», apparaissent désormais comme «une triple rangée de fantômes aux yeux brillants et fixes» (LA 78). Mais cette étrangeté de la photographie due à la distance temporelle, à la disparition des référents ou à leur insignifiance énigmatique[19] pour l'analyse socio-historique, si elle n'est pas

19 Une telle sensibilité à l'énigme des référents de l'archive anime le travail de Fgaier qui confie à Mileto: «Il y a toujours un point que je qualifierais de 'mystérieux' dans les films de famille, et c'est cette trace qui suscite chez le spectateur [*sic*] la sensation d'un décalage entre ce qui est représenté (une famille heureuse, des vacances, un mariage) et une réalité latente, inimaginable, cachée entre les plis de l'image. En d'autres termes, une image

niée, est du moins tempérée par un travail de glose qui la réinscrit dans une réflexion sur les pratiques dont elles témoignent : la photo de 1944 figure ainsi comme exemple d'un rituel social consistant en la mise en scène d'images familiales vouées à circuler dans le cercle des proches parents (LA 21-22), la photo de classe, quant à elle, est commentée et comme complétée par la récupération des informations qu'elle ne contient pas : les pensées de la jeune Annie, la description des relations internes au groupe représenté, l'interprétation de signes d'une hexis de classe informative de la composition sociologique de la classe, etc. (LA 77-79). La photographie est alors traitée comme un document : à qui sait la regarder, elle dit quelque chose de quelque chose, dépassant son statut d'empreinte. Sa valeur est alors autant indicielle que discursive et documentaire. Ce qui point singulièrement est alors dépassé vers le dégagement d'un savoir partagé et communicable, le *punctum* s'émoussant dans la patiente application du *studium* (Barthes 48-49).

On mesure peut-être mieux à présent l'originalité du travail de Sara Fgaier. Sa lecture-réécriture du livre d'Ernaux participe d'une poétique complexe fondée sur une décontextualisation et une appropriation subjective du texte et des images dont elle scrute mélancoliquement le caractère de trace. Le contraste avec Ernaux est net puisque Fgaier prend le contrepied d'une écriture de la restitution documentaire des spécificités historiques, d'une énonciation dépersonnalisée et de la visée d'une édification d'un savoir partagé de l'expérience vécue de l'histoire. Les choix de la réalisatrice constituent le cadre de ce que Mileto a appelé une « identification projective » (« Immagini » 179), la projection d'un récit intime dans l'assemblage de signes hétérogènes. Et de fait, le court-métrage a quelque chose du journal, comme s'il parcourait le chemin inverse[20] de celui d'Ernaux, laquelle, dans *Les Années*, utilise sans complaisance la matière de ses journaux intimes en tâchant de s'en distancier de manière critique, sur un mode qui confine souvent au genre de l'essai.

Pourtant, en dépit de différences plus que significatives, les deux œuvres partagent un questionnement commun. Chacune travaille à sa manière la question du sujet aux prises avec une hétéronomie constitutive. Devant le disparate des traces et le tragique de la perte qu'elles signifient et conjurent tout à la fois, les deux femmes s'interrogent. Tout se passe comme si Ernaux se demandait :

'manquante'. Souvent, surtout lorsqu'il s'agit de femmes, on imagine le contrechamp d'une apparente sérénité : on surprend une agitation dans un temps mort de la prise de vue, un regard différent des autres » (Mileto « Conversazione » n.p.).

20 C'est délibérément le geste accompli par Fgaier qui explique que si le livre « raconte le passage d'un 'je' à un 'nous' », son film « tente d'exprimer l'émergence d'un 'je' à partir d'une multiplicité de sujets différents » (Mileto, « Conversazione » n.p.).

«Qu'est-ce que ça dit de moi?», mettant en lumière, par l'objectivisation de soi, l'extériorité de la troisième personne «elle», l'analyse de ce qui parle dans le sujet: sa dimension sociale, sa considération comme effet du discours, plutôt que comme source absolue d'une énonciation, la recherche des structures idéologiques qui donnent forme à nos modes d'agir et de sentir. «Qu'est-ce que ça dit pour moi?» serait peut-être davantage la question de Fgaier qui entame un processus de projection et d'identification, à la recherche d'une «solidification du je» (Mileto, «Conversazione» n.p.) dans les pas du récit emprunté et épuré d'une émancipation féminine[21].

Mais loin d'aboutir à une réponse résolutoire, ces questions constituent des failles que les œuvres ne suturent pas. La solidification identitaire recherchée par Fgaier semble ainsi davantage un horizon qu'une conquête effective. Le retour du «je» au «elle» dans les dernières minutes du film (GAF 17'25) en est peut-être un symptôme. Tout se passe comme si la voix narrante s'altérait, comme si, de se raconter dans les pas, les mots, les images et la voix[22] d'autres que soi, la recherche d'identité conduisait autant à un investissement subjectif de l'hétérogène qu'à une forme de dépossession et de décentrement. De même, la recherche d'une compréhension des processus socio-culturels de constitution du sujet chez Ernaux n'efface pas la singularité impartageable d'une expérience unique et la perspective critique ne saurait recouvrir le désir têtu de sauver des singularités mémorielles contingentes et inassimilables (Frattini 49), désirs et singularités qui impliquent encore un sujet insubstituable.

On peut alors considérer, comme le faisait déjà Paul Ricœur dans un article resté célèbre, que toute entreprise de connaissance de soi, même lorsqu'elle s'élabore dans les termes extrêmes de récits qui posent une absence de contenus propres du sujet, que ce soit parce que celui-ci n'est qu'une fonction socialement construite ou parce qu'il n'a à sa disposition que les signes des autres, consiste en un travail d'interprétation de soi. Car, comme l'affirme le philosophe:

---

21 Le travail de Fgaier s'inscrit ainsi pleinement dans une tendance contemporaine d'un cinéma italien féminin sinon féministe qui a recours à l'autobiographie comme forme de subjectivation et d'autoconscience. Ce recours à l'autobiographie relève moins d'une affirmation de soi que de ce que Laura Busetta appelle, après Domna Stanton, une autogynographie, entendant par là une écriture autobiographique caractérisée par une identité en devenir, une relation centrale à l'altérité et l'affirmation d'un regard féminin porté sur des archives et une histoire généralement constituées à partir d'un point de vue masculin (Busetta 99).

22 De ce point de vue, la technique de l'hétérodirection, adoptée par la réalisatrice pour la lecture du texte est tout à fait significative: Fgaier lit en écoutant aux écouteurs la voix d'une actrice qui dit le même texte (sur ce point, voir Mileto, «Immagini» 174).

> Nous ne nous intéresserions pas à ce problème de la dissolution et ne serions pas plongés par celle-ci dans la perplexité, si le non-sujet n'était pas encore une figure du sujet, même sur le mode négatif. Quelqu'un pose la question : qui suis-je ? Rien presque rien est la réponse. Mais c'est encore une réponse à la question *qui*, simplement ramenée à la nudité de la question. (Ricœur 302)

De ce point de vue, on pourrait sans doute affirmer que des entreprises aussi radicales que celles d'Ernaux et Fgaier postulent encore, *in extremis*, l'existence inquiète d'un soi, fût-ce celui d'une conscience de l'hétéronomie, capable d'articuler la question *qui*.

Ouvrages cités

Authier-Revuz, Jacqueline. « La Représentation du discours autre : un champ multiplement hétérogène ». *Le discours rapporté dans tous ses états*, édité par J.M. Lopez Muñoz et al., L'Harmattan, 2004, p. 35-53.

Authier-Revuz, Jacqueline. « Hétérogénéité(s) énonciative(s) ». *Langages*, vol. 19, no. 73, 1984, p. 98-111.

Bacholle, Michèle. *Annie Ernaux. De la perte au corps glorieux*. Presses universitaires de Rennes, 2011.

Barthes, Roland. *La Chambre claire : note sur la photographie*. Cahiers du Cinéma-Gallimard-Le Seuil, 1980.

Bertozzi, Marco. *Recycled cinema : immagini perdute visioni ritrovate*. Marsilio, 2012.

Bertozzi, Marco. *Storia del documentario italiano : immagini e culture dell'altro cinema*. Marsilio, 2008.

Busetta, Laura. « Sguardi in conflitto : scrittura femminile e memoria collettiva nel documentario italiano contemporaneo. » *Schermi. Storie e culture del cinema e dei media in Italia*, vol. 2, no. 4, 2018, p. 87-102.

Demanze, Laurent. « Le Dictionnaire palimpseste d'Annie Ernaux. Remarques en marge des *Années* ». *Écrire le présent*, édité par Dominique Viart et Gianfranco Rubino. Armand Colin, 2013, p. 51-62.

Ernaux, Annie. « Parmi les rares photos de famille… ». *Acteurs du siècle*, dir. Bernard Thibault, Le Cercle d'Art, 2000, p. 43-53.

Ernaux, Annie. *Gli anni*. Traduction de Lorenzo Flabbi, L'Orma, 2015.

Frattini, Sofia. *« Gli anni » di Annie Ernaux e Sara Fgaier : un confronto*. Mémoire de mastère en *Culture moderne comparate*, Université de Turin, 2024.

Gli anni. Réalisé par Sara Fgaier, Dugong Films, 2018.

Laplanche, Jean, et al. *Vocabulaire de la psychanalyse*. Presses universitaires de France, 2004.

Mileto, Alma. « Immagini di sé : Istanze autorappresentative tra archivio e sonoro ». *Biblioteca teatrale*, vol. 136, Juillet-Décembre 2021, p. 161-188.

Mileto, Alma. « Conversazione con Sara Fgaier ». *Gynocine Project*, édité par Barbara Zecchi, 2021, www.gynocine.com Dernier accès le 29/12/2024.

Mileto, Alma. « Dall'archivio al corpo, alla ricerca di un "fuori". La regia espansa negli ultimi lavori di Alina Marazzi ». *Re-directing : La regia nello spettacolo del XXI secolo*. Salento University Publishing, Décembre 2020, p. 73-80.

Missiroli, Marco. « Intervista con Annie Ernaux. ». *Corriere della Sera*, 6 octobre 2016.

Monginot, Benoît. « Nous n'avons que des formules et elles ne sont pas à nous : devenir (des) formules dans *Les Années* d'Annie Ernaux ». *Fabula-LhT*, Décembre 2023. https://www.fabula.org/lht/30/monginot.html Dernier accès le 02/02/2025.

Monginot, Benoît. « La Politisation de l'autobiographie dans *Les Années* d'Annie Ernaux. » *Allegoria*, vol. 86, Juin 2023, p. 102-121.

Montémont, Véronique. « *Les Années* : vers une autobiographie sociale ». *Annie Ernaux. Se perdre dans l'écriture de soi*, édité par Danielle Bajomée et Juliette Dor, Klincksieck, 2011, p. 117-132.

Rabatel, Alain. « La Fictionnalisation des paroles et des gestes : *Les Années* d'Annie Ernaux ». *Poétique*, vol. 173, no. 1, novembre 2013, p. 105-123.

Ricœur, Paul. « L'Identité narrative ». *Esprit*, nos. 140/141, Juillet-Août 1988, p. 295-304.

Recycled Images : The Art and Politics of Found Footage Films. Réalisé par William C. Wees, Anthology Film Archives, 1993.

10

L'Événement : Esthétique haptique et douleur féminine

Jing Wang

Abstract This chapter examines how "haptic aesthetics" in Audrey Diwan's *L'Événement* reconfigures female pain, foregrounding female viewers' bodily memory and male viewers' oscillating alienation and awareness. It intensifies immersion, subverts patriarchal scopic regimes, and recasts suffering as resistance, establishing a phenomenological consubstantiality between the image and the audience and offering a transferable framework for feminist film studies.

Keywords haptic aesthetics – haptic visuality – sensorial immersion – feminine pain – gendered reception – Audrey Diwan

Le film *L'Événement*, couronné du Lion d'or lors de la 78e Mostra de Venise en septembre 2021, est une adaptation du récit éponyme de l'écrivaine Annie Ernaux, lauréate du prix Nobel de littérature en 2022. Réalisé par Audrey Diwan, ancienne journaliste et scénariste connue, notamment, pour *La French* (2014), *HHhH* (2017) et *BAC Nord* (2020), ce deuxième long-métrage confirme son ascension artistique après *Mais vous êtes fous* (2019), son premier film en tant que réalisatrice. *L'Événement* relate l'expérience d'une étudiante issue d'un milieu modeste, qui, dans la France des années 1960 où l'avortement n'était pas encore légalisé, accepte le risque d'une incarcération afin d'obtenir son diplôme et ouvrir les portes d'un avenir incertain. La grossesse s'inscrit dans le champ de l'expérience corporelle féminine, tandis que l'avortement relève du droit à disposer de son corps ; toutefois, le cadre légal, au nom de la vie, en encadre strictement les modalités. Comme le souligne Diwan dans une interview : « Ce film n'est pas uniquement au passé, il est également en train de se dérouler » (Diwan et Hu 111). En juin 2022, la Cour suprême des États-Unis a annulé l'arrêt *Roe v. Wade*, mettant ainsi un terme à la protection constitutionnelle fédérale du droit des femmes à l'autodétermination reproductive. Le 4 mars 2024, le Parlement français a inscrit dans la Constitution le droit à l'interruption volontaire de grossesse, renforçant ainsi le statut juridique de l'autonomie corporelle des femmes. Dans ce contexte, la question du corps féminin et de ses droits résonne avec une intensité et une portée symbolique majeures dans la société française

© 2026 KONINKLIJKE BRILL BV, LEIDEN | HTTPS://DOI.ORG/10.1163/9789004760219-012

contemporaine, offrant ainsi au langage cinématographique des matériaux historiques contextualisés et un champ de débat foisonnant.

À travers ce prisme, le cinéma, en tant que vecteur culturel, ne se contente pas de refléter la réalité sociale contemporaine, mais s'engage également dans l'exploration des potentialités de dépassement des formes visuelles traditionnelles. Lorsque le langage peine à saisir l'intégralité de la mémoire, l'image intervient souvent comme un relais ; et lorsque l'image demeure impuissante à évoquer un souvenir, l'objet se mue en vecteur d'une signification plus profonde (Barker 195). Si, traditionnellement, le cinéma est perçu comme un médium essentiellement visuel, son expression dépasse largement cette simple dimension. En sollicitant la peau, les muscles et même les viscères des spectateur.rice.s, il façonne une expérience cinématographique stratifiée. Comme l'observe Jennifer Barker dans *The Tactile Eye : Touch and the Cinematic Experience*, le contact entre le film et le.la spectateur.rice ne se réduit pas à une frontière matérielle, mais s'apparente plutôt à un espace liminal où « the material contact between viewer and viewed is less a hard edge or a solid barrier placed between us [...] than a liminal space in which film and viewer can emerge as co-constituted, individualized but related, embodied entities » (12). Cette perméabilité relationnelle, qui brouille les distinctions entre sujet et objet, offre en effet un cadre théorique fécond pour analyser la représentation de la douleur dans les films à thématique féminine.

S'appuyant sur ce cadre théorique, ce chapitre examine, à travers le film *L'Événement*, la manière dont un « jeu tactile » donne une forme esthétique aux douleurs physiques et affectives éprouvées par les femmes lors d'un avortement clandestin. En mobilisant une pluralité de procédés sensoriels, au niveau du cadrage, de la colorimétrie et du dispositif sonore, le film articule la douleur d'Anne (Anamaria Vartolomei) à l'oppression exercée par un système patriarcal, rendant sensibles à la fois les traumatismes physiologiques et l'emprise d'un ordre institutionnel et culturel. La problématique centrale de ce chapitre est la suivante : comment le cinéma, au moyen d'une esthétique tactile, parvient-il à exprimer les dimensions physiques et affectives de la douleur vécue par les femmes, tout en mettant à jour les contradictions sociales et culturelles qui la traversent ? À partir d'une analyse approfondie de *L'Événement*, nous entendons éclairer la relation complexe et nuancée entre la tactilité cinématographique et la douleur vécue par les femmes, afin de proposer une perspective multidimensionnelle sur l'expérience contemporaine du genre.

1 L'haptique cinématographique : développement théorique et pratique esthétique

Dans les domaines académique et artistique, le terme haptique est généralement appréhendé comme renvoyant à une notion étroitement associée au toucher et à la perception corporelle (*embodiment*). Son étymologie, issue du grec *haptesthai*, évoque l'idée de « pouvoir toucher ou saisir », un concept déjà thématisé par Aristote dans *De Anima* et *De Sensu et Sensibilibus* (Paterson 4). En Occident, la notion d'*haptique* est mobilisée dans des contextes variés, tels que l'histoire de l'art, l'esthétique et l'architecture. Plus récemment, comme le souligne Mark Paterson, son utilité réside principalement dans « scientific, psychological and engineering concerns about embodied tactile or somatic perception » (4), interrogeant ainsi les frontières entre sens cutané et expérience somatique internalisée. Il convient de préciser qu'elle ne se limite pas à la simple dimension tactile, mais qu'elle englobe l'intégralité des expériences sensorielles associées au domaine du toucher.

Dans son étude sur le « modernisme haptique » (*haptic modernism*), Abbie Garrington, chercheuse britannique en littérature moderne et en études des cultures tactiles, introduit le concept de « modalité sensorielle haptique » (*haptic sense modality*). Elle souligne que « the word 'haptic' should be understood as an umbrella term denoting one or more of the following experiences : touch (the active or passive experience of the human skin, subcutaneous flesh, viscera and related nerve-endings) ; kinaesthesis (the body's sense of its own movement) ; proprioception (the body's sense of its orientation in space) ; and the vestibular sense (that of balance, reliant upon the inner ear) » (Garrington 16). De ce fait, la notion d'haptique se déploie à plusieurs niveaux, non seulement comme cadre d'agrégation des perceptions non visuelles, mais aussi comme notion de portée ontologique.

Dans le domaine de l'histoire de l'art, Alois Riegl observe la dissociation progressive entre la vision et le toucher, en substituant « haptisch » à « taktil » (Riegl 12) pour désigner une vision de proximité, tactile, qui accentue l'intimité perceptuelle avec les objets. Cette dialectique entre vision et toucher trouve un écho radical dans la théorie deleuzo-guattarienne des espaces lisses et striés. Dans *Mille Plateaux*, Gilles Deleuze et Félix Guattari consacrent le quatorzième plateau à une archéologie politique de la perception, où l'« espace haptique », ni optique ni purement tactile, opère une subversion des hiérarchies sensorielles. Ils y soulignent que ces espaces « n'existent en fait que par leurs mélanges l'un avec l'autre » (592), ce qui révèle une ontologie de la perception fondée sur la réversibilité tactile. Cette réversibilité tactile trouve son aboutissement dans *Francis Bacon : Logique de la sensation*, où Deleuze constate qu'« il n'y a plus désormais de hiérarchie stricte ou de rupture nette entre vision et toucher » (145-146). Dans le prolongement de cette conceptualisation, Jean-Luc Nancy radicalise la perspective en faisant du toucher un mécanisme de communion ontologique entre la chair et le sens. En définitive, l'haptique se présente non seulement comme un outil théorique permettant de déconstruire le centrage exclusif sur la vision, mais il incarne également une « politique des sens » où les espaces lisses, capables de « laisser croître le désert » (Deleuze et Guattari 519), deviennent des zones de devenir-imperceptible, défiant les codages disciplinaires du corps.

Dans les études cinématographiques, le « tournant corporel » remet en question l'hégémonie visuelle. Vivian Sobchack mobilise la phénoménologie pour penser l'expérience incarnée du spectateur, tandis que Laura U. Marks propose une épistémologie tactile, affirmant que « it also suggests the way vision itself can be tactile, as though one were touching a film with one's eyes » (xi). La transition de la chair phénoménologique à la matérialité haptique révèle une généalogie théorique où le regard devient palpation. Dans cette perspective émerge le concept de « visuo-haptique » (ou « visualité haptique »), qui interroge la manière dont l'image, par sa granularité et sa richesse texturale, engage les spectateur.rice.s non seulement dans une expérience visuelle, mais aussi dans une immersion corporelle au cœur des émotions et des états psychiques des personnages. Dans la continuité de ces réflexions, Barker développe la notion de « réception incarnée » (*embodied spectatorship*), en soutenant que le cinéma n'est pas un objet destiné exclusivement à la vision, mais qu'il instaure une connexion multisensorielle avec les spectateur.rice.s, dans le cadre de laquelle l'haptique occupe une place centrale. Selon Barker, l'expérience cinématographique se décline en trois strates distinctes – à savoir la peau, les muscles et les viscères – qui correspondent respectivement à la perception de surface, à la tension et à la relaxation musculaires, ainsi qu'à une expérience plus profonde du corps et des affects.

C'est dans cette continuité que l'haptique cinématographique se définit comme une stratégie esthétique, au sein de laquelle le corps se constitue en médium phénoménologique. Fondée sur l'interaction entre le public et la diégèse filmique, cette approche génère une résonance somatique immédiate, où le toucher dépasse la simple sensation pour s'ériger en mode d'être. Lors du visionnage, les réponses physiologiques, qu'elles proviennent de la peau (effleurements, frissons), des muscles (tensions, relâchements) ou des viscères (émotions enfouies), traduisent la douleur corporelle en langage artistique. Ce processus, particulièrement saillant dans les œuvres explorant l'expérience des femmes, convoque une herméneutique politique de la corporéité, où la matérialité charnelle devient un vecteur de critique sociale.

2 L'événement haptique de la douleur féminine

La douleur constitue un signal corporel intense et irrésistible, porteur de significations sociales et psychiques profondes. La phénoménologie incarnée de Maurice Merleau-Ponty nous rappelle en effet que le corps ne se limite pas à servir de support à la perception, mais incarne « le véhicule de mon être-au-monde » (97). De ce fait, des expériences telles que la douleur ou le plaisir se construisent au sein des réseaux sociaux, culturels et interpersonnels. Chez les femmes, la douleur cristallise la honte, les tabous et l'angoisse liée à l'autonomie corporelle, enjeu que *L'Événement* explore via une déconstruction haptique des régimes scopiques dominants.

C'est précisément cette dialectique entre matérialité sensorielle et construction sociale que le cinéma haptique parvient à déployer avec acuité. Dans *L'Événement*, l'expérience douloureuse d'Anne se configure comme un laboratoire phénoménologique : chaque dispositif filmique (cadrage, son, matérialité des corps) y opère une déconstruction des régimes scopiques dominants, tout en réinscrivant la douleur féminine dans une généalogie politique. Le film offre une reconstitution saisissante des épreuves traversées par Anne. Il ne se contente pas de traiter la douleur comme un simple élément narratif objectif ; il la saisit de manière plurielle et multisensorielle par le biais d'un cadrage méticuleux, d'une sonorité évocatrice et d'une structure narrative singulière, afin de conférer à la dimension haptique du film le statut d'expression puissante. Grâce aux gros plans sur les cicatrices d'Anne et aux métaphores haptiques comme la sueur froide, les larmes et l'effusion de sang, le film impose une pression physiologique et psychique immédiate. Comme le souligne Barker dans son introduction, le cinéma, par ses propriétés haptiques, transcende les modes traditionnels de regard, offrant ainsi aux spectateur.rice.s une expérience incarnée du monde de l'image. Dans ce processus, l'image et l'esthétique haptiques ne rendent pas seulement la douleur perceptible et visible, mais instaurent également une résonance émotionnelle et corporelle profonde, invitant à une réflexion sur l'autonomie du corps féminin face à l'oppression d'une société patriarcale.

De nombreuses œuvres cinématographiques s'ouvrent par des images haptiques, guidant progressivement les spectateur.rice.s dans l'univers narratif. *L'Événement* ne fait pas exception, puisque, dès la première séquence, la dimension haptique de la douleur se fait sentir. La caméra balaie lentement les gestes d'Anne et de ses amies, notamment le resserrement de leurs soutiens-gorge qui révèle subtilement leur silhouette et signale d'emblée l'attention portée par le film à l'interaction du visuel et de l'haptique. Cette logique se matérialise notamment par le choix d'un format presque carré (1.37 :1). Contrairement aux standards cinématographiques contemporains, ce cadre resserré, combiné à une profondeur de champ minimale, transforme l'écran en un espace oppressif où la peau d'Anne occupe près de 80 % de la surface visuelle. Le cadrage n'est pas seulement une fenêtre sur le monde, il résonne également comme la peau que l'on presse, se révélant ainsi comme un territoire sensible. Les pores de son visage, grossis par la proximité de la caméra, deviennent un paysage tactile. Chaque goutte de sueur cristallise une tension musculaire et chaque frémissement cutané trace une cartographie de la vulnérabilité. En écho à la théorie de Marks sur la « visualité haptique », cette stratégie formelle ne montre pas le corps, elle le rend palpable, convertissant littéralement la pellicule en membrane épidermique. Le resserrement du soutien-gorge, autant un acte douloureux qu'un choix imposé, fonde la thématique centrée sur le corps féminin, en dévoilant les atteintes corporelles subies par les femmes sous le regard normatif d'une société patriarcale.

Avant d'analyser comment l'esthétique haptique traduit la douleur, il convient d'abord de prêter attention à la scène centrale de l'avortement d'Anne, où Diwan déploie une stratégie sensorielle totale. Les quatre tentatives d'avortement[1] soulignent de manière encore plus aiguë la coercition inhérente à son environnement social et révèlent un semblant de choix en réalité dicté par un cadre institutionnel coercitif. Le film opère alors une découpe temporelle fondée sur le repère « X semaines », chaque incrément hebdomadaire symbolisant à la fois l'avancée de la gestation et l'accumulation progressive des risques et des échecs. Au fur et à mesure de cette progression narrative, la douleur d'Anne s'étend du registre physiologique au domaine psychique, si bien qu'elle se voit contrainte de lutter pour sa survie, accablée par le poids de la persécution, de la honte et de l'indifférence sociale. Le corps, véritable écran sur lequel se projettent les diktats de la société, se mue en terrain de lutte principal contre la structure patriarcale. Grâce à un cadrage minutieusement orchestré et à une bande sonore évocatrice, les spectateur.rice.s perçoivent les tremblements et l'impuissance d'Anne, et sont ainsi invité.e.s à méditer sur l'état de désespoir engendré par la privation de choix imposée aux femmes.

Si cette matérialisation du regard normatif dévoile l'architecture du contrôle social, le film opère néanmoins un déplacement décisif, alors que l'analyse précédente mettait en évidence la violence des structures patriarcales, les

1 Dans le film de Diwan, on distingue quatre « tentatives » majeures d'interruption de grossesse : d'abord, l'injection d'estradiol, censée provoquer une fausse couche mais qui paradoxalement consolide la gestation ; ensuite, l'auto-intervention par aiguille à tricoter, où Anne tente désespérément de s'avorter elle-même ; puis la première visite chez l'« avorteuse clandestine » (dite « faiseuse d'anges » dans le contexte historique) dont l'acte inabouti ne permet

séquences suivantes transforment le.la spectateur.rice en acteur.rice haptique de la douleur. Par un glissement perceptif subtil, Diwan fait basculer l'expérience filmique d'une logique de dévoilement à une logique d'incarnation.

Dans *L'Événement*, la douleur, en tant que mode haptique fondamental, ne se limite pas à se manifester dans les comportements des personnages, mais elle se diffuse également au cours du visionnage en se faisant ressentir de manière corporelle par les spectateur.rice.s, établissant ainsi une empathie intime entre ces dernier.ère.s et le personnage. Selon la « visuo-hapticité » développée par Marks, cette approche perceptuelle ne repose pas uniquement sur la vision optique (où l'écran projette la lumière dans l'œil), mais engage le toucher et la sensorialité du corps pour « voir » le film. Autrement dit, les spectateur.rice.s parviennent à appréhender l'image « through more senses than vision alone » (Marks 187). Dans la scène où Anne entreprend elle-même l'avortement, dès qu'elle insère une longue aiguille à tricoter dans son corps, Diwan met en place un dispositif synesthésique remarquable. Les grincements métalliques des instruments (y compris les aigus perçants de l'aiguille) sont spatialisés afin de créer, via le champ stéréophonique, l'illusion d'une pénétration corporelle. Les respirations, des silences retenus aux halètements douloureux, sont exacerbées par une compression dynamique qui reflète les états psychologiques du personnage. Ces choix techniques font ressentir la violence corporelle. La caméra se resserre sur un gros plan du visage d'Anne, dont l'expression, déformée par une douleur extrême, impose directement aux spectateur.rice.s le poids narratif d'une douleur incarnée. Au fil du film, la douleur d'Anne s'intensifie à chaque tentative d'avortement. Lorsqu'elle expulse finalement l'embryon de son corps, la douleur atteint son paroxysme. La peau, généralement perçue comme « a smooth and clean surface that should conceal the oozing stuff inside and protect us from what's outside but fails to do that here » (Barker 49), devient ici une membrane perforée, incapable d'assurer sa fonction protectrice. Les scènes d'insertion des aiguilles et d'expulsion du fœtus traduisent cette défaillance de la peau en tant que barrière, exposant progressivement la vulnérabilité intérieure d'Anne à l'intrusion extérieure. Les spectateur.rice.s, en immersion dans ces scènes, ne sont pas de simples témoins extérieurs. En recourant aux « tactile connections on the surface plane of the image » (Marks 162), le film institue une relation intersubjective qui intensifie la résonance sensorielle des spectateur.rice.s et les place en posture de co-protagonistes dans l'expérience douloureuse.

---

pas l'évacuation totale du fœtus ; enfin, la seconde intervention chez la même praticienne, scène-clé où Anne met en jeu son pronostic vital pour procéder à l'évacuation complète.

Lors de la troisième tentative d'avortement, le film restreint volontairement la quantité d'informations offertes aux spectateur.rice.s. Le corps d'Anne apparaît flou au premier plan, tandis que le regard se pose sur Mme Rivière (Anna Mouglalis)[2], dissimulée dans l'ombre, ce qui crée une atmosphère de chirurgie glaciale. Dans cette configuration, l'expérience perceptuelle des spectateur.rice.s repose davantage sur leur propre sensorialité que sur ce que Diwan donne à voir. Le frottement métallique, les respirations haletantes des personnages et la lumière tamisée instaurent un univers sensitif intégrant corps, son et image. La confrontation entre le corps vulnérable et la dureté du métal rend la douleur inévitable, au point que, sous l'assaut de la sonde, le corps d'Anne perd sa capacité à masquer. Elle apparaît transpercée et déchiquetée, dévoilant ce qui était jusque-là caché. À cela s'ajoute la voix basse et grinçante de l'actrice, renforçant l'âpreté de la scène. Pour les spectateur.rice.s, il s'agit alors d'une véritable invasion corporelle douloureuse, loin d'être simplement observée de l'extérieur. Comme le souligne Marks, « haptic perception privileges the material presence of the image » (163), ce qui rend l'expérience du visionnage d'autant plus puissante. Dans ce plan, les spectateur.rice.s ne reçoivent pas une expérience visuelle plane et dénuée de substance, mais bien une sensation tangible qui, en mobilisant leur mémoire tactile, fait naître l'impression que cette agonie se produit sur leur propre corps. Cependant, dès que le visage d'Anne redevient discernable, la narration cinématographique intervient promptement pour « restaurer la réalité du film » (Deleuze, *Cinéma 1* 8). Il apparaît ainsi que les spectateur.rice.s avaient, par l'imaginaire et ses réminiscences tactiles, déjà éprouvé cette douleur qui transperce le corps.

Dans la séquence finale capitale, la réalisatrice ne montre pas directement le dernier avortement, mais laisse plutôt Anne assise sur la table d'opération improvisée au domicile de Mme Rivière. Un rythme sonore haché, alternant des battements mécaniques saccadés, suggère une douleur fulgurante au cours de cette intervention décisive. Par la suite, elle traverse un couloir sombre et finit par s'effondrer au sol, épuisée par la souffrance. Ce passage est conçu de manière à inviter les spectateur.rice.s à une expérience de visionnage « en mouvement » plutôt qu'à une observation statique (Marks 163), où l'image se laisse effleurer plutôt que d'être fixée. La bande sonore et une palette chromatique qui oscille entre les jaunes ternes et étouffants de la pièce close, les noirs char-

2 Mme Rivière, désignée sous l'appellation historique de « faiseuse d'anges » (praticienne clandestine d'avortements pré-légalisation) dans *L'Événement* de Diwan, pratique des interventions illicites à domicile. Après l'échec de son auto-avortement, Anne sollicite par deux fois ses services : la première intervention, incomplète, provoque une hémorragie critique ; cependant, la seconde procédure permet finalement l'évacuation totale du contenu utérin.

bonneux et blancs sales de la rue, ainsi que les lueurs orangées diffuses des réverbères, renforcent cette impression de tactilité authentique et mettent en résonance les registres sensoriels des spectateur.rice.s avec l'image.

La séquence suivante, où Anne retourne dans la salle de bains de son dortoir, atteint un pic de réalisme brut. Le mouvement continu de la caméra capture son visage marqué par la douleur, puis descend lentement vers une image visuellement et émotionnellement choquante, avec des éclaboussures de sang sur les parois des toilettes et le cordon ombilical, s'étendant depuis la zone génitale jusqu'à la cuvette. Cette représentation explicite ne se contente pas de décrire une expérience personnelle intime, mais elle engage directement les spectateur.rice.s dans une réflexion sur la vulnérabilité et la douleur féminines. L'image du cordon qui pend, décrite par Annie Ernaux comme un « sacrifice » (102) dans son récit autobiographique, souligne la matérialité organique de l'avortement et transforme la scène en un acte à la fois thaumaturgique et cathartique. L'accent mis sur les textures visuelles et tactiles des fluides corporels transforme ce moment en une expérience profondément sensorielle, sollicitant à la fois le corps et l'esprit des spectateur.rice.s.

Enfin, lorsque la caméra passe au point de vue d'Anne après son hospitalisation, les spectateur.rice.s perçoivent le monde qui l'entoure à travers un voile flou. Les mouvements tremblants de la caméra et les changements de mise au point traduisent son état de conscience altéré et son incapacité à contrôler son propre corps. Parallèlement, le design sonore (halètements, bruits de pas, chocs d'objets) intensifie la sensation d'immersion tactile et auditive. Après que le médecin a annoncé une « fausse couche naturelle », Anne, épuisée, ferme doucement les yeux. La lumière blanche intense de la lampe chirurgicale envahit l'écran, plongeant les spectateur.rice.s dans une absence totale d'image pendant quelques instants. La séquence de blanc intégral persiste environ quinze secondes, symbolisant à la fois le répit éphémère qu'Anne parvient à obtenir après une douleur intense et la catharsis émotionnelle qui submerge les spectateur.rice.s à l'issue d'une expérience sensorielle plurielle. Comme l'explique Deleuze, « l'absence ou le vide extrême d'image peut à lui seul susciter de nouvelles significations et déclencher l'imagination » (*Cinéma 2* 260). Pour Anne, ce blanc figure un répit éphémère après l'intensité de la douleur. Quant au public, il déclenche une purge sensorielle, marquée par des vertiges, des contractions diaphragmatiques et une illusion de cécité temporaire, qui rappelle les effets physiologiques d'un évanouissement post-traumatique. Cet intervalle visuel n'est ni renaissance ni néant, mais un seuil liminal où vie et mort coexistent, comme le souligne Ernaux dans une formule frappante : « c'est une scène sans nom, la vie et la mort en même temps » (102). La blancheur clinique, à la fois stérile et révélatrice, évoque autant l'asepsie du bloc opératoire que l'amnésie collective imposée aux corps féminins. À travers cette confluence sensorielle, *L'Événement* transcende la souffrance individuelle pour en faire un acte politique de mémoire.

Ainsi, l'usage de l'image haptique dans *L'Événement* ne se contente pas d'accentuer la dimension corporelle du film, il établit aussi une connexion émotionnelle intime entre les spectateur.rice.s et la protagoniste. Au-delà de la représentation directe de la douleur extrême liée à l'avortement, le film procède, dans sa narration quotidienne, à une amplification des interactions entre Anne et son environnement. Qu'il s'agisse du serrage de ses poings, de la caresse furtive de son abdomen, de la transpiration perlant sur son front ou de sa pâleur inquiétante, tous ces signes témoignent de l'accumulation du patriarcat et de la peur en elle. La réalisatrice, en recourant à des gros plans qui capturent les tremblements musculaires et la sueur sur la peau, offre aux spectateur.rice.s l'illusion quasi tangible de pouvoir « toucher » le corps d'Anne et leur permet de ressentir concrètement cette douleur inéluctable. Il convient de souligner que cette imagerie haptique ne se réduit pas à une simple représentation de la souffrance, mais elle « corporalise » également les enjeux éthiques et émotionnels, permettant aux spectateur.rice.s, en partageant l'expérience douloureuse d'Anne, de réfléchir plus profondément à la privation de l'autonomie corporelle des femmes imposée par la société. C'est précisément ce « toucher » de l'image qui s'avère être le vecteur déterminant pour susciter une résonance émotionnelle profonde et stimuler une réflexion morale et éthique.

L'Événement transcende ainsi l'expérience individuelle de la douleur féminine en l'élevant au rang d'enjeu socio-politique, grâce à une imagerie haptique d'une puissance saisissante. Le film met en exergue la valeur intrinsèque de l'esthétique haptique au sein de la recherche cinématographique féministe et montre, par une résonance sensorielle multidimensionnelle comment l'exposition de l'emprise du patriarcat sur le corps des femmes ouvre aux spectateur.rice.s la possibilité de repenser en profondeur la condition féminine et les structures sociales qui l'encadrent.

3 Les divergences de l'expérience haptique selon le genre

La perception du film dépend autant de ses caractéristiques intrinsèques que des subjectivités spectatorielles. Dans *L'Événement*, l'utilisation de l'esthétique haptique ne se limite pas à renforcer l'immersion dans l'univers narratif, elle met aussi en lumière les disparités de l'expérience tactile selon le genre. Ces différences se manifestent non seulement dans la manière dont les spectateur.rice.s se connectent sensoriellement au personnage, mais aussi dans leurs interprétations émotionnelles et éthiques de l'œuvre. L'analyse des réactions des spectatrices et des spectateurs face à la douleur liée à l'avortement éclaire la portée sociale et culturelle de cette esthétique.

Commençons par les spectatrices, dont l'expérience haptique relève d'une identification charnelle. En mobilisant leur mémoire corporelle, notamment les examens gynécologiques, les contractions menstruelles et diverses expériences douloureuses, elles superposent la souffrance d'Anne à leur propre vécu. Cette identification ne procède pas d'une simple similarité anatomique, mais d'un dialogue tactile avec le corps à l'écran. La scène du spéculum en fournit la preuve. L'insertion brutale de l'instrument métallique, filmée en gros plan sans frontalité, est suggérée par la sueur perlant au front d'Anne et éveille une mémoire sensorielle collective. Cette violence gynécologique, rendue palpable par les tremblements de la caméra et les halètements du personnage, n'est pas une métaphore pour les spectatrices, elle résonne comme un écho de leur histoire intime.

Cette symbiose sensorielle culmine dans la scène d'auto-avortement. Les plans serrés sur les doigts crispés d'Anne et les bruits de métal transforment l'écran en surface de réverbération corporelle. En partageant ces gestes de reconquête identitaire, les spectatrices ne sont plus des observatrices passives. Leur corps devient co-narrateur, incarnant un acte de réappropriation politique par la mémoire tactile. Comme l'affirme Beth Kearney, « This is 'haptic' cinema, where the act of viewing a film becomes an activity experienced with the body »[3]. Ainsi, leur mémoire corporelle et leur vécu émotionnel les amènent à participer activement à la narration et à interroger leur propre rapport au corps, au pouvoir et à la société.

Cette identification charnelle ne se limite pas aux spectatrices ayant vécu un avortement. Marianne Hirsch évoque le « postmemory » en posant une série de questions telles que « How is trauma transmitted across generations ? How is it remembered by those who did not live it or know it in their own bodies ? » (11). Dans *The Generation of Postmemory : Writing and Visual Culture After the Holocaust*, elle montre que les médias visuels, en particulier la photographie, médiatisent la psychologie du *postmemory*, les continuités et les ruptures entre les générations ainsi que les peurs liées au traumatisme. Ce phénomène de résonance transgénérationnelle éclaire la réussite critique du film : les jeunes femmes, bien que n'ayant pas vécu l'expérience de la maternité ou de l'avortement, parviennent à actualiser une mémoire tactile transgénérationnelle à

3 Kearney, Beth. "Happening Again : Why an Abortion Story Matters." *MAI*, 19 Nov. 2024, https://maifeminism.com/happening-again-why-an-abortion-story-matters/. Dernier accès le 02/08/2025.

travers les textures filmiques. Diwan a cherché à créer une résonance avec toutes les formes de vulnérabilité féminine, y compris chez les plus jeunes, en recourant à des métaphores telles que le resserrement du soutien-gorge, geste devenu symbole de contrainte sociale. La capacité du corps à appréhender la violence faite aux femmes, qui, à travers une haptique cinématographique, agit comme une pédagogie politique, permet au film de transcender le simple témoignage historique et de relancer ce débat dans l'ère post-*Roe v. Wade*.

Si cette porosité sensorielle caractérise principalement les spectatrices, qu'en est-il des récepteurs masculins ? Leur expérience haptique oscille entre aliénation et prise de conscience. L'ignorance des « géographies sensorielles » féminines (Rodaway 22), telles que les cycles menstruels ou l'anatomie utérine, les confine souvent au rôle de témoins extérieurs. Dans *L'Événement*, cette distance est renforcée par certains personnages masculins, comme les médecins ou amis indifférents, qui incarnent un patriarcat sourd à la souffrance organique.

Pourtant, le film parvient à subvertir cette distance phénoménologique. Comme le révèle Diwan dans un entretien avec Nobuhiro Hosoki : « I love the way men have talked to me about the movie because a lot of them told me that they felt pain in their own belly »[4]. Cette résonance viscérale involontaire, où le corps masculin est saisi malgré lui par l'imagerie gynécologique, relève d'un *choc haptique*, dans lequel le sang coagulé, le cordon ombilical luisant et le froid métallique des instruments activent une mémoire tactile archaïque, transcendant les frontières genrées.

Cette empathie paradoxale opère selon une double logique. Chez certains hommes, l'immersion sensorielle (cadrage étouffant, grincements stridents) provoque des nausées ou des crispations, réactions d'un corps pris en otage par l'image et symptôme d'une violence somato-politique qui impose sa logique au-delà du contrôle conscient. À l'inverse, d'autres spectateurs, confrontés à l'épiphanie stigmatique du sang, ce « fascinant stigmate » selon Ernaux qui « exerce une fascination [...] sur les hommes » (121) par sa matérialité organique, expérimentent une prise de conscience politique. Diwan elle-même souligne, dans l'entretien susmentionné, ce dédoublement : « I wanted the movie to be a physical experience for the audience to ask themselves their own questions [...]. Even abortion opponents came to discuss it ».

---

4 Hosoki, Nobuhiro. "Happening: Exclusive Interview with Audrey Diwan, Award-Winning Director of the Venice Film Festival." *Cinema Daily US*, 3 May 2022, https://cinemadailyus.com/interviews/happening-exclusive-interview-with-audrey-diwan-award-winning-director-of-the-venice-film-festival/. Dernier accès le 02/08/2025.

Si l'analyse genrée révèle une fracture dans la réception de la violence gynécologique, il convient d'interroger d'autres formes de violence structurelle présentes dans le film. La scène où Anne subit le mépris éducatif (le regard dubitatif et méfiant du professeur de littérature) ou l'abandon médical (le gynécologue refusant de pratiquer l'avortement) active chez certain.e.s spectateur.rice.s une mémoire tactile de violences symboliques quotidiennes. Ces strates de violence, bien que moins spectaculaires que l'avortement, suscitent chez les spectateur.rice.s des mécanismes d'identification différentiels. L'identification aux victimes de violence genrée transcende les déterminismes biologiques pour révéler des vulnérabilités sociales communes, ouvrant ainsi la voie à une remise en question du régime binaire du genre.

En définitive, la bifurcation des expériences haptiques selon le genre, caractérisée par une empathie charnelle chez les spectatrices et par une distance critique ou culpabilité réflexive chez les hommes, dépasse la simple variabilité individuelle pour révéler, comme l'observe Simone de Beauvoir, que « le corps féminin est historiquement un corps-pour-autrui » (8) et en fait une surface de projection des normes patriarcales. À la différence de *4 Months, 3 Weeks and 2 Days* de Cristian Mungiu (2007), où la rigueur des plans-séquences et l'esthétique naturaliste, tout en générant une anxiété partagée avec les personnages, maintiennent les spectateur.rice.s dans un rôle de témoins éthiques, Diwan réduit cette distance par une violence sensorielle incarnée. Loin d'une approche moralisatrice où l'avortement se réduit à une transaction économico-morale (chez Mungiu, le cadrage frontal et la lumière crue transforment la douleur en objet de contemplation), Diwan fait de l'haptique un outil de déconstruction politique. Les gros plans sur les pores de la peau d'Anne et les vibrations sonores des instruments métalliques ne se contentent pas de montrer la souffrance, ils l'inscrivent dans les muscles et les viscères des spectateur.rice.s. Là où Mungiu recourt aux longs plans fixes pour créer une angoisse « réflexive » (le spectateur juge l'acte à travers le prisme de la durée réelle), Diwan précipite le public dans un présent charnel immédiat, non plus dans le débat mais dans le choc. L'écran devient ainsi un espace politique. À travers la scène de la tache de sang, érigée en stigmate visuel, le cinéma de Diwan ne se contente pas de montrer la douleur genrée, mais en impose la matérialité palpable et entrelace identification et aliénation, redéfinissant le septième art comme un tribunal sensoriel où s'expose l'urgence de déconstruire les rapports de pouvoir incarnés.

4 Conclusion

À travers son esthétique haptique audacieuse, *L'Événement* transcende les aspirations purement visuelles du cinéma pour instaurer une consubstantialité phénoménologique entre les spectateur.rice.s et l'expérience vécue par le personnage. En mobilisant la texture des images, le dispositif sonore et une spatialité narrative soigneusement orchestrée, le film construit une véritable poïétique haptique cinématographique, dans laquelle la « visualité haptique » (*haptic visuality*) devient un vecteur privilégié d'interaction entre le public et l'univers filmique. La douleur qu'Anne endure au cours de l'avortement ne se réduit pas à une simple illustration de souffrance corporelle, elle s'érige en miroir des oppressions systémiques exercées par une société patriarcale sur les corps féminins et leur autonomie, faisant de l'œuvre un puissant dispositif critique des normes sociales et des disparités de genre.

Dans cette perspective, les spectatrices, en s'appuyant sur leur mémoire corporelle et sur une expérience haptique identitaire, ressentent intensément la souffrance d'Anne, ce qui les conduit à interroger les liens complexes entre l'expérience individuelle du corps et les mécanismes oppressifs de la société. À l'inverse, les spectateurs, soumis à une expérience haptique aliénante, du fait d'une socialisation distincte et d'une méconnaissance de la corporéité féminine, éprouvent une distance perceptuelle qui, paradoxalement, ouvre la voie à une remise en cause des clivages de genre. Ainsi, l'usage de la tactilité cinématographique ne se contente pas de conférer aux images une dimension tangible, il érige aussi un pont intersubjectif qui invite les spectateur.rice.s à confronter, avec acuité et sensibilité, la réalité de la condition féminine dans un contexte social souvent marqué par l'indifférence et l'injustice.

Barker nous rappelle que « the material contact between viewer and viewed is […] a liminal space in which film and viewer can emerge as co-constituted, individualized but related, embodied entities » (12). Dans *L'Événement*, la matérialisation haptique, illustrée par l'utilisation de teintes froides et grises ainsi que par la représentation de la peau, du sang et de la structure osseuse, renforce non seulement la netteté de la douleur, mais suggère également l'éventualité d'un renouveau ou d'une résilience. Néanmoins, que ce soit à travers les premières critiques féministes ou au sein des études contemporaines consacrées au cinéma au féminin, la question cruciale persiste : comment représenter la douleur féminine sur grand écran sans qu'elle ne devienne un simple objet de « consommation de la souffrance » ? En déconstruisant le piège de l'esthétisation de la douleur, *L'Événement* réoriente cette souffrance en un vecteur de résistance. Les scènes de violence sanglante, ni morbides ni spectacularisées, exposent l'insensibilité patriarcale et poussent les spectateurs masculins à confronter leurs propres zones d'ignorance sensorielle façonnées par une socialisation genrée. Cette dialectique entre exposition et confrontation, typique du cinéma haptique, fait de la salle obscure un espace de biopolitique des sens, où le corps du spectateur devient à la fois témoin et juge des normes qui le traversent.

La représentation extrême de la douleur de l'avortement se présente ainsi non seulement comme une ultime épreuve de résilience corporelle, mais aussi comme une subversion rhizomatique de l'ordre patriarcal. L'intensité des teintes chaudes qui, après l'avortement, clôturent le film et symbolisent un avenir de nouveau lumineux laisse entrevoir une transformation possible, à la fois physique et psychique, pour Anne. Cette évolution invite les spectateur.rice.s à s'interroger sur la capacité du corps féminin, façonné, fragilisé voire déstructuré par l'ordre établi, à se réapproprier son expression par le toucher cinématographique. Une telle interrogation, sans réponse figée, ouvre néanmoins des perspectives socioculturelles vastes et redéfinit les limites de l'art cinématographique en élargissant le champ d'investigation de la sensorialité.

Ouvrages cités

4 Months, 3 Weeks and 2 Days. Réalisé par Cristian Mungiu, Mobra Films, 2007.

Barker, Jennifer M. *The Tactile Eye: Touch and the Cinematic Experience*. University of California Press, 2009.

Beauvoir, Simone de. *Le Deuxième sexe*. Gallimard, 1976 (1949).

Deleuze, Gilles. *Francis Bacon: Logique de la sensation*. Éditions du Seuil, 2002.

Deleuze, Gilles. *Cinéma 2: L'image-temps*. Éditions de Minuit, 1985.

Deleuze, Gilles. *Cinéma 1: L'image-mouvement*. Éditions de Minuit, 1983.

Deleuze, Gilles, et Félix Guattari. *Mille Plateaux*. Éditions de Minuit, 1980.

Diwan, Audrey, et Hu Wei. « *L'Événement*: le désir coexistant avec la douleur – Entretien avec Audrey Diwan, lauréate du Lion d'or. » *Cinéma et Art*, no. 6, 2021, p. 108-112.

Ernaux, Annie. *L'Événement*. Gallimard, 2000.

Garrington, Abbie. *Haptic Modernism: Touch and the Tactile in Modernist Writing*. Edinburgh University Press, 2013.

Hirsch, Marianne. *The Generation of Postmemory: Writing and Visual Culture After the Holocaust*. Columbia University Press, 2012.

L'Événement. Réalisé par Audrey Diwan, Rectangle, 2021.

Marks, Laura U. *The Skin of the Film: Intercultural Cinema, Embodiment, and the Senses*. Duke University Press, 2000.

Merleau-Ponty, Maurice. *Phénoménologie de la perception*. Gallimard, 1945.

Paterson, Mark. *The Senses of Touch : Haptics, Affects and Technologies*. Bloomsbury Academic, 2007.
Riegl, Alois. *Late Roman Art Industry*. Translated from the original Viennese edition, with foreword and annotations by Rolf Winkes, no. 36, Bretschneider, 1985.
Rodaway, Paul. *Sensuous Geographies : Body, Sense and Place*. Routledge, 1994.

Intermezzo

11

Conversation avec Marianne Basler sur *L'Autre fille* et *L'Événement*

Michèle Bacholle and Jacqueline Dougherty

Abstract In July 2024, Marianne Basler, renowned French-Belgian actress and avid reader of Annie Ernaux, shared with Michèle Bacholle and Jacqueline Dougherty her personal connection to the author's works. In this interview, Basler elucidates how her nearly decade-long contact with Ernaux's works influenced and formed her stage-readings and representations of *L'Événement* and *L'Autre fille*.

Keywords Basler – Theater – *L'Événement* – *L'Autre fille* – Adaptation

La célèbre actrice et comédienne franco-belge Marianne Basler présente une riche filmographie – elle a tourné avec, parmi d'autres, Andrzej Zulawski, Coline Serreau, Brigitte Roüan, Jean-Pierre Mocky, Jacques Rivette, Paul Vecchiali et récemment, Maïwenn (*Jeanne du Barry* 2023). Sa présence sur scène est encore plus riche – dans des pièces ou des lectures-spectacles (de textes de Nina Bouraoui, Marie Darrieussecq, Laurent Mauvignier et Amélie Nothomb par exemple).

Lectrice enthousiaste d'Annie Ernaux, elle fait depuis sept ans des lectures publiques et représentations de *L'Autre fille*[1] et de *L'Événement*[2] à Paris et en tournée. En juillet 2024, elle nous a accordé cet entretien pour parler de son rapport à l'œuvre d'Annie Ernaux, de son adaptation et interprétation.

Marianne Basler: Ma cohabitation avec Annie Ernaux est une aventure qui dure depuis sept ans. J'ai eu envie d'adapter *L'Autre fille*, ce que je n'avais jamais fait. J'avais toujours été une actrice à qui on fait des propositions, et la première chose que j'ai eu envie de faire totalement, c'était *L'Autre fille*, parce que

1 À Paris, au Théâtre des Déchargeurs du 6 novembre au 1er décembre 2018 puis au Théâtre des Mathurins du 29 novembre 2022 au 5 mars 2023. Le « teaser » de *L'Autre fille* est disponible en ligne https://www.youtube.com/watch?v=mnCQgW3MR2g Dernier accès le 13/02/2025.

2 Au Théâtre de l'Atelier à Paris du 13 février au 27 mars 2024. Le «teaser» de *L'Événement* est disponible en ligne https://www.youtube.com/watch?v=MpmzYGUtVtc Dernier accès le 13/02/2025.

© 2026 KONINKLIJKE BRILL BV, LEIDEN | HTTPS://DOI.ORG/10.1163/9789004760219-013

FIGURE 11.1 Affiche de *L'Événement*, joué par Marianne Basler au Théâtre de l'Atelier © Michèle Bacholle

ça parlait d'un épisode de la vie de ma mère qui m'a beaucoup intriguée, qui était entré dans ma vie comme la révélation était entrée dans celle d'Annie Ernaux, à savoir: j'ai entendu une confidence, je l'ai oubliée, et puis un jour, parce que quelqu'un d'autre l'a formulée différemment, ça m'a interpelée et ça ne m'a plus quittée. Annie Ernaux dit qu'elle écrit *L'Autre fille* parce qu'elle doit le faire, moi, je mets en scène et je joue *L'Autre fille* parce que je dois le faire. C'était comme une nécessité. J'ai entrepris parfois des projets personnels, mais c'est celui-là qui m'a amenée le plus loin. Après *L'Autre fille* [2022-23], j'ai eu la proposition du Théâtre de l'Atelier et, comme je venais de dire oui aux Mathurins pour *L'Autre fille*, ils ont opté pour *L'Événement*. J'ai eu besoin de prendre du recul pour ce texte ; je ne savais pas par quel bout le prendre. J'ai eu besoin d'y penser pendant un an, de faire une lecture publique, de parler avec les spectateurs. Ce qui est merveilleux avec Annie Ernaux, c'est qu'elle apporte beaucoup d'échanges, en fait. Je n'ai jamais ressenti ça au théâtre. Elle suscite beaucoup de débats, de relations, d'échanges avec les spectateurs, et ça, c'est très, très étonnant. Je n'ai pas vu d'autres *Événement*, donc je ne sais pas du tout ce que quelqu'un comme Françoise Gillard a fait. J'étais très, très impressionnée de monter *L'Événement* et quand j'en parlais avec Annie Ernaux, j'avais l'impression qu'elle voulait quelque chose de très droit, de très minimaliste et je n'osais pas prendre de libertés. J'en ai quand même pris, et ça l'a ravie en fait. Au moment le plus violent, le plus douloureux du texte, quand elle dit « J'ai supplié le jeune chirurgien de me dire ce qu'il allait me faire » et que le jeune médecin lui répond « Je ne suis pas le plombier », c'est le seul moment où je hurle dans la pièce, plutôt que de faire un noir ou de faire une chaise qui tombe comme je crois que ça a été fait, j'ai fait un « slow » onirique dans une quasi-obscurité sur la chanson que cite Annie Ernaux, « J'ai la mémoire qui flanche ».

Quant au premier texte d'Annie Ernaux que j'ai monté, donc *L'Autre fille*, je restais vingt minutes assise, sans bouger, et après, petit à petit le mouvement correspondait à cette espèce de rage du personnage, d'Annie Ernaux, jeune, qui se questionne, qui interroge sa mémoire et qui interroge cette sœur disparue et qui, petit à petit, la fait surgir. C'était ma vision. Mais en même temps, ma vision est dans son œuvre, puisque s'y instaure un dialogue avec la sœur disparue.

Donc oui, j'ai pris des libertés. Je me suis mise à bouger. À un moment, je jette les lettres et elles deviennent une espèce de tombe de lumière. C'est une des libertés que j'ai prises. Dans le texte d'Annie Ernaux, il n'y a pas de tombe de lumière, mais il y a la tombe de cette sœur. Au lieu d'une tombe avec une pierre tombale, il y a sur scène tout à coup la lumière qui fabrique un rectangle sur le sol. Au théâtre, on peut créer des images qui sont plus des images mentales. Ce ne sont pas des images qui restent non plus puisque tous les soirs, le spectateur en voit une autre. Il y avait une porte aussi. Dès que j'ai imaginé cette scène, j'ai vu une porte. Dans *L'Événement*, j'ai pensé très différemment. Au début il y a une narration puis à un moment donné, il y a un mouvement, elle va à Rouen pour rencontrer cette sage-femme, et après il y a le long tunnel de l'avortement proprement dit. Dans les deux spectacles, il y a ainsi une longue période d'immobilité, le mouvement n'est qu'intérieur. C'était beaucoup plus difficile pour moi d'appréhender *L'Événement* que d'appréhender *L'Autre fille*. Pour *L'Événement*, je me suis aussi imposé une année, mais dès que j'ai accepté, ça a été tellement vite qu'il y a eu une espèce d'appel d'air, d'angoisse de toutes ces idées qui émergeaient tout à coup, il fallait les ramasser.

Pour moi, c'était un petit peu plus douloureux et douloureux aussi parce que le public souffre, il y avait des femmes qui s'évanouissaient tous les jours. Mais je n'ai pas le monopole de l'évanouissement dans le public. [Sourire] À la première, quelqu'un s'est évanoui et à la première de Françoise Gillard, paraît-il, quelqu'un s'est évanoui. Annie Ernaux m'avait prévenue.

Michèle Bacholle: Ce sont des femmes qui s'évanouissent?

Marianne Basler: Oui, mais plusieurs hommes m'ont dit que c'est la première fois qu'ils ressentaient dans leur chair ce que peut être un avortement. Il y a même des hommes, un peu bourgeois, qui n'apprécient pas nécessairement Annie Ernaux, qui est, vous le savez sûrement, assez clivante, il y a des gens comme ça, qui sont venus… notamment un homme qui m'a dit: «Je n'aimais pas Annie Ernaux, mais là, je m'incline, c'est un grand auteur». Je trouve ça bien que le théâtre puisse faire accéder à une œuvre des gens qui étaient dans le rejet, dans le refus, ceci grâce à une autre vision, à une autre forme de passage de l'œuvre, qui n'est pas la lecture personnelle. Le théâtre permet ça, peut-être plus que le cinéma, parce que le cinéma, ce sont des images imposées, tandis que le théâtre, ce sont des images évoquées. Chacun se fait ses images.

Michèle Bacholle: Vous parlez de passage de l'œuvre. Annie Ernaux dit à la fin de *La Place* que son père était le passeur entre deux rives. Puisqu'elle est transfuge de classe, il l'a aidée à passer d'une rive à l'autre, et là c'est comme si vous preniez le relais et que vous aussi, vous passez le texte de vous à d'autres personnes, vous transmettez aussi ce texte, le fond et la forme.

Marianne Basler: Tout à fait. C'est un échange parce qu'Annie Ernaux m'a beaucoup apporté. Depuis que je côtoie cette œuvre de près, il m'est arrivé beaucoup de choses, qui me seraient arrivées de toute manière, mais elle m'a aidée. Cette œuvre m'a aidée à les traverser, à les vivre, à les analyser, à prendre de la distance. Pendant que je jouais *L'Autre fille* où elle parle de sa sœur disparue, moi, mon frère disparaît. Je lisais publiquement le lendemain *Regarde les lumières mon amour*, son texte sur le supermarché. *L'Autre fille* et *L'Événement* ne sont pas les deux seules œuvres que j'accompagne. Je fais de la lecture publique de plein d'autres œuvres dont *Regarde les lumières mon amour*. Je l'ai fait à Cergy pour l'anniversaire de la construction de Cergy et Annie Ernaux commentait les textes. On a fait aussi des exercices comme ceux-là, entre deux représentations.

Jacqueline Dougherty: Au sujet de *L'Autre fille*, est-ce qu'il y avait des aspects du texte qu'il fallait absolument garder dans la mise en scène ?

Marianne Basler: Oui, j'aimais bien la colère. Le sentiment de colère envers la mère.

Jacqueline Dougherty: Elle dit à un certain moment ces deux mots, « plus gentille » et « Je la lui ai fait payer », « j'ai écrit pour elle et contre elle… »

Marianne Basler: Oui. Merveilleux à interpréter. Bon, le lire, c'est une chose, mais quand tous les soirs, on l'interprète, on se dit que cette écriture, c'est tellement extraordinaire. C'est une écriture brute, au scalpel, et en même temps il y a des nuances d'une telle profondeur, d'un tel amour, c'est… c'est le merveilleux des relations. Elle a eu des parents extraordinaires, en fait.

Michèle Bacholle: Quand vous travaillez, quand vous commencez à penser à l'adaptation d'un texte, que ce soit *L'Autre fille* ou *L'Événement*, est-ce que vous pensez d'abord au texte, à la mise en scène, à des objets, à la lumière ? Comment est-ce que tout cela naît ?

Marianne Basler: Je suis comédienne, je ne suis pas metteuse en scène. J'ai commencé à être comédienne en étant également en histoire de l'art, donc c'est vrai que j'ai des visions. C'est une belle découverte aussi pour moi d'avoir fait ces deux spectacles parce que n'avais jamais travaillé une œuvre globalement. J'ai été accompagnée par Jean-Philippe Puymartin avec qui j'avais déjà travaillé. C'est probablement que j'avais avec lui cette affinité de créer des images, des sons et l'œuvre d'Annie Ernaux se prête merveilleusement à ça. Mais ici, ça ne peut être que dans un certain minimalisme, et comme je ne suis pas metteuse en scène, je n'ai pas voulu imposer des idées de l'extérieur. Cécile Backès, quand elle a fait *L'Autre fille*, a eu une idée. Elle s'est dit « Les parents d'Annie Ernaux avaient un café. Je vais faire ça dans un café et l'actrice passera d'une table à l'autre ». J'aurais été incapable d'avoir cette idée-là parce que moi j'ai pensé à la petite sœur, à la petite fille qui était morte. Moi, ce que je voyais, c'est la superstition aussi d'Annie Ernaux, « Peut-être que tu veux te venger », ce sentiment que la sœur est là, qu'elle n'est pas loin, qu'elle l'écoute. C'est quelque chose qui me parle beaucoup, j'ai perdu beaucoup de monde et j'ai toujours le sentiment qu'on m'observe, une espèce de sentiment qu'on n'aurait pas dû faire ça par rapport… et elle n'arrête pas de se reprendre. Il y a cette espèce de permanence d'une forme de superstition qui lui vient de son enfance, de son éducation, et donc, je la sentais tout près, cette petite fille à qui elle parle et qu'elle peut presque sentir venir. Donc, j'ai imaginé cette porte et au départ, j'avais imaginé qu'à un moment donné, la porte s'ouvrait et on voyait un ballon arriver et une petite fille venir chercher ce ballon. Impossible à réaliser, cela demandait des rétroprojections, c'était trop compliqué. Et heureusement, parce que, finalement, la porte s'ouvre, il ne se passe rien et à la fin, elle va la refermer. C'est beaucoup plus fort. Donc, les hasards de la mise en scène, les hasards des idées et les hasards de l'économie de moyen ont rendu la scène plus puissante. Le théâtre demande de faire appel à l'imaginaire ; la porte s'est ouverte, il n'y avait évidemment pas cette rétroprojection, il y avait juste une porte qui s'ouvre et elle qui se retourne, mais on ne la voit pas, on ne voit pas son visage puisqu'elle se retourne. La manière dont j'y allais, c'était balayer les superstitions. On ferme la porte, elle reste quand même près de la porte et elle ne chuchote pas mais parle un peu pour cette présence derrière la porte, « Il y a quelques années, je suis retournée à Lillebonne, dans le quartier de la Vallée. J'ai revu de l'extérieur, rue de la Tannerie, le café-épicerie où nous sommes nées toutes les deux. J'ai voulu rentrer dans la maison ». C'est très beau, c'était la fin du spectacle, après « Peut-être que tu liras cette lettre ». Beaucoup de hasard, en fait.

Pour moi, travailler les textes d'Annie Ernaux, c'est provoquer en permanence le hasard pour voir ce qu'il m'apporte et après, prendre, ne pas prendre, comme si le hasard était plus qu'un ami, comme si c'est elle aussi qui me donne les réponses qui sont dans le texte. Mais il faut provoquer ce dialogue et on peut le provoquer avec soi-même, donc se mettre en déséquilibre en permanence, faire des choses qu'on ne devrait pas faire, mais les faire quand même pour voir ce que ça va donner. C'est le contraire d'un metteur en scène chevronné, ce que je ne suis pas, qui imposerait déjà une vision et ne voudrait pas s'en détacher. Moi, j'ai laissé cette vision naître du texte ; pour qu'elle naisse, il faut lui donner les moyens de venir. J'ai remarqué ça lors de la première aventure et j'ai voulu l'organiser pour la seconde aventure. L'organiser, c'est commencer par faire une lecture, à la table. Pour *L'Événement*, je l'ai fait à Trouville, et ensuite une lecture dans un café à Port-Vendres, un peu articulée pour provoquer des accidents, pour provoquer un dialogue avec le public, pour voir ce que mon corps et ma peur et mon insécurité vont m'amener, vont faire. Par exemple, la deuxième fois, je me suis rendu compte que je ne tenais pas debout, que j'étais épuisée, que mon dos me lâchait, donc il y a eu une table. Et cette table est devenue dans la deuxième mise en scène une table qui faisait en même temps cercueil, qui faisait en même temps table d'accouchement, qui faisait table d'opération. C'est une table que j'ai trouvée chez moi, qui appartenait à mon arrière-grand-père médecin, une table d'accouchement du XVIIIe siècle. Personne ne le sait, mais moi, de le savoir, c'était merveilleux. J'étais appuyée négligemment contre cette table, et à un moment donné je m'asseyais dessus, je m'y suis couchée, j'ai tout essayé.

Michèle Bacholle: Vous renforcez aussi le transpersonnel, le fait que l'œuvre d'Annie Ernaux peut nous parler à tous ou toutes. Si on la lit, si on l'écoute comme il faut, on va reconnaître des choses qu'on a vécues ou que des proches de nous ont vécues. Vous glissez de l'autobiographique en quelque sorte, du personnel, en mettant cette table sur scène. Vous vous exposez aussi, comme Ernaux.

Marianne Basler: Mais personne ne le savait. On l'a peinte en noir, on l'a raccourcie parce qu'elle était un peu trop haute. Il y avait des étriers en bois, il y avait un dossier qui se levait, mais en fait, si vous voyez les photos du spectacle, c'est juste une table un peu plus étroite qu'une table normale. J'ai trouvé une vieille chaise que j'ai peinte en noir, un vieux tabouret que j'ai peint en noir, mais ce sont les hasards. Le tabouret, c'est parce que sinon j'avais les pieds dans le vide. Mais le tabouret renversé, ça raconte aussi une violence (de l'accouchement, la femme qui s'est débattue, que sais-je encore). On travaille avec le minimum, et c'est très bien comme ça parce que le texte vient s'inscrire. La vraie difficulté entre *L'Autre fille* et *L'Événement*, c'est que dans *L'Autre fille* elle parle à sa sœur, dans *L'Événement*, elle se raconte, elle parle à des gens. *L'Événement* est pour moi un texte beaucoup plus difficile. Dans *L'Autre fille*, je peux faire de l'humour, je peux être complice avec sa sœur. Je peux faire naître les parents, les engueuler – je les avais quand même un peu placés dans l'espace. *L'Événement* c'était très, très difficile pour moi à appréhender.

Michèle Bacholle: Est-ce que vous avez apporté au texte des changements basés sur des réactions du public ou pas ? Ou avez-vous changé votre jeu ? car il y a aussi le jeu corporel et dans un texte, surtout comme *L'Événement*, c'est extrêmement intéressant, intrigant.

Marianne Basler: Dans *L'Événement*, j'ai changé peu de choses, je pense. J'avais une amplitude plus grande dans *L'Autre fille*. *L'Événement* contraint à une amplitude plus ténue, donne moins de liberté parce que c'est un récit sur soi. Il n'y a pas d'adresse, en fait, si ce n'est une adresse au spectateur qui était très précise à la toute fin.

Michèle Bacholle: Le minimalisme, c'est aussi pour être en accord avec l'écriture plate d'Annie Ernaux, aussi bien dans *L'Autre fille* que dans *L'Événement* ?

Marianne Basler: Non, je pense que le minimalisme s'impose. Quand il y a quelque chose d'excessif, on le rejette. J'ai eu beaucoup d'idées, j'ai fait une espèce de panier d'idées, pour les deux spectacles, et petit à petit, peut-être comme elle-même le fait, je n'en sais rien, petit à petit, je décape, j'enlève les scories, je ne garde que l'essentiel. Et on le sent en jouant, quand quelque chose est en trop, quand une idée n'apporte rien.

Michèle Bacholle : Comme Ernaux a un journal d'écriture [*L'Atelier noir*], est-ce-que vous avez un journal de scénographie où vous notez vos idées, où vous les éliminez ?

Marianne Basler : À l'heure du téléphone, c'est ce que je fais beaucoup sur mon application Notes. Je suis dans la rue, j'ai l'idée, je la note. Oui, il m'est arrivé d'écrire des événements de la vie comme Annie Ernaux, mais en fait, j'ai beaucoup de mémoire et donc tout est dans ma tête, en permanence. Je pensais non-stop et je n'oubliais rien des idées que j'avais. Non, je n'ai pas vraiment fait de journal. Je lisais beaucoup Annie Ernaux, notamment *Les Armoires vides*, quand je jouais *L'Autre fille*.

Jacqueline Dougherty : En parlant des *Armoires vides*, est-ce qu'il y avait quelque chose de la narratrice, Denise, que vous avez apporté dans votre jeu pour *L'Événement* ? *Les Armoires vides*, c'est un texte où la narratrice est en colère contre tout et tous : ses origines, le système scolaire, le système social, elle-même, d'une certaine manière. Donc est-ce que vous avez apporté cette colère dans votre interprétation ?

Marianne Basler : C'est vrai que *Les Armoires vides* était un de ces livres qui me nourrissait le plus pour *L'Autre fille*. Oui, il y a cette colère qui n'est, d'ailleurs, peut-être pas la mienne. Mais c'est comme si la sienne était devenue la mienne. Des événements de ma vie sont venus se greffer sur cette aventure, mais en fait le point commun, c'était aussi la colère de ma mère. Ma mère a été un premier enfant et après il y a eu un frère qui était adulé par sa mère. Ce que j'ai compris plus tard, c'est que celui qui était « plus gentil », c'était le frère « d'avant ». J'ignorais qu'il y avait eu un fils, mort, avant ma mère. Cette découverte a été fortuite et je ne me souviens pas si je l'ai apprise avant la lecture du texte ou après. Mais il y a eu chez moi le même déni que chez Annie Ernaux. Je sais que ma mère m'en a parlé quand j'étais petite, que je l'ai oublié et que je ne l'ai entendu qu'en l'entendant de la bouche de quelqu'un d'autre. Ça a commencé à tourner ; ma mère n'était plus là et c'est comme si Annie Ernaux avait amené la pièce manquante du puzzle de ma propre histoire. Cette colère d'Annie Ernaux était importante pour moi, c'était celle de ma mère (contre sa propre mère, d'avoir aimé davantage le fils avant et le fils après, d'avoir été la mal aimée, la rejetée, celle qui, surtout, n'aurait pas dû être une femme). Par ailleurs, le transfuge social est quelque chose de très présent dans ma famille. Cela constitue mon histoire, cela me traverse… et la colère est une composante essentielle parce que j'en ai hérité de par ma mère.

Jacqueline Dougherty: Je crois que cette colère chez Annie Ernaux est née d'une blessure originelle. On ne pouvait pas guérir, après tout, chez elle, à cause du silence obligé. On n'en parlait pas du tout, et donc il n'y a pas d'issue, de guérison. On ne peut que garder cette colère, ce rejet, ce «plus gentille que celle-là», cette humiliation.

Marianne Basler: Je pense qu'Annie Ernaux a été au bout des interrogations, ce qui fait qu'elle livre à ses fils une histoire qui n'est pas toxique. Je crois que c'est ça surtout qu'elle m'a apporté, l'interrogation perpétuelle de sa propre histoire et de l'histoire des siens, à travers les grands événements de la vie, le deuil, aussi la perte d'autonomie, de mémoire par rapport aux parents, la honte, la honte d'avoir des parents qui ne sont pas au même endroit culturellement… C'est merveilleux d'être dans l'analyse perpétuelle et d'en faire une œuvre. C'est un beau cadeau à donner aux gens, à nous, parce que le nombre de femmes qui sont venues me dire «Elle m'aide à vivre, elle m'apporte énormément», c'est un auteur [*sic*] qui prend les femmes par la main, et les hommes aussi. Le premier à m'avoir parlé d'Annie Ernaux, c'est mon ami d'enfance qui m'avait dit de lire *La Place*. Je l'ai lu mais je n'étais pas prête. J'étais trop jeune, je devais avoir 25 ans, mes parents étaient encore jeunes, je n'avais pas connu la déchéance des parents.

Michèle Bacholle: Quand vous parliez de la colère de votre mère et de cette colère que vous mettez en scène sur scène…

Marianne Basler: Je pense que je prends la colère d'Annie Ernaux et en même temps, j'ai vécu avec cette colère toute mon enfance.

Michèle Bacholle: Mais vous réparez la colère de votre mère aussi, d'un certain côté, en l'exposant, en la faisant sortir.

Marianne Basler: Bien sûr.

Michèle Bacholle: Diriez-vous qu'il y a aussi un travail de réparation dans votre travail, à vous, qui reflète le travail de réparation et de réhabilitation qu'il y a chez Annie Ernaux vis-à-vis de ses parents?

Marianne Basler : Je n'y ai pas pensé avant de le faire, mais en jouant, forcément. Je voyais qu'un double dialogue s'instaurait, qui est celui d'Annie Ernaux (avec son passé, avec sa mémoire, avec son histoire) et mon propre dialogue, quand je disais à la fin quelque chose comme « Bien sûr, cette lettre ne t'était pas destinée. Ce sont les autres, des lecteurs sans doute aussi invisibles que moi. Il y a pourtant un fonds de pensée magique en moi qui voudrait que, de façon inconcevable », je ne sais plus, « elle te parvienne comme m'est parvenu jadis un dimanche d'été un récit dont je n'étais pas non plus la destinataire ». Je sais que tous les soirs, en disant ça, c'était elle qui parlait, mais c'était aussi moi. Elle à sa sœur et moi à… C'était un dialogue qui s'instaure entre elle et sa sœur, entre moi et le public, moi et les miens. Et entre le public et les leurs, parce que j'entends des gens pleurer, des gens être émus. Ils ne sont pas émus parce qu'Annie Ernaux parle de sa sœur, ils sont émus parce qu'on leur parle à eux et qu'ils créent un dialogue intrafamilial, et c'est ça, la force d'Annie Ernaux. Et si, moi je ne suis pas capable d'instaurer un dialogue entre moi et ma propre histoire, le dialogue qui est le leur (entre eux et les leurs) ne peut pas leur parvenir. Les mots raisonnent profondément, c'est les siens, c'est les miens, c'est les leurs.

Michèle Bacholle : Je trouve très intéressant, un peu étrange (*uncanny*) que vous soyez née l'année de l'avortement d'Annie Ernaux. Je me demandais si ça avait joué un rôle dans l'attrait de ce texte pour vous.

Marianne Basler : Non. Puisque c'est le fruit du hasard. J'ai grandi en Belgique, dans un pays où l'avortement a été autorisé avant la France, les gens sont descendus dans la rue pour ça, et ils ont gagné. La Belgique a été un des premiers pays européens à faire accepter l'avortement. Non, c'est le dialogue avec les gens, à Trouville, qui a fait que j'ai retrouvé cette communication avec le public sur une histoire que quelque part, je ne connaissais pas très bien. J'étais très choquée par le peu de droits que nos mères avaient. Elles n'avaient pas le droit d'avoir un chéquier ; pour prendre l'argent, il y avait une enveloppe, je voyais ma mère ouvrir le tiroir et prendre l'argent. J'étais déjà très curieuse de ça et très étonnée que ma mère n'ait pas les mêmes droits que mon père. L'avortement m'a toujours semblé être un droit, lié au droit des citoyens, quels qu'ils soient. Il y a ce combat-là, mais je ne l'ai pas vécu de près et dans ma famille, je n'ai jamais entendu que qui que ce soit l'ait vécu, en fait.

Michèle Bacholle : Et maintenant que l'avortement est inscrit dans la Constitution française, est-ce que vous pensez que cette pièce ou une autre adaptation de *L'Événement* à l'avenir, plus ou moins proche, soit aussi nécessaire qu'elle l'était récemment et que le récit lui-même l'était en 2000 ?

Marianne Basler : En fait, quand on m'a proposé *L'Événement*, je me suis dit, ça n'est plus d'actualité, ça n'est plus nécessaire. En faisant ces lectures, je me suis rendu compte à quel point c'était encore profondément ancré dans la vie de beaucoup de gens. En même temps, le public qui est venu me voir à Trouville était âgé donc je me suis dit : « Ce serait dommage ». Mais ce qui s'est passé, c'est que les gens dans la salle, comme pour *L'Autre fille*, ce n'étaient pas des vieux, c'étaient des jeunes. Ce sont les jeunes qui voulaient que l'avortement passe dans la Constitution. Ils voient qu'on peut inscrire leurs droits dans la durée et que c'est fragile, et que ça bouge, et que là, il se passe tellement de choses dans le monde…

Michèle Bacholle : C'est intéressant que vous disiez que ce sont les jeunes surtout qui sont venus parce que j'ai fait un peu de recherche auprès des médiathèques d'Yvetot et de Lillebonne, des sondages dans les librairies et ce sont principalement des personnes plus âgées, en général des femmes, qui empruntent les livres d'Ernaux. Quand elles sont jeunes, c'est leur grand-mère qui leur a dit de les lire. Donc je trouve intéressant qu'au théâtre, ce sont les jeunes qui sont venus voir.

Marianne Basler : Vous savez, il s'est passé quelque chose ces dernières années. Il y a #MeToo, il y a la dénonciation des violences faites aux femmes, et le fait de ne pas légaliser l'avortement est une violence faite aux femmes. C'est aussi pour ça qu'on parle de l'avortement. Ce que je pensais il y a deux ans n'est plus valable aujourd'hui parce qu'il y a eu une prise de conscience – il y a eu aussi la mienne. Moi j'avais l'impression de vivre dans un monde libre quand je suis arrivée à Paris. J'ai souvent pensé que j'avais les mêmes droits que les hommes. J'ai compris assez tard que… et c'était tellement ancré en moi, je me disais : « Oui, à 40 ans, je ne serai peut-être plus actrice ». Avec beaucoup d'amies, on se dit qu'on a vécu des choses inadmissibles dans le cinéma. On n'a pas été respectées, et pourtant moi j'ai l'impression de m'en être très bien sortie mais… mais c'est inadmissible, ce qui a pu se passer. Déjà au niveau de représentativité de la place de la femme dans le cinéma, au théâtre, notamment à la Comédie française où on joue des classiques, où il y a beaucoup moins de rôles de femmes. La nécessité de monter *L'Événement* rentre dans cette espèce de mouvement qui est en marche depuis quelques années. Ça dépasse en fait ce dont je n'ai pris conscience qu'en réfléchissant, en faisant des lectures publiques, en rencontrant les gens, qu'au fur et à mesure du temps qui passe. Il s'est passé beaucoup de choses cette année [2024] au niveau des droits des femmes et de la prise de conscience de ce que nous, les femmes, avons pu vivre, notamment dans ce métier. Donc je pense que ça rentre dans un processus qui est en marche depuis quelques années.

Jacqueline Dougherty: J'aimerais vous demander votre avis sur un aspect du film *L'Événement*. Ce qui m'a vraiment frappé en lisant le texte, c'est le «Je ne suis pas le plombier» du médecin, or, cette agression linguistique est absente du film. Qu'est-ce que vous pensez de cette omission? Est-ce que c'est une omission, à votre avis?

Marianne Basler: Je ne me souviens pas dans le film qu'il y a cette omission. J'ai vu le film avant de décider de l'interpréter et je ne l'ai pas revu ensuite. C'était une manière de dire que s'il avait su qu'elle était étudiante, du même niveau social, il ne l'aurait évidemment pas traitée comme une traînée et une fille de basse extraction. C'était aussi un mépris social. La fille qui se trouve enceinte ne peut être que socialement inférieure. Ça ne peut pas être une fille d'une bonne famille. C'est vrai que ça aurait été intéressant de le revoir plus tard pour le texte, parce qu'il y avait plein de choses que j'ai oubliées.

Michèle Bacholle: Vous avez dit que vous avez vu le film avant de monter *L'Événement*. Est-ce qu'il y a des choses dans le film que vous avez gardées (des impressions, des ressentis, par exemple, que vous vouliez exprimer)? Ou à l'inverse, est-ce qu'il y a des choses dans le film que vous avez rejetées, des sentiments que vous ne vouliez pas que le public éprouve?

Marianne Basler: Je me souviens que j'avais beaucoup aimé le film, mais en même temps, ce sont deux choses très différentes. Moi, c'est vraiment l'écriture d'Annie Ernaux que j'ai voulu mettre en valeur, tandis qu'Audrey Diwan, c'est le récit, elle n'a pas autant inclus les mots d'Annie Ernaux. Bien sûr, j'ai dû faire des choix. J'avais d'ailleurs un peu l'impression de passer à côté du texte. Mais si je l'avais lu en entier, il aurait fait six heures. Il y a une errance, elle va voir un médecin, elle va au cinéma, elle va au bal, elle danse avec un garçon qui lui aurait bien plu… Je ne pouvais pas, donc, j'ai imaginé que l'errance allait être silencieuse. J'ai gardé une espèce d'errance où je marche, où il y a une voix off. On ne peut pas garder l'errance dans les rues, l'attente. Elle cherche un médecin, elle ne veut surtout pas aller voir une sage-femme comme ça, qui va lui faire prendre des risques pour sa vie. Ce n'est pas facile de rendre ça, c'est peut-être mon seul regret. Je le reprends l'année prochaine [2025].

Michèle Bacholle : Ah ! À l'Atelier toujours ?

Marianne Basler : Je le reprends en tournée en février 2025 et à l'Atelier en septembre 2025.

Michèle Bacholle : À propos de *L'Événement* et des choses qu'il a fallu éliminer – j'ai lu que vous aviez gardé dix pour cent du texte – vous avez fait l'impasse sur le prologue qui évoque le sida, où elle attend de savoir si elle est séropositive, comme elle a attendu d'avorter et où il y a donc la même suspension de l'avenir. Pourquoi ne pas l'avoir retenu ?

Marianne Basler : Il faut faire des choix pour se concentrer sur l'événement proprement dit. Je me suis vraiment concentrée sur ça, qui est aujourd'hui assez loin, peu de femmes se font avorter d'une manière aussi violente, enfin, sûrement, dans certains pays. Et je pense que c'est important de dire ce que signifie l'abolition de l'esclavage… Excusez-moi du lapsus. On m'avait demandé pour une émission, un dimanche, de réunir deux auteurs, un autre auteur avec Annie Ernaux.

J'avais choisi Patrick Chamoiseau et j'avais fait le parallèle, en fait le rapprochement entre un pays colonisé et une femme qui est privée de ses droits les plus élémentaires. Pour revenir au prologue, je devais me concentrer sur l'avortement, sur l'événement et c'est ce que j'ai fait.

Finalement je trouvais que mon adaptation se tenait, théâtralement parlant. Mais effectivement, ce n'est pas l'œuvre d'Annie Ernaux. Là, je passe à côté du temps, du temps qui passe, et la seule manière de rentrer dans le temps qui passe, c'était de rentrer dans une forme d'onirisme rendue par les éléments du théâtre, à savoir, des sons. J'ai demandé à une jeune musicienne de faire le son, elle faisait tout vocalement. Parfois on avait l'impression que c'étaient des instruments. Cela ressemblait un peu à un battement de cœur quand je marchais, ou à des pas dans la rue. J'ai utilisé des lumières différentes, un peu plus crépusculaires. Donc, il y avait tout ça aussi, qui se passe des paroles du texte pour créer une contraction, une ellipse.

Jacqueline Dougherty : Est-ce qu'on peut revenir un petit moment sur *L'Autre fille* ? En parlant de l'éclairage et des jeux de lumière utilisés dans cette adaptation, pourriez-vous parler des techniques qui donnent l'impression de prise de photos, comme des flashs inversés, qui coupent le présent par moments ? Est-ce que vous avez utilisé ça dans l'adaptation pour imiter la nature fragmentaire du retour en arrière faite par Ernaux dans *L'Autre fille*, cette fameuse « scène du récit », ce flashback qu'elle initie, en disant, comme avant un fondu enchaîné, « C'est un dimanche en fin d'après-midi » ?

Marianne Basler : Non, la lumière n'est pas utilisée à cet effet, un peu Kaléidoscope. Il y avait des fondus enchaînés, des noirs très noirs. Quand j'étais dans une partie de la scène, on ne voyait pas nécessairement l'autre partie. Mais comme j'ai joué dans plein d'endroits différents, il y avait parfois des moyens un peu moindres. Il y avait cette tombe qui se découpait, la porte qui arrivait et qui repartait ; dans certains théâtres, c'était magnifique, dans d'autres, les moyens techniques étaient moins importants. Ça avait été très beau à Ajaccio, je me souviens, j'avais fait un débat avec les élèves. C'est très émouvant de voir comme les jeunes sont fascinés, ont des questions à poser. Ça, c'est extraordinaire. C'est quelque chose qui s'est accentué au cours de ces sept années et effectivement, je ne sais pas ce qui se passe pour que cette œuvre soit… La passion des jeunes pour Annie Ernaux est un phénomène qui s'est accentué au cours de ces sept années. Et je pense aussi que je n'ai plus vu de réactions aussi virulentes contre. Un jour, je me suis fait insulter dans un dîner par une femme.

Michèle Bacholle : En quelle année, environ ?

Marianne Basler : C'était au début, je dirais il y a six ans. Très violent… C'était très, très sidérant. Une femme de la banlieue ouest, un peu… C'était presque anormal. Je ne sais pas ce que ça pouvait raconter, vraiment. Une femme de la grande bourgeoisie versaillaise. Ça venait complètement bousculer ses certitudes, la mettre en danger. J'ai eu parfois peur, en fait. Un soir, j'ai senti une opposition et je n'étais pas la seule à l'avoir sentie, une résistance anormale, trop de gens qui toussent. Mais ça ne s'est passé qu'une fois, peut-être des gens qui étaient venus pour, je ne sais pas, manifester… Mais je me trompe peut-être. Ou peut-être que ce sont des gens qui se sont trompés, qui ne sont pas venus au bon endroit. Mais il n'y a pas eu de vraie manifestation de protestation. Je le craignais. J'ai eu peur de ça. J'avais très peur d'avoir des mouvements cathos…

Michèle Bacholle : Les toux et les manifestations corporelles du public pourraient, à l'inverse, montrer qu'ils sont en empathie avec vous, peut-être même que le texte a réveillé un trauma chez eux plus ou moins similaire.

Marianne Basler : C'était bizarre ce soir-là, il s'est passé un truc étrange. Je n'étais pas la seule à le ressentir.

Michèle Bacholle : En ce qui concerne *Regarde les lumières mon amour*, pour l'instant vous n'avez fait que des lectures, n'est-ce pas ?

Marianna Basler: Le débat avec Annie Ernaux, pour les 50 ans de la construction de Cergy Pontoise, était passionnant. Ernaux répondait aux questions du public, les gens étaient vraiment avec elle, ils riaient énormément. La lecture, je l'ai refaite deux fois, une fois à Trouville et l'année d'après dans une autre ville de Normandie. À Trouville, c'était le lendemain de l'enterrement de mon frère et je me souviens, les gens se tordaient de rire [Rires]. Une drôle de chose à vivre, mais ça m'avait… j'appréhendais énormément. Ça reste un moment très fort et très salvateur et même si ça n'avait aucun rapport avec l'événement proprement dit de ce jour-là, c'est un texte que j'adore aussi, *Regarde les lumières mon amour*.

Michèle Bacholle: Est-ce qu'il y a d'autres récits d'Annie Ernaux que vous pensez adapter ou diriger ?

Marianne Basler: Je ne sais pas. On m'avait proposé *Mémoire de fille* ; ça n'a pas pu se faire parce que je faisais autre chose.

Michèle Bacholle: Ça vous aurait plu ?

Marianne Basler: Oui, je pense que ça m'aurait plu, mais j'ai chaque fois besoin de temps et en l'occurrence, ça ne collait pas du tout avec les dates. Là, c'est Cécile Backès qui montait donc j'aurais été projetée dans l'univers de quelqu'un d'autre. Avec une manière de dire les mots, très, très comment dire… très précise. Je ne sais pas comment je l'aurais vécu parce que j'ai pris ma liberté dans cette œuvre, qui a ses contraintes aussi, mais ça aurait été sûrement passionnant, mais peut-être pas évident non plus.

Michèle Bacholle: Oui. Je pensais au *Jeune homme*, son dernier texte…

Marianne Basler: Oui, ça pourrait être intéressant de commencer par une lecture publique.

Michèle Bacholle: Voilà un autre tabou à renverser.

Marianne Basler: Et qui n'est pas le mien. Qui le sera peut-être un jour. Moi, j'ai deux fils, donc loin de moi l'idée d'être dans des relations avec des jeunes de cette génération-là. Oui, je devrais en faire une lecture. Là, je cherche un texte pour les 20 ans d'une association de lecture. Je devrais peut-être penser à ce texte-là. Et en même temps, vous savez, *L'Événement*, je l'ai créé en février [2024] donc c'est assez récent. Je vais faire une tournée l'année prochaine et je ne veux pas enchaîner tout de suite. Entre *L'Autre fille* et *L'Événement*, j'ai enchaîné beaucoup de spectacles. C'est important pour moi de prendre du recul, quitte à y revenir. Il ne faut pas aborder toujours les mêmes univers. *Le Jeune homme*, ça pourrait être une idée pour dans quelques années.

Michèle Bacholle : Est-ce qu'Annie Ernaux a assisté à vos représentations ?

Marianne Basler : Elle est venue deux fois voir *L'Autre fille*, dont une avec ses fils et ses petits-enfants, et elle était à la première de *L'Événement*. Chaque fois, on se voit, après. Ce sont des beaux moments, c'est une femme très généreuse. Très attentive. Elle prend toujours le temps de répondre. C'est une personne magnifique. Je pourrais n'aimer que l'œuvre et me contenter de ça, mais c'est… c'est une personne formidable, curieuse, engagée. Tout le temps dans l'actualité. Ce n'est pas que la découverte d'une œuvre, mais aussi celle d'une femme admirable. C'est une belle rencontre. Même si j'ai ma distance, j'ai ma place.

Michèle Bacholle : Question de chercheuse, pas de spectatrice, est-ce que vos deux pièces sont disponibles en ligne ?

Marianne Basler : J'ai un rapport très précis à ça, j'ai toujours été très déçue par les captations. Quand j'ai joué un spectacle que j'avais adoré, *Monsieur X. dit ici Pierre Rabier* de Marguerite Duras, mis en scène par Jacques Lassalle, je voulais en garder une trace et j'ai décidé d'en faire moi-même un film avec mon partenaire Jean-Philippe Puymartin. Le CNC nous avait accordé des fonds et on a fait une captation en dix jours dans une usine de mise en bouteille de vin, Marguerite Duras en aurait été ravie. On aurait pu le faire pour *L'Autre fille*, pas pour *L'Événement* puisqu'en l'occurrence, ça a déjà été un film. Et puis ça [*Monsieur X.*] a été tellement d'énergie, ça a été deux ans de ma vie, pour finalement avoir quelque chose qui est passé à la télé. Je n'aime pas du tout les captations, on perd 80 % de la force du spectacle. J'ai vraiment demandé à l'attachée d'utiliser, pour la publicité de *L'Événement*, le clip que j'ai fait, qui est très sommaire – on l'a fait nous-mêmes en une demi-heure, dans un autre théâtre où je faisais la tournée de *L'Autre fille*. Les captations, ça ne fonctionne pas, ça ne marche pas.

Michèle Bacholle et Jacqueline Dougherty : Merci infiniment, Madame Basler.

12

Françoise Gillard seule en scène pour *L'Événement*

Michèle Bacholle

Abstract In January 2025, on the 50th anniversary of the Veil law, Françoise Gillard (Comédie Française) delivered *L'Événement*, alone on stage but for a chair. In the interview she had with Michèle Bacholle via email, Gillard addresses what resonates for her in Ernaux's texts, how she and Denis Podalydès adapted the text to stage (2017, 2025), and how the public "receives" it.

Keywords abortion – Gillard – *L'Événement* – reception – theater

La salle était comble. Plongée dans l'obscurité. La lumière fut. Une femme était assise sur une chaise, dans une chaise, les jambes passées dans l'espace entre le siège et le dossier. Nous savions d'entrée de scène que la femme qui nous faisait face, fine dans sa robe grisâtre qui découvrait ses genoux, menue sous son gros pull de laine verte au col rond, sage avec ses ballerines noires, était hors de la « normalité » du monde. Elle s'adressa à nous, d'une voix claire, le sourire aux lèvres, relatant qu'en octobre 1963, elle avait attendu plus d'une semaine que ses règles reviennent.

En ce 17 janvier 2025, jour du 50ème anniversaire de la promulgation de la loi portant le nom de la ministre de la Santé, la défunte et panthéonisée Simone Veil[1], la voix de Françoise Gillard de la Comédie-Française résonnait autrement, plus profondément au théâtre 14[2]. Au terme du spectacle, la comédienne revint d'ailleurs, après les applaudissements, vers le public pour le dédier à toutes celles décédées d'un avortement avant la loi autorisant l'interruption volontaire de grossesse (IVG).

---

1 Le 14 janvier 2025, France 5 programmait *Il suffit d'écouter les femmes*, documentaire de Sonia Gonzalez qui tire son titre d'une phrase de Simone Veil alors qu'elle défendait le texte de loi devant l'Assemblée Nationale, présenté ainsi sur le site : « Pour la première fois, des femmes qui ont eu recours à un avortement clandestin dans la France d'avant 1975 évoquent leur vécu douloureux, libératoire ou traumatisant. Ces témoignages émouvants permettent de découvrir la diversité incroyable des moyens employés, les dangers encourus, la participation des enfants, le rôle des hommes, celui des médecins, parfois même les violences commises sur les femmes. » (https://www.france.tv/documentaires/documentaires-societe/6808333-il-suffit-d-ecouter-les-femmes.html Dernier accès le 18/01/2025).

2 https://www.theatre14.fr/index.php/programmation-24-25/l-evenement Dernier accès le 18/01/2025.

© 2026 KONINKLIJKE BRILL BV, LEIDEN | HTTPS://DOI.ORG/10.1163/9789004760219-014

Françoise Gillard était seule en scène mais en communication totale avec le public – ce soir-là, parmi nous, une soixantaine de jeunes accompagné.e.s de leur prof qui tentait de faire cesser les conversations. La voix de Françoise Gillard et le texte d'Annie Ernaux s'en chargèrent, si puissants l'un et l'autre que quelqu'un.e fit un malaise et le spectacle fut interrompu après la deuxième visite passage Cardinet, après la pose d'une autre sonde. Spectacle de vie et de mort. La mort de « ça », mais la vie d'une étudiante de Lettres à l'avenir prometteur. La mort, peut-être, ce soir-là, d'un.e voyageur.euse du métro à la station Pernéty, qui retarda le spectacle de cette mort-naissance.

Il faut rencontrer la comédienne – après le spectacle – pour réellement saisir la place qu'elle occupe sur scène[3], sa présence décuplée sans aucun artifice (une chaise, le livre folio de *L'Événement*, intouché, par terre), juste par sa voix, modulée selon le personnage qu'elle joue parfois – le « Vous êtes bien plus tranquille comme ça ! » de la garde de nuit (LE 100), seule parole réconfortante, « consolatrice », écrit Annie Ernaux, entendue cette nuit-là, et le « Je ne suis pas le plombier » de l'interne de nuit, bien sûr – selon les inscriptions notées dans l'agenda, ponctuées par un geste de la main dans l'air, pouce et index mimant le geste d'écriture, la voix plus basse, plus sèche, le sourire évanoui. Deux seuls mouvements, ôter les sages ballerines d'un coup de pied et se lever aussi soudainement que brutalement, le dossier de la chaise brandi en l'air, expriment la violence endurée par la jeune femme entre octobre 1963 et janvier 1964. Le dossier se fera plateau, offrande peut-être, avant d'être posé par terre sur un courant d'eau invisible mais amené à notre esprit par l'évocation des *mizuko* japonais, ces embryons avortés portés par l'eau. Au terme du récit, la femme est assise « normalement », seul le dossier manque à la chaise, toujours posé par terre, l'avortement comme présence invisible dans la vie de la femme et de l'écrivaine qui ne le révélera, à mots/maux couverts, que dix ans plus tard dans son premier roman *Les Armoires vides* et plus de trente-cinq ans plus tard dans ce récit, *L'Événement*.

L'Événement a été créé et présenté sous la forme d'une carte blanche au Studio-Théâtre (Paris) au printemps 2017. Conception et interprétation : Françoise Gillard. Collaboration artistique : Denis Podalydès.

Formée au Conservatoire royal de Bruxelles, Françoise Gillard est engagée deux ans plus tard, en 1997, dans la troupe de la Comédie-Française dont elle devient sociétaire en 2002. Là, elle est dirigée par les plus grands et se voit en 2017 nominée aux Molières (catégorie Meilleure Comédienne) pour son rôle dans *Les Enfants du silence* d'Anne-Marie Étienne. Officière des Arts et des

3 Ce que Jean-Baptiste Richard, dans ce volume, appelle un « plateau nu ».

Lettres, elle mène en parallèle de son époustouflante activité théâtrale une carrière à la télévision et au cinéma, sous la direction d'Alain Resnais et Claude Lelouch, entre autres. Cette saison 2024-2025, elle a repris *L'Avare* et *Le Bourgeois gentilhomme* de Molière à la salle Richelieu de la Comédie-Française et *L'Événement* d'Annie Ernaux au théâtre 14. Je la remercie vivement de m'avoir si gracieusement accordé cet entretien, d'avoir poursuivi par mail et enregistrements vocaux notre conversation, initiée avec l'historienne Carole Christen[4], ce soir de janvier 2025.

Vous avez exposé, dans votre texte «Je me souviendrai» dans le Cahier de l'Herne Annie Ernaux, que vous êtes venue à ses récits par Les Années *et sur les conseils de Denis Podalydès (avant de lire tous ses livres). Pourriez-vous revenir sur les effets que certains ont produit sur vous, hormis le «choc» suscité par* L'Événement *et la nécessité ressentie de le mettre en scène ?*
La première chose que je peux dire, c'est que j'ai tout de suite aimé l'écriture d'Annie Ernaux. C'est effectivement Denis Podalydès qui m'a fait découvrir cette autrice il y a maintenant de longues années et j'ai tout de suite adoré sa manière d'écrire, son style, évidemment littéraire avec ces petites phrases qui sont comme des petites flèches très directes, parfois même très crues, qui appellent un chat un chat. Un style aussi parfois avec des grandes phrases. Il y a un vrai style littéraire. Surtout, ce qui me plaisait c'est qu'elle parlait évidemment de choses qu'elle avait vécues, des choses de la vie de tous les jours. Des décès, des sensations, la différence de classe sociale, l'avortement pour *L'Événement* et bien d'autres choses. Cela me parlait à moi, dans mon intimité. Je pense que ce qui est magnifique dans les livres d'Annie Ernaux, c'est qu'ils peuvent résonner dans chacun de nous à un moment donné de notre vie par rapport à un événement qu'on a pu vivre et qu'elle-même a pu vivre. C'est cette chose finalement, qu'en racontant sa «petite histoire» elle nous parle des grandes émotions universelles et ça, je trouve que c'est très très fort, c'est assez rare. Donc je salue cela et c'est ce qui me bouleverse. Il y a aussi énormément de théâtralité dans son écriture et je ne suis pas étonnée qu'on porte souvent son œuvre soit sur une scène de théâtre soit au cinéma.

Comment avez-vous adapté et conçu le texte d'Ernaux ? Vous dites avoir coupé «les passages faisant référence à l'époque de l'écriture» (95), vous avez également coupé le prologue (l'attente des résultats du test du sida qui permet à Ernaux de

4 Voir le compte-rendu de Carole Christen, «Théâtre, littérature, histoire et mémoire : *L'Évènement* d'Annie Ernaux mis en scène et interprété par Françoise Gillard, janvier 2025».

replonger dans une attente similaire, la vie en suspens, en 1963-1964). Vous avez par ailleurs déplacé du texte. Qu'est-ce qui vous a guidée dans vos choix, y compris scéniques ?
Très curieusement, avec Denis on s'est dit qu'on allait faire nos coupes chacun de notre côté. Parce que d'abord, on n'avait pas le temps en une heure dix de lire l'intégralité du livre. On s'est rendu compte, en se retrouvant, qu'on avait fait quasiment les mêmes coupes, c'est-à-dire que ce qui nous intéressait était de rester sur le récit direct : une jeune femme qui apprend qu'elle attend un enfant dont elle ne veut pas et sa quête pour pouvoir avorter clandestinement jusqu'à évidemment la mise en danger de sa vie. On a juste gardé à la fin un tout petit passage où elle explique cette culpabilité qu'elle aurait eue à garder ce récit pour elle. Donc pour nous c'était très important de rester sur l'événement direct. Il n'y a pas de recul par rapport à la situation. Je pense que quand il y a du recul, il peut y avoir du jugement alors qu'ici, on n'est pas du tout dans le jugement. Elle vit les choses les unes après les autres et elle le fait d'ailleurs sans jugement, ce qui est assez beau. Dans son écriture il n'y a pas de jugement par rapport aux hommes, aux médecins, à tous les gens finalement qui ont des réactions quand même assez culottées par rapport à elle. Elle est vraiment dans un récit direct. Cela nous a paru important de faire entendre ce récit-là. Alors que si on avait introduit tous les passages où Annie Ernaux, qui écrit quand même ce texte des années plus tard, fait référence à sa vie du moment où elle écrit le livre, cela nous paraissait moins intéressant ou en tout cas c'était un recul qui ne nous était pas nécessaire. Je pense que c'était plus intéressant aussi pour le spectateur d'être tenu en haleine par « Mais comment va-t-elle arriver finalement à pouvoir avorter ? Qu'est-ce-qui va se passer ? » Je pense que cela avait quelque chose de très théâtral aussi.

L'objet livre (papier ou audio) permet aux lecteur.rice.s de stopper leur lecture. L'Événement *est de ces textes à la lecture duquel on ressent le besoin de poser le livre, de marquer un temps d'arrêt, de revenir en arrière peut-être, sans parler des pauses que l'écrivaine fait dans le récit – les réflexions entre parenthèses – et les blancs entre les paragraphes qui procurent un moment de répit, ce que bien sûr, une représentation théâtrale ne permet pas de faire. Est-ce que cela a été une considération dans votre adaptation ? Comment ménagez-vous vos spectateur.rice.s (car il me semble que vous les ménagez, votre but n'est pas de choquer, vous laissez le texte le faire) ?*
Il y a plusieurs questions ici. La première question que vous me posez, c'est effectivement, quand on lit un livre, on peut prendre le temps de s'arrêter, on n'a pas toujours le temps de le lire d'un coup, et c'est vrai qu'au théâtre, on n'a pas cette possibilité de mettre sur pause et de prendre un temps, peut-être

pour recevoir le récit, le digérer, si je puis dire. Ménager le spectateur est important pour qu'il puisse aussi reprendre son souffle comme moi-même je pouvais reprendre le mien, donc on a laissé des temps, des temps qui sont devenus des temps écrits dans la partition. Pour moi, l'écriture d'Annie Ernaux, c'est un peu comme de la musique. Elle a une telle ponctuation. Une ponctuation qui permet de donner une rythmique au texte et donc les silences que j'ai introduits à l'intérieur de cette rythmique étaient pour moi des moments totalement liés à la partition musicale, des suspens. J'aimais bien appeler cela des suspens qui permettaient finalement de recevoir, de digérer, de reprendre son souffle et de repartir sur le récit. Et puis ce sont des temps importants. On n'est pas dans une société où le temps est quelque chose de bien vu, il faut toujours que les choses s'enchaînent. Il suffit d'écouter la radio aujourd'hui. Les présentateurs radio ne laissent plus jamais de silence, ce qui n'était pas le cas il y a vingt ou trente ans. Quand on écoute des vieilles émissions, même les invités pouvaient prendre le temps de réfléchir avant de répondre. C'étaient des suspens que moi je trouvais très beaux mais aujourd'hui il faut aller très vite. Or, le suspens permet de s'interroger sur ce que l'on va dire. C'est formuler dans son esprit avant de dire, même si ce ne sont que quelques secondes. Je pense qu'au théâtre on peut encore se permettre cette possibilité du suspens parce que le suspens, c'est aussi une musique.

Quant à votre autre question, effectivement je me sentais passeuse du texte. C'est-à-dire que je n'avais pas à surjouer un texte qui était déjà suffisamment fort. Le surjouer l'aurait tué. Je me sentais traversée par le verbe et les mots, pour permettre à chaque spectateur d'aller faire appel à sa propre bibliothèque émotionnelle et ses propres images émotionnelles, parce qu'on en a tous, et, en ne surinterprétant pas, cela pouvait lui permettre de faire appel à sa propre mémoire et à ses propres images sans que je les lui impose. En cela, je me sentais effectivement passeuse du texte.

Vous écriviez dans « 'Je me souviendrai' » que l'immobilité s'est imposée rapidement à vous. Un autre personnage célèbre pour son immobilité est Winnie, dans Oh les beaux jours *de Samuel Beckett. Toutefois, me semble-t-il, alors que Winnie s'enfonce (s'ensable) inexorablement dans le temps et les déceptions, votre Annie regimbe contre une immobilité forcée – par la société qui ne lui permet pas d'être délivrée plus tôt – mais également seulement apparente puisque le corps, assis, s'oppose à la voix qui relate la quête active d'une faiseuse d'anges. Diriez-vous qu'Annie est une anti-Winnie ?* L'Événement, *un spectacle existentialiste ?*

C'est très étrange que vous m'ameniez à faire un parallèle entre le personnage de Winnie dans *Oh les beaux jours* et *L'Événement* parce que Winnie est un personnage que je rêve de jouer. J'aime aussi beaucoup la langue de Samuel Beckett par son côté très épuré qu'Annie peut aussi avoir d'une certaine manière, même si ces deux auteurs sont vraiment différents. La différence que je peux faire est que Winnie est sur un constat de vie. Elle est en train de s'interroger sur ce qui s'est passé, elle vit de ses souvenirs, elle vit de cette espèce de chimère, comme une espèce de vieille enfant alors que ce que moi j'avais choisi d'incarner dans *L'Événement*, qui n'est pas la totalité du livre, c'est un moment où on est en découverte. En découverte de son corps, en découverte de ses possibles, de ses impossibles, de ce que la société accepte et refuse. Cette jeune femme est confrontée à des lois, à un environnement, à une société, au fait aussi qu'elle ne vient pas d'un milieu riche, ce qui lui permettrait d'aller se faire avorter ailleurs. Donc elle est plutôt en quête de découverte alors que Winnie est dans le constat.

L'Événement comme spectacle existentialiste… je pense que l'existentialisme est quand même quelque chose qui considère l'individu comme un être à part, un être en soi, unique, qui est responsable de ses actes au-delà de toute philosophie et qui est aussi maître de son destin. En même temps, ici j'ai l'impression qu'Annie, d'une certaine manière, assume la responsabilité de ses actes. Elle a couché sans se protéger dans un moment où évidemment la pilule était interdite et donc elle se retrouve enceinte ; elle assume le fait qu'elle ne veut pas cet enfant, elle assume un choix qui n'est pas la norme à l'époque et elle va prendre ses responsabilités. D'une certaine manière, est-ce qu'elle est maîtresse de son destin ? Oui, en tout cas dans le sens où elle va décider d'interrompre cette grossesse donc ça va influencer bien sûr aussi son destin, elle aurait eu un enfant, elle n'aurait certainement pas eu la même vie, le même parcours. Et en même temps ne subit-elle pas ce destin en subissant les contrariétés de la société ? C'est une question un peu délicate, j'essaie d'y répondre comme ça spontanément, le plus naturellement possible. Mais je pense que de toute façon, l'écriture d'Annie Ernaux est avant tout humaine, humaniste. Elle parle à un grand nombre parce que justement elle touche à des émotions humaines, de nos vies, qui sont identiques, qui, comme je l'ai dit dans une autre réponse, touchent à des événements de notre vie qui vont à un moment donné ou à un autre croiser notre route. Je ne parle pas de l'avortement mais du deuil, de la perte qu'elle a traités dans d'autres ouvrages, de la différence de classe, de la complexité de certains événements de la vie.

La musique joue un rôle important dans L'Événement *– et dans l'œuvre ernalienne. Y sont mentionnés «La Javanaise» et la «Passion selon saint Jean» de Bach. Pourquoi avoir choisi de ne pas les jouer dans le spectacle, de ne pas avoir de musique ?*

Concernant la musique, cela a été un choix assez rapide. J'avais pensé à certaines choses, notamment à une chanson d'Anne Sylvestre où elle parle de l'avortement. Et je m'étais dit qu'on pourrait peut-être la mettre à la fin du spectacle. À un moment donné j'ai gommé cette idée parce que je la trouvais anecdotique. C'est vrai qu'Annie Ernaux parle de la musique. « La Javanaise », je n'en parlais pas parce que c'était dans un passage que je n'avais pas gardé. Mais je parle de la « Passion selon saint Jean » de Bach, je parle des concertos brandebourgeois mais je trouvais que la musique aurait amené quelque chose dont le texte n'avait pas besoin. J'en reviens un peu à ma réponse précédente, il y a une telle musicalité dans la langue que j'avais l'impression que mettre de la musique viendrait casser quelque chose ou perturber quelque chose. Parce que je sais aussi la force de la musique, qui est parfois plus forte que les mots parlés. C'est pour ça qu'il faut toujours bien savoir comment on utilise la musique dans un spectacle de théâtre. Parce que parfois parler derrière la musique, c'est compliqué. Parce que l'émotion est parfois plus rapide avec la musique qu'avec les mots. Donc ici j'avais l'impression que mettre de la musique, ce serait aussi tuer les mots. Comme surjouer aurait tué les mots, amener de la musique aurait tué les mots également et j'avais l'impression que, face à ce récit, les mots se suffisaient et le reste avait besoin de silence.

Votre spectacle est puissant et occasionne des malaises. Surviennent-ils à des moments particuliers ? Lors de la représentation à laquelle j'ai assisté, vous avez dû vous interrompre et sortir de scène juste avant le besoin ressenti d'expulser le fœtus ; vous êtes revenue sur scène juste avant de dire « J'ai ressenti une violente envie de chier » (90) *? Savez-vous si ce sont des femmes ou des hommes qui se sentent mal ?*

Il est vrai que quasiment à toutes les représentations il y en a. Il y a des représentations où il ne s'est rien passé aussi. Ces malaises m'ont beaucoup embêtée au départ parce que j'avais l'impression que mon spectacle rendait les gens malades. Après, j'ai compris combien la force des mots, la puissance des mots faisaient que, en ne montrant rien… mais comme chacun a une bibliothèque émotionnelle, certaines personnes se créaient des images qui les amenaient au malaise. Ils surviennent à deux moments particuliers où je savais que ça pouvait arriver. C'est au moment où la faiseuse d'anges pose la sonde pour la première fois à la jeune fille et le deuxième c'est effectivement au moment de l'expulsion du fœtus dans les toilettes. C'est un moment où peut surgir un malaise. Je me suis toujours inquiétée pour le spectateur. Ce n'est jamais amusant de venir au théâtre et de ne pas se sentir bien et puis c'est toujours gênant de se sentir mal, on a l'impression de faire quelque chose dans un endroit qui n'est pas approprié pour ça. Alors que c'est aussi ça, une salle de théâtre : pouvoir exprimer des émotions. Évidemment quand elles mènent au malaise, c'est un peu excessif mais voilà, c'est comme ça, c'est la force des mots. Donc je m'enquérais toujours de savoir si les personnes allaient bien, ça, c'était ma première inquiétude. C'est vrai qu'au théâtre 14, ce qui n'a pas été le cas dans tous les lieux où je suis passée, où souvent les gens arrivaient à atteindre la porte et à sortir, ils se sentaient mal et n'arrivaient pas à arriver jusqu'à la porte de sortie. Le théâtre étant configuré d'une manière un peu complexe pour trouver la porte de sortie, ils tombaient dans les pommes dans la salle, donc effectivement j'ai dû m'interrompre et reprendre le récit. Toujours avec l'accord du public parce que je ne voulais pas reprendre si jamais le public ne se sentait pas de continuer l'histoire. Il y a eu autant d'hommes que de femmes. Peut-être plus de femmes. Mais des hommes aussi, ce qui m'a, au départ, beaucoup étonnée. Et pour avoir parlé avec certains après la représentation, ils me disaient que ça avait remué quelque chose en eux qu'eux-mêmes n'avaient pas imaginé. C'étaient souvent des jeunes hommes d'ailleurs. Ils me disaient en fait être touchés parce qu'ils pouvaient imaginer ce qui se passait dans le corps d'une femme, que jusque-là ils ne s'étaient pas vraiment interrogés et que donc ça leur provoquait quelque chose allant jusqu'au malaise.

Quels retours avez-vous eu de votre public, femmes et hommes ? Des hommes vous attendent-ils à la fin du spectacle pour partager leur expérience ?
À la fin du spectacle j'ai eu des retours autant d'hommes que de femmes, de toutes les générations. C'est ça qui était beau, c'est un spectacle qui suscitait la discussion, parfois l'envie vraiment de discuter. Des femmes d'une certaine génération qui avaient vécu l'époque d'Annie Ernaux, qui elles-mêmes étaient passées par un avortement clandestin ou pas. J'ai eu des récits de femmes qui me disaient avoir vécu ça, des récits d'hommes qui avaient combattu au planning familial et qui avaient aussi connu cette époque et puis des jeunes gens qui venaient me voir en me disant qu'ils n'avaient jamais entendu parler de ce qui s'était passé avant la loi de Simone Veil en 1975, confirmée en 1979. Ils sont nés dans une époque où finalement ce droit à l'avortement est acquis, ils et elles ne savaient pas ce qui s'était passé avant. Certaines me disaient « Je ne savais même pas ce que c'était qu'une faiseuse d'anges », « Je n'imaginais pas les aiguilles à tricoter » etc. Donc je pense que pour eux, il y avait une découverte aussi, aussi bien pour les hommes que pour les femmes, et comme je disais tout à l'heure, chez les hommes, la découverte aussi de ce qui peut se passer à l'intérieur du corps d'une femme, de la souffrance que ça peut impliquer, de la souffrance de se faire avorter. Encore aujourd'hui, je pense. Parce que bien souvent c'est une histoire de femmes, ce sont les femmes qui vont se faire avorter bien que l'enfant ait été conçu à deux et que les hommes souvent

acceptent l'avortement, acceptent même parfois de participer financièrement, même si aujourd'hui, c'est un droit gratuit. Mais ils n'accompagnent pas forcément, ils ont l'impression que c'est une formalité. Je pense qu'il y avait aussi une prise de conscience de ce que ça représentait et ça, c'était très beau pour moi de discuter avec toutes les générations. J'ai rarement eu des gens qui étaient contre l'avortement ou qui avaient un discours… J'ai eu parfois des gens qui avaient un questionnement, qui continuaient à s'interroger sur le fait que ce soit bien ou pas bien d'avorter. Donc ce qui est beau, c'est quand le spectacle et l'art élèvent au débat, élèvent à la discussion, à l'échange. Il n'y a rien de plus beau que quand on sort des spectacles et qu'on a envie d'échanger, que ça a permis de faire un pas de côté, de regarder les choses différemment, d'avoir appris et surtout, de s'interroger par rapport à sa propre vie, sa propre histoire ou les propres choix qu'on ferait si on était confronté à ce genre de situation.

Vous avez conçu et interprété L'Événement *en 2017 – avec la collaboration artistique de Denis Podalydès – puis l'avez repris du 7 au 25 janvier 2025 au théâtre 14. Entretemps, le monde a beaucoup changé pour les femmes: il y a eu #MeToo, le renversement de la loi Roe v. Wade en 2022 aux États-Unis, l'inscription de l'IVG dans la constitution française en 2024. Quels changements avez-vous remarqués dans la réception de votre spectacle en France?*

Il s'est passé effectivement énormément de choses depuis la création de *L'Événement* en 2017 pour moi. Entretemps il y a eu le film d'Audrey Diwan qui a été couronné du Lion d'or à la Mostra de Venise en 2021 et des Prix Lumière et Alice Guy en 2022, ce qui lui a donné une grande visibilité. Il y a beaucoup de choses qui ont avancé, d'autres qui ont reculé, certains pays qui ont avancé, qui ont permis l'avortement, d'autres qui ont reculé comme évidemment les États-Unis, la Pologne. C'est entré dans la constitution française, mais cela ne veut rien dire parce que je pense que la chose la plus hypocrite, c'est de dire que l'avortement est permis mais en même temps, de ne plus donner les moyens à des structures de pouvoir pratiquer des avortements. Je pense aussi à la clause de conscience des médecins, certains se cachent derrière en disant «Je ne veux pas pratiquer d'avortement». Il y a donc de moins en moins de médecins qui pratiqueront et de moins en moins de lieux où on pourra se faire avorter. Je pense notamment aux campagnes où il y a des mutualisations d'hôpitaux qui font que des hôpitaux et des centres d'orthogénie soit sont supprimés soit sont mutualisés avec d'autres hôpitaux et donc il faut faire des tas de kilomètres pour y avoir accès. Tout cela est pour moi hypocrite: bien sûr on a le droit, mais on n'a plus les moyens de le faire. C'est ce qui pourrait arriver en France et dans d'autres pays qui ont pourtant permis cette loi.

Après huit ans, parce que j'ai beaucoup porté ce spectacle sur les routes de France et d'ailleurs, je me suis demandé l'importance de le reprendre après le film, après toutes ces questions #MeToo, après tous ces sujets qui ont été traités différemment. Marianne Basler a créé un spectacle également sur *L'Événement*. J'aime énormément Marianne donc je suis très heureuse parce que si moi, j'arrête ce spectacle, je sais qu'elle continue à jouer sa version et que ce sont des sujets dont il faut parler encore et encore. Entretemps, j'ai joué aussi *Hors-la-loi*, monté par Pauline Bureau, sur l'affaire du procès Bobigny [1972] où j'ai tenu le rôle de Gisèle Halimi [24 mai-7 juillet 2019, Comédie Française]. C'était beau pour moi puisqu'après avoir joué une jeune fille qui cherche à se faire avorter, j'incarnais l'avocate qui défendait des femmes condamnées pour avortement et qui a permis aussi que la loi puisse évidemment être votée en France. En reprenant *L'Événement*, je me suis rendu compte de l'importance, encore, de ce sujet, de l'impact de ce spectacle malgré tout ce qui a pu être dit en huit années. D'une certaine manière, je me dis que j'ai fait ma part, j'ai essayé de porter ça sur un plateau, d'en faire un acte politique. Je ne fais pas de politique dans la vie mais je trouve que monter sur un plateau pour défendre des œuvres, et parfois des œuvres qui ont une portée sociale, est un acte politique. Donc je suis très heureuse d'avoir pu faire entendre cette parole pour finalement se dire « Plus jamais ça ». Mais on n'est à l'abri de rien. « Plus jamais ça », rien n'est jamais acquis, surtout concernant le droit des femmes. Je pense que continuer à en parler, en parler et en parler, c'est ce qui permettra que ces lois soient toujours protégées.

Vous êtes aussi partie en tournée, en France, en Belgique, au Liban et au Maroc. Qui vous a invitée ? Quelle a été la réception dans ces différents pays, dans les médias et par le public ? Vous êtes-vous jamais sentie en danger sur scène ou au sortir du théâtre ?
J'ai eu la chance de pouvoir aller jouer ce spectacle au Maroc, au Liban, dans des pays où l'avortement est interdit. Évidemment j'ai été invitée souvent par l'Alliance Française, dans des villes où j'ai quand même pu jouer ce spectacle. Au Maroc, c'était Rabat et Casablanca ; il aurait été hors de question que j'aille à Fès ou à Marrakech, ça aurait été totalement interdit. Et au Liban, c'était à Beyrouth, je n'aurais pas pu aller le jouer dans certains endroits du Liban, c'est évident. C'était très fort. Au Maroc, je me souviens que les femmes venaient beaucoup me parler après, en me disant « Vous savez, nous, on se bat, on se bat, mais ici avec la religion, c'est impossible. On n'y arrive pas. On ne pourra jamais arriver à ce que l'avortement soit permis dans notre pays donc ce qu'on fait si on en a les moyens, comme à l'époque d'Annie Ernaux, on prend un avion et on vient se faire avorter en France, si on n'a pas de moyens, eh bien

on a recours à des procédés archaïques». Ces procédés mettent évidemment la vie des femmes en danger puisqu'il faut savoir qu'aujourd'hui, dans le monde, toutes les neuf minutes une femme meurt d'un avortement clandestin. Et d'ailleurs, j'ai entendu que dans certains états des États-Unis où l'avortement a été interdit, dernièrement on a retrouvé des fœtus dans des poubelles. Donc on en revient à des méthodes archaïques qui vont mettre forcément en danger la santé des femmes, voire la vie des femmes.

Quant à la deuxième partie de votre question, jamais, jamais je ne me suis sentie en danger. Je n'ai jamais eu de gens contre l'avortement qui venaient manifester, je n'ai jamais eu d'agressivité, je ne me suis jamais sentie insécurisée. Il est vrai qu'au Maroc et au Liban, j'ai toujours été accompagnée de quelqu'un de la Comédie Française qui s'occupait des tournées et qui était avec moi parce qu'il me disait que dans ces pays-là, il valait mieux que je n'y aille pas seule. Je ne me suis jamais dit «Tiens, je prends un risque». Jamais. Et quand bien même, je l'aurais pris. Parce que je pense que parfois, ce sont des risques nécessaires. C'est toujours resté de l'ordre du débat et jamais finalement du conflit violent ou du conflit non démocratique en tout cas.

Le 25 janvier était votre dernière représentation. A-t-on besoin de se «remettre» de L'Événement*?*

Oui, ce n'est pas anodin de jouer ce spectacle, de le reprendre, de l'arrêter, de le retrouver à des moments aussi où ma vie a changé. Je n'ai plus la même vie qu'il y a huit ans. Donc le reprendre, c'est aussi voir qui on est devenu avec le temps parce qu'évidemment les œuvres nous parviennent différemment quand on les laisse de côté, qu'on les retrouve. On les redécouvre, on découvre des choses différemment. Des choses font écho en nous qui ne faisaient peut-être pas écho il y a huit ans, cinq ans, trois ans. Et ça, c'est très beau parce que les œuvres «vieillissent» avec nous. Donc je ne peux pas dire que j'aie jamais joué ce spectacle de manière anodine, c'est impossible. Et c'est peut-être aussi pour ça que j'ai envie d'arrêter. Je ne voudrais pas le jouer sans lui donner la dimension dont il a besoin pour exister, c'est-à-dire qu'il deviendrait quelque chose de systématique, je l'aurais tellement joué que le texte sortirait un peu comme une mécanique et ça, je ne veux pas. C'est un texte qui mérite autre chose que juste être dit de manière désincarnée. Il y a une telle incarnation que cela me demande une préparation, cela me demande une concentration énorme pour moi-même, à l'intérieur de moi, créer des images, parce que pour tout ce que je dis, j'ai créé ma propre mémoire d'images à l'intérieur de moi, et donc je dois toujours faire appel à ces images pour que le spectateur en face fasse appel à ses propres images. C'est une vraie traversée. Chaque fois, au début, je me demandais si j'allais arriver au bout de la représentation et comment j'allais y arriver.

Est-ce-que moi-même je ne serais pas prise d'un malaise ? Est-ce je n'allais pas avoir des trous de mémoire ? Est-ce-que j'allais pouvoir le défendre à la hauteur de sa force ? C'est à chaque fois une remise en question et la peur que j'aurais, ce serait de ne plus rendre justice à l'auteur, à Annie Ernaux pour qui j'ai énormément d'admiration et d'amitié. Je ne voudrais pas faire la représentation de trop, où j'aurais l'impression de mouliner des mots sans que, en dessous, il y ait tout ce qui est souterrain. Pour défendre des œuvres comme celle-là, on a besoin de charger le souterrain. Je ne sais pas si je me fais bien comprendre en parlant de ça. Quand on sort d'avoir joué comme ça trois semaines quasiment tous les soirs, on est assez fatigué. C'est sportif, même si ça n'a l'air de rien. C'est très éprouvant et en même temps il faut se laisser traverser d'émotions, comme pour chaque rôle qu'on endosse, quelles que soient les émotions qu'on endosse, et en même temps, ne pas se laisser trop atteindre par l'œuvre. Et pour ça, il faut se donner à soi le temps de se ressourcer, de se rééquilibrer et d'être de nouveau passeuse du récit.

Vous avez réalisé les audio-livres de Regarde les lumières mon amour *et* Le Jeune homme. *Avez-vous d'autres projets autour de l'œuvre d'Annie Ernaux ?*
J'ai eu la chance d'enregistrer deux autres livres d'Annie Ernaux en audio-livre. J'ai eu beaucoup de plaisir à enregistrer *Regarde les lumières mon amour* et son dernier livre, *Le Jeune homme*, qu'elle a bien voulu me confier parce que j'étais très touchée par cette histoire, par cette différence d'âge entre un homme et une femme et pas dans le sens classique où l'homme est beaucoup plus âgé que la femme. C'est beaucoup plus courant et ce n'est même pas une question alors que dans l'autre sens, c'est *toujours* une question. C'est toujours une question qui entraîne un jugement. J'ai eu la chance aussi de faire plusieurs lectures, dont une à la Bibliothèque Nationale, d'un montage des *Armoires vides*. J'ai fait aussi une lecture croisée avec Hervé Pierre sur *L'Autre fille* et un texte que Jean-Marie Laclavetine avait écrit sur la mort de sa sœur. J'aime toujours retrouver les textes d'Annie Ernaux. Je n'ai pas de projet à l'heure actuelle sur l'une de ses œuvres. J'aurai peut-être la chance d'enregistrer en audio-livre son prochain livre ? Secrètement, j'en rêverais. Je trouve que j'ai déjà eu la chance de pouvoir la porter, la dire. Pour moi, un texte est couché et le dire, c'est le relever, il passe de l'horizontalité à la verticalité ; j'espère avoir donné à *L'Événement* une belle verticalité. C'est tout ce que je souhaite et je serai toujours heureuse de donner ma voix, de prêter ma voix à la langue et au verbe d'Annie Ernaux. Je laisse toutes les portes ouvertes pour l'avenir.

Souhaitez-vous ajouter quelque chose à ces questions ou à votre texte paru en 2022 dans Le Cahier de l'Herne *sur Annie Ernaux ?*

Après ces huit années, je dirais que j'ai été chanceuse de pouvoir en tant que comédienne porter un texte de cette qualité, avec un tel écho, d'avoir rencontré des tas de gens en l'emmenant sur les routes de France, dans des petits théâtres, dans des endroits où les spectateurs n'ont pas toujours la chance de venir à Paris. D'aller à la rencontre de ces gens, de ces hommes, de ces femmes et d'aller à l'étranger. J'aurais aimé continuer à le porter dans d'autres pays où l'avortement est interdit mais ce n'est pas facile à organiser pour des raisons financières et sécuritaires. J'ai été chanceuse parce que ce qui nous permet à nous, acteurs, de construire de jolies maisons, c'est quand on a des belles fondations et Annie Ernaux, c'est une chance pour nous les artistes d'avoir de grands auteurs comme elle. Je pense que ce qui fait les grands acteurs, ce sont les grands auteurs avant tout. Sans eux, on n'est rien. Donc je m'estime très chanceuse d'avoir pu porter ce texte pendant huit ans et de l'expérience que ça m'a permis de vivre. En tant que femme aussi, pas seulement en tant qu'actrice. Il a accompagné une partie de ma vie, huit ans, ce n'est pas rien et je remercie l'idée qu'a eue Denis [Podalydès], un jour, d'avoir envie que moi, actrice, je rencontre cette autrice qui est Annie Ernaux et qu'il se soit dit « Eh bien je voudrais qu'elles se rencontrent et qu'elles fassent un petit bout de chemin ensemble ». Je suis pleine de gratitude d'avoir pu vivre cette expérience.

Ouvrages cités

Beckett, Samuel. *Oh les beaux jours*. Minuit, 1962.

Gillard, Françoise. « 'Je me souviendrai'. » *Le Cahier de l'Herne*, dir. Pierre-Louis Fort, L'Herne, 2022, p. 94-96.

13

The Years in London

Lyn Thomas

Abstract In this piece, Lyn Thomas shares her personal spectatorial experience, yet one infused with scholarly considerations, of Eline Arbo's 2025 London adaptation of *Les Années*, where the five actors—Deborah Findlay, Romola Garai, Gina McKee, Anjli Mohindra, and Harmony-Rose Bremner—take turn incarnating Annie. In this feminist interpretation, Arbo imported from other works scenes that are only touched on in the book—sexual initiation and illegal abortion—, thus adapting the "total novel" into a total representation.

Keywords abortion – Eline Arbo – feminism – *The Years* – *L'Événement* – *Mémoire de fille* – *Passion simple*

Eline Arbo's dramatization of Ernaux's *Les Années*, originally written in Dutch and performed in the International Theatre Amsterdam, has been a huge success on the London stage. After a sold out run at the Almeida in North London in summer 2024, it transferred to a much larger venue, the Harold Pinter theatre in the West End in January 2025, where it has played to almost full houses and rapturous applause. At the two performances I attended, in January and March, the play received a standing ovation from its predominantly female audience. The press has been equally elogious. Arifa Akbar's subtle account in *The Guardian* concludes: "There is so much emotional depth, surprise and theatrical virtuosity here that it holds you rapt across the ages. What an accomplishment."[1] Isobel Lewis in *The Independent* describes it as a "unique and profoundly moving experience" and is moved to tears by "the emotional experience of seeing an entire existence lived on stage; a fairly unremarkable life made utterly remarkable."[2] Suzy Feay, writing in *Financial Times*, finds that "Annie Ernaux's book takes on a visceral new life."[3]

1 https://www.theguardian.com/stage/article/2024/aug/02/the-years-review-almeida-theatre-london-annie-ernaux-five-stars Last access 03/10/2025.

2 https://www.the-independent.com/arts-entertainment/theatre-dance/reviews/the-years-review-almeida-theatre-annie-ernaux-b2589575.html Last access 03/10/2025.

3 https://www.ft.com/content/b201f825-53a8-4ced-9bef-166a7e6f834f Last access 03/10/2025.

© 2026 KONINKLIJKE BRILL BV, LEIDEN | HTTPS://DOI.ORG/10.1163/9789004760219-015

Audiences no doubt include readers of *Les Années*, of Ernaux's whole *œuvre*, and those who have never read a line by the writer, but have been attracted by the rave reviews, word of mouth or social media posts. On March 8th, International Women's Day, the atmosphere in the theatre was effervescent and it was easy to fall into conversation with one's neighbours. The women I sat next to had never read Ernaux, were curious about her, and declared that they would "read the book" at the end of the play, which they loved. Feay comments that as the play (and book) traverse epochs, everyone can find something that resonates with their own history: in her case the aerobics classes of the 1980s! Having studied and written about Ernaux's writing for thirty years, I naturally did not approach this dramatization innocently. However, on both occasions I was also completely immersed in one of the most original pieces of theatre I have ever experienced. So why is this production so powerful, and what does it bring to our understanding of Ernaux's work?

As we enter the auditorium, the stage is partly lit, revealing a circular rail in the floor and at its centre a table, and a few chairs. When the play opens, the stage is plunged into total darkness as we hear rhythmic repeated notes and the opening lines of Ernaux's *Les Années*, announcing her (and our) ultimate and inevitable disappearance from the world: "All the images will disappear." The lights come up gradually revealing in centre stage the five female performers who will incarnate Annie at different stages of her life, Annie 1 to 5 in the script. They continue, in turn, to recite Ernaux's opening text—the memory images that will disappear—while clouds swirl around them. The clouds disperse, and the action begins. Two of the actors hold up a white sheet, while Annie 5 (Deborah Findlay) recites Ernaux's description of a photograph of herself as a six-year-old child, and Annie 1 (Harmony-Rose Bremner) tries to portray the person being described, her comically exaggerated efforts generating the first laughs of the play. Annie 3 (Romola Garai) stands at the side of the stage, continuing to speak lines from Ernaux's narrative: "On holiday afternoons after the war, amidst the interminable slowness of meals, time appeared out of nowhere and began to take shape," while the other four actors play the scene of a family meal in the 1940s, reminiscing about the war. While the adults moan about their sufferings, Bremner as Annie 1 and Anjli Mohindra as her cousin dance around the stage excitedly, their exuberant acting bringing to mind Ernaux's description of her childhood self as the queen of her small body: "la petite reine de mon corps," in her first novel *Les Armoires vides* (*Cleaned Out*). However, the scene ends on a sombre note. Arbo creates dialogue from Ernaux's one paragraph description in *Les Années* of a photograph of her older sister who died before she was born, a theme Ernaux explores in more depth in her letter to her dead sister, *L'Autre Fille*.[4] Findlay, playing Annie's mother, suddenly appears distressed, and moves away from the table, while Annie herself listens quietly, with an increasingly troubled expression, as her aunt reveals the devastating truth about the photo. Garai then resumes the narrative: "there were dead children in every family," and Bremner concludes with Ernaux's concise expression of the theme of collective memory: "After the war, amidst the laughter and shouting of the never-ending holiday meals, other people's memories gave us a place in the world."

In this first scene we have all the elements of Arbo's dramatization. The script combines almost verbatim quotations from Alison L. Strayer's translation of *Les Années*, and later, other works, often delivered in the style of a Greek chorus, with dialogue invented by Arbo on the basis of Ernaux's text. The sparseness of the mise-en-scène by Juul Dekker is in harmony with Ernaux's style, and the circular rail reflects the cyclical nature of women's lives, as well as providing a circuit for simple props, representing all manner of things from prams to Vespa scooters. Throughout the play, bursts of music, from French *chansons* to pop and rock, create the atmosphere of the period represented in the scene, and allow the actors, particularly Bremner, to display their considerable musical talents. Arbo uses Ernaux's recurring themes of descriptions of family meals and of photographs to structure the play, expressing this visually through the use of white cloths serving both as background for the "photographs," and tablecloths. The actors repeatedly wipe and set the table, and at the end of the scene remove the cloths, now stained with wine, food or blood, and hang them on a "clothes line" at the back of the stage. Thus, we are reminded of women's perpetual domestic labour, and of Ernaux's symbolics of shame; the word "whore" is painted on one sheet in scene 4, referencing the text on which this scene is based, *Mémoire de fille* (*A Girl's Story*). Ingeniously the cloths are scrunched up to represent babies, small children, and even, at one point, Ernaux's beloved black and white cat!

This is without doubt a profoundly feminist interpretation of Ernaux's work. In the programme Arbo describes her motivation for doing this adaptation as stemming from her experience of moving from Norway to the Netherlands, where the level of women's emancipation was lower than she was used to. We can see from this why Arbo has chosen to include extracts from Ernaux's other works in the play: the scene of traumatic sexual initiation at 18 from *Mémoire de fille* (*A Girl's Story*), and the harrowing description of Ernaux's illegal abortion in 1964 from *L'Événement* (*Happening*). These events are only touched on in *Les*

4 In French the title means both "The Other Girl" and "The Other Daughter."

Années, with its longer temporal scale (1940–2007) and more collective, social, and political focus. The inclusion of these scenes in the play foregrounds the issues of consent and women's reproductive rights, which sadly are ever more relevant to contemporary audiences, and which Ernaux herself has championed, both through her writing and public statements and interventions (she participated in the fight to legalise abortion in France in the 1970s,[5] and in recent years has frequently aligned herself with #MeToo).

In the play Ernaux's descriptions of these two traumatic and life-changing events are reproduced almost verbatim, becoming intensely powerful monologues, played by Anjli Mohindra and Romola Garai. The abortion scene has become a *cause célèbre*,[6] as at almost every performance the play has to be paused while fainting or distressed audience members are attended to. On March 8th, the pause lasted around 15–20 minutes, as first aid was requested for people in the stalls where I was sitting, and then in the dress circle. Tense silence was replaced by chatter, while ushers and first-aiders rushed around and the afflicted who had temporarily left their seats were comforted by friends or were handed glasses of water. The five actors waited at the side of the stage, and Romola Garai, playing Annie in this scene, stood perfectly still, as if frozen in the pose she had held when the play was stopped. The audience applauded as she resumed, and we were plunged again into the intensity of the scene. At the end, she slumped at the table, while the other four actors shakily resumed the narrative of social and cultural changes and then busied themselves with scrubbing the floor and hanging up the bloodied sheet on the line at the back of the stage. In a moving representation of women's care for other women, they clustered around Garai and wiped down her bloodied thighs. The combination of the outstanding acting, the drama on and off stage, and above all the power of Ernaux's text made this in every sense a *happening*.

In scene ten of the play Arbo also departs from *Les Années* by including the opening pages of *Passion Simple*, starting with a slightly freer version of Tanya Leslie's translation of its opening line: "Since last September I have done nothing but wait for a man: for him to call me and come to me."[7] Gina McKee's

---

5 "C'est spontanément que j'ai milité au sein de l'association Choisir, puis au MLAC, de 1972 à 1975" (ECC 103).

6 https://www.theguardian.com/stage/article/2024/jul/31/london-play-the-years-paused-after-theatregoers-felt-faint-during-abortion-scene Last access 03/12/2025.

7 "From September last year I did nothing else but wait for a man: for him to call me and come round to my place" (Tanya Leslie, *Passion Perfect*, *Quartet Books* 1993, and *Simple Passion*, Fitzcarraldo, 2021). Annie Ernaux's orginal reads: "À partir du mois de septembre l'année dernière, je n'ai plus rien fait d'autre qu'attendre un homme: qu'il me téléphone et qu'il vienne chez moi" (13).

monologue takes us into the heart of the everyday experience of obsessive passion, acted out first in a kind of erotic dance with a chair, and then with Garai playing the lover, and showing little interest in the book Annie is writing. There were roars of laughter from the audience at this point, one of the rare moments when theatrical effect takes priority over fidelity to the spirit of Ernaux's text. Although this scene did jar with me slightly, despite McKee's superb acting, this is not a general criticism of the play. Arbo and the actors have brought humour to Ernaux's sober and serious writing, and the drama is all the better for it, since it seems to me to be a necessary part of transforming written text into effective theatre, with moments of release and pleasure interspersed with intense and disturbing scenes. Women's sexuality is foregrounded throughout the play, from frantic adolescent masturbation to gentle later life love for a younger man. This again is harmonious with Ernaux's feminist writing, and a strong feminist statement in itself, even if at times it takes a comic turn which Ernaux certainly does not.

Ernaux's central theme of social class, and the painful process of changing class through education is emphasised less in this play than her experience as a woman, but it is subtly present in the script, which reproduces lines such as: "Unlike her parents, she doesn't have to miss school to plant rapeseed, shake apples from trees or bundle firewood. The school calendar has replaced the cycle of the seasons." In Britain, accent is of course a significant marker of social class; the first time I saw the play this seemed to be an omission. However, the second time I realised that whilst in general, the actors speak in their habitual accents, they do adopt more working-class accents in the first scene of the 1940s family meal. In scene 5, in the aftermath of the traumatic sexual initiation, Anjli Mohindra playing Annie 2 picks up a guitar, turns her back to the audience and sings and plays "The Great Pretender." It is an inspired choice, symbolising not only her distress after her experience of sexual abuse and subsequent abandonment, but also her uneasy move into the middle-class world of the University, where she must play a part, hiding both her humble origins, and her past subjugation to a man.

In the final scene, Deborah Findlay speaks Ernaux's poetic closing lines:

> I would love to capture the light that washes over now-faded faces and tables groaning with vanished food. The light that was already present in the stories during Sunday dinners in childhood and that has continued to settle upon things the moment they are lived—a light from before. Saving something from the time that will never be again.[8]

8 "Elle voudrait saisir la lumière qui baigne les visages désormais invisibles, des nappes chargées

As she speaks these lines, the other actors pin the stained white cloths to a metal frame which then raises them so that they float above the stage. The five actors move to the back and cluster around a projector which illuminates their faces, as if with "a light from before." Their faces then appear on the cloths, their expressions subtly changing, evoking the passage of time, and memory. It is a kind of catharsis: many are moved to tears, and we stand, in awe of what we have seen and heard.

Works Cited

Ernaux, Annie. *Passion simple*. Gallimard, 1991.
Ernaux, Annie. *Passion Perfect*. Translated by Tanya Leslie. Quartet Books, 1993.
Ernaux, Annie. *Les Années*. Gallimard, 2008.
Ernaux, Annie. *Simple Passion*. Translated by Tanya Leslie. Fitzcarraldo, 2021.
Ernaux, Annie, and Frédéric-Yves Jeannet. *L'Écriture comme un couteau*. Stock, 2003.

de nourritures évanouies, cette lumière qui était déjà dans les récits des dimanches d'enfance et n'a cessé de se déposer sur les choses aussitôt vécues, une lumière antérieure" (LA 241), "Sauver quelque chose du temps où l'on ne sera plus jamais" (LA 242).

14

« Une autre perception du temps » : *Gli anni* de Marco D'Agostin

Tommaso Testolin

Abstract This chapter retraces the creative process of choreographer Marco D'Agostin's *Gli anni*, the only choreographic adaptation of *Les Années*, performed by Marta Ciappina. We highlight points of convergence and divergence between the choreography and Ernaux's text, reflect on bodily memory and the body as archive, and link Ernaux's conception of time in her writing with D'Agostin's creation of a dance "capable of making time pass." Concrete examples from the choreography and Ciappina's performance reveal how engaging with other art forms provides a different perspective on literary works.

Keywords Ernaux – D'Agostin – dance – time – memory – body – archive

Gli anni de Marco D'Agostin*, dont la première a eu lieu à Florence en 2022[1], est à ma connaissance la seule adaptation chorégraphique du livre d'Annie Ernaux publié en 2008 et traduit en italien en 2015 par Lorenzo Flabbi. Lorsque j'ai assisté à la représentation du 23 février 2024 au Teatro Comunale di Vicenza, j'ai été frappé par la richesse expressive du spectacle : sous l'apparente simplicité de la chorégraphie s'ouvrait un univers de références dissimulées, invitant à une analyse plus approfondie. Au cours de l'entretien que Marco D'Agostin m'a accordé le 2 novembre 2024, cette impression initiale a été confirmée. Même si le titre du spectacle renvoie également à la chanson du groupe 883[2], la référence principale reste l'œuvre d'Ernaux, qui a été réinterprétée à la lumière d'une réflexion sur la mémoire corporelle. Il me semble important de restituer la richesse du mouvement créateur de D'Agostin, un chorégraphe capable de

* Je tiens à remercier Marco D'Agostin pour sa disponibilité et sa gentillesse. La recherche – en particulier sur une autrice comme Annie Ernaux – se révèle une fois de plus être un travail collectif.

1 Pour plus de détails sur le processus de création, voir D'Agostin, Marco. *Gli anni*. https://www.marcodagostin.it/works/gli-anni/ Dernier accès le 08/02/2025.

2 « Gli anni », sortie en 1998, est une chanson devenue le symbole de la fin d'un millénaire et d'une nostalgie du passé, des sentiments autour desquels une génération s'est réunie.

© 2026 KONINKLIJKE BRILL BV, LEIDEN | HTTPS://DOI.ORG/10.1163/9789004760219-016

maîtriser des rapprochements inattendus et parfois déroutants, car la pluralité interprétative dégagée par son adaptation atteste de la profonde originalité qui caractérise son travail artistique. Comme il a tenu à le préciser, cette opération pourrait trouver son fil conducteur dans une réflexion sur le temps, dans la recherche d'une « autre perception du temps, une différente manière de concevoir la temporalité ».

1 Faire danser une biographie

Lorsqu'il préparait *Saga*[3], une pièce consacrée au roman familial comme dispositif capable de rassembler les corps dans un mouvement collectif, Marco D'Agostin a pu remarquer une fois de plus la singularité du travail de Marta Ciappina, danseuse et pédagogue italienne, qui auparavant lui avait demandé de créer un solo pour elle. Initialement réticent, à cause notamment de leur forte amitié, il a néanmoins accepté quand il l'a vue improviser sur la chanson d'Achille Lauro « C'est la vie »[4], par laquelle *Gli anni* commence. À cette occasion, Marco D'Agostin a pu voir « le passé traverser les yeux de Marta ». Il serait déjà intéressant de comprendre la signification profonde de ce geste, la traversée du passé, sur lequel Annie Ernaux a tant écrit. Le participe passé du verbe *traverser* est évoqué par exemple dans la préface à *Écrire la vie* :

> Je n'ai pas cherché à m'écrire, à faire œuvre de ma vie : je me suis servie d'elle, des événements, généralement ordinaires, qui l'ont *traversée*, des situations et des sentiments qu'il m'a été donné de connaître, comme d'une matière à explorer pour saisir et mettre au jour quelque chose de l'ordre d'une vérité sensible. J'ai toujours écrit à la fois de moi et hors de moi, le « je » qui circule de livre en livre n'est pas assignable à une identité fixe et sa voix est *traversée* par les autres voix, parentales, sociales, qui nous habitent. (ELV 7, mes italiques)

Ce thème de la traversée – évoqué récemment par Ernaux elle-même à propos du travail de l'historien.ne[5] – implique une relecture interpersonnelle de la dimension temporelle : le temps ernalien n'est pas un temps impersonnel,

3 https://www.marcodagostin.it/works/saga/ Dernier accès le 08/02/2025.

4 Le titre original est en français.

5 « En fait, je n'ai pas traversé le temps, c'est le temps qui m'a traversée » (Ernaux, « Les historiennes et les historiens » 15'23). L'idée avait déjà été explicitée dans *Les Années* à travers l'expression « ce temps qui l'a traversée » (LA 238).

FIGURE 14.1 Marta Ciappina avec une lupara à la main, réalisant un *reenactment* de l'instant où son père est mort. Michelle Davis © Marco D'Agostin—Associazione Culturale VAN

mais il se construit lui-même à travers les expériences des vies qui l'habitent. C'est en ce sens que la métaphore prostitutionnelle – « Je suis traversée par les gens, leur existence, comme une putain » (JD 69) – permet de placer le corps au centre de cette réflexion.

Pour les deux artistes italiens, le thème de la traversée du corps par différentes temporalités a représenté le motif déclencheur d'une réflexion sur la notion d'événement, à partir notamment de l'histoire personnelle de Marta Ciappina. Son père, l'avocat Vincenzo Ciappina, fut assassiné de deux coups de lupara (un type d'arme à feu) le 8 juillet 1991, devant sa maison à Biadronno (Varese), à cause d'un conflit concernant les limites cadastrales dans lequel était mêlée la Mafia. La vérité sur ce cas représentatif d'une époque de la vie politique italienne n'a été établie que des années après, et sa fille, performeuse et professeure de danse depuis plus de vingt ans, n'avait jamais eu l'occasion d'en parler publiquement. Si le texte ernalien thématise le rapport entre la vie d'une génération et la voix « transpersonnelle » (Ernaux, « Vers un *je* transpersonnel »), à travers laquelle ce temps écoulé s'exprime, *Gli anni* se développe autour d'un double questionnement : d'une part, il interroge la vie dansée d'une biographie (comment peut-on faire émerger sur scène un passé qui habite un corps individuel ?) et d'autre part, il utilise le livre comme dispositif pour réfléchir à la présence d'autres histoires sur scène, comme par exemple les souvenirs de la vie familiale, les visages des politiciens qui ont marqué la jeunesse de Marta Ciappina ou également les vécus incorporés par les spectateur.rice.s présent.e.s dans la salle.

2 Des instructions pour le corps

> Dans ces moments, elle pense que sa vie pourrait être figurée sous la forme de deux axes croisés, l'un horizontal, portant tout ce qui lui est arrivé, qu'elle a vu, entendu, à tout instant, et l'autre, vertical, avec juste quelques images, plongeant vers la nuit. (LA 158)

Gli anni s'ouvre sur cette citation projetée sur un écran. Marco D'Agostin interprète ce passage comme de véritables « instructions pour le corps » données par Ernaux aux lecteur.rice.s. De la même manière que l'on peut distinguer des événements marquants (qui persistent à travers la transformation en images) au sein du flux continu de la vie, les gestes peuvent être organisés selon une partition stratifiée. Tout au long du spectacle, Marta Ciappina essaie d'établir une continuité horizontale imaginée, intercalant des moments verticaux et obliques en fonction de la configuration instantanée de l'espace qu'elle habite. Cette discontinuité au sein de la continuité est exemplifiée par le comptage de citrons, leitmotiv qui revient pendant toute la performance, du début jusqu'à la fin. Dans les premiers moments du spectacle, la performeuse nous raconte qu'elle est allée au marché et qu'elle a acheté « un citron, deux citrons, trois citrons etc. ». Le citron, en tant que fruit, revêt dans l'imaginaire culturel italien un rôle important et sa présence dans le spectacle permet de construire une relation non chronologique au temps. D'une part, l'interruption du comptage par des tableaux de danse engendre le dysfonctionnement d'un *master clock* censé diriger le flux des souvenirs et des mouvements ; d'autre part, la reprise de l'énumération confère à la performance un rythme non linéaire.

Pour interroger de manière plus profonde cette diversification rythmique de la biographie dansée de Marta Ciappina, il faudrait examiner le rôle joué par les chansons, objets culturels qui permettent de mieux saisir l'atmosphère entourant l'expérience momentanée d'un corps. Ernaux en fait un usage très fréquent et Marco D'Agostin, lors de l'entretien, a affirmé avoir été particulièrement touché par leur présence dans *Mémoire de fille*. En ce qui concerne plus spécifiquement l'écriture des *Années*, il me semble important de souligner la manière dont *Le Bal* d'Ettore Scola (1983) a inspiré la rédaction du livre[6]. Le film décrit

---

6 On peut notamment se référer à ce qu'Ernaux écrit dans son journal d'écriture (AN 109, 131).

FIGURE 14.2 Marta Ciappina avec des écouteurs. Michelle Davis © Marco D'Agostin—Associazione Culturale VAN

la vie d'un salon de danse parisien ; pendant près d'un demi-siècle, hommes et femmes de toutes les classes sociales s'y retrouvent chaque semaine. Cinquante ans de chansons célèbres marquent successivement l'époque du Front populaire, de la Seconde Guerre mondiale, de la Libération et de Mai 68. L'autrice a souvent commenté les points de convergence entre son livre et le film de Scola, et l'on retrouve un défilé de chansons également dans le spectacle de Marco D'Agostin. Si *Gli anni* s'ouvre sur « C'est la vie » d'Achille Lauro, véritable déclencheur du travail commun entre le chorégraphe et la performeuse, Marta Ciappina dialogue aussi avec des morceaux divers tels que « Eternità » (la version chantée par Ornella Vanoni lors du *Festival di Sanremo* en 1970) et les chansons de Britney Spears et Raffaella Carrà. Le public est appelé à participer à cette opération de reconstruction musicale collective en proposant ses propres chansons, intégrant ainsi le dispositif scénique avec des souvenirs imprévus. Il est intéressant de remarquer qu'à cet égard la forme ouverte de la chorégraphie permet d'aller plus loin que la « forme close » du livre. Certes les textes d'Ernaux ne cessent de trouver des nouvelles vies en réveillant les expériences des lecteur.rice.s, mais le caractère instantané de la présence du corps sur scène permet simultanément d'intégrer et de dépasser le dispositif transpersonnel ernalien, en s'adressant directement aux spectateur.rice.s présent.e.s dans la salle et en les appelant à une participation active. De cette manière, *Gli anni* parvient à faire cohabiter une partition fixe avec un espace libre de modification en fonction du lieu qui accueille la performance. Ce double caractère du spectacle, à la croisée du singulier et du collectif, se reflète dans le rôle joué par les écouteurs. Cet objet permet en effet de représenter simultanément sur scène la dimension intime de l'isolement de Marta Ciappina et la création d'une « communion » avec le public grâce à la chanson qu'iels entendent. Lors de ces instants d'émotion intense entre l'artiste et les spectateur.rice.s, j'ai été frappé par la résonance avec l'analyse de l'expérience musicale proposée par Ernaux, qui affirme que « Les chansons transforment la vie en roman » (VE 22).

3 La mémoire corporelle

Depuis la publication de l'article d'André Lepecki, « The Body as Archive », un large débat s'est développé au sein des études théâtrales autour de la possibilité de transmettre et d'archiver un art considéré éphémère, comme la danse. Le champ de recherche des *reenactment studies*[7] a été exploré en Italie par Susanne Franco et Cristina Baldacci (parmi d'autres), mais le travail de D'Agostin sur *Gli anni* a été inspiré surtout par les textes sur le corps-archive de Gaia Clotilde Chernetich, chercheuse-artiste qui a essayé de complexifier et de nuancer le concept de *disparition* auquel trop souvent on associe la chorégraphie. Contre une « rhétorique de l'éphémère », tous leurs travaux analysent des modalités différentes de conservation et de transmission qui ont toujours caractérisé la danse, soulevant une question qui demeure centrale : quelle mémoire le corps est-il capable de porter ?

Dans le cadre de cette perspective, il convient de souligner que la partition chorégraphique de *Gli anni* se développe autour d'une série d'allers-retours entre différentes dimensions temporelles : la vie de Marta Ciappina, l'écriture à deux d'une œuvre de *littéradanse*[8] avec Marco D'Agostin, l'époque de l'his-

7 Pour une introduction à ce champ de recherche je renvoie à Agnew et al.

8 Pour l'histoire de la genèse et de l'usage de ce terme, je renvoie à Mesager (13-20). Si Ghada

FIGURE 14.3 Marta Ciappina au téléphone. Michelle Davis © Marco D'Agostin—Associazione Culturale VAN

toire italienne que le spectacle tente de reconstruire (principalement à travers des références à la vie politique) et enfin le moment « présent », le temps de la soirée où tous ces niveaux s'enchevêtrent au fur et à mesure que la pièce se déroule. Il est également important de préciser que l'expérience mémorielle, tant chez Ernaux que chez D'Agostin, est souvent suscitée par les histoires inscrites dans les objets. Leur importance traverse toute l'œuvre d'Ernaux (l'Opinel du père dans *La Place*, la chemise de nuit souillée de la mère dans *La Honte* etc.) et discuter leur statut complexe dépasse le cadre de ce compte-rendu. Si dans *L'Événement* Ernaux écrivait que « La seule vraie mémoire est matérielle » (68), dans *Gli anni* les objets revêtent un rôle de pure évidence sensible. Ce n'est pas un hasard s'ils sont marqués par un numéro, comme le font les enquêteur.rice.s sur une scène de crime ; une bouteille, un sac, portent eux-mêmes une histoire que le corps est capable de réveiller. Le téléphone constitue en particulier un

Saber emploie le mot *littéradanse* dans l'objectif de « défendre l'existence d'une esthétique à la croisée des mots et de la danse » (68), *Gli anni* se présente aux spectateur.rice.s comme un véritable roman, en s'appropriant une série d'éléments propres à la fabrication d'un livre. Au début, le titre et une date de publication sont projetés sur un écran, suivis par l'épigraphe déjà citée, une dédicace « À Licia », ainsi que la section « Du même auteur » que l'on retrouve normalement au dos de la couverture d'un livre.

outil indispensable, le moyen qui semble permettre toute communication : à la fois avec le père, le public et plus largement avec le passé. Dans *Les Années*, Ernaux décrit le téléphone comme un vecteur de changement des rapports de distance interpersonnelle (198). Dans *Gli anni*, sa présence permet de réfléchir une fois de plus au plateau comme un espace ouvert, à la distance (ou, parfois, à la proximité) qui s'établit entre le public et la performeuse.

4 La trace d'une solitude

Dans *Matière et mémoire*, texte qui a énormément influencé le travail de Marco D'Agostin, Henri Bergson écrivait que « La matière, pour nous, est un ensemble d'images » (1). La notion d'*image*, au centre de l'incipit des *Années*, « toutes les images disparaîtront » (LA 11), semble condenser tous les enjeux soulevés par l'écriture d'Annie Ernaux et l'adaptation de son texte par Marco D'Agostin. Il serait très difficile d'en donner une définition précise, et l'opération n'est d'ailleurs pas forcément souhaitable, car l'œuvre ernalienne semble nous montrer que l'accès aux images est toujours médié par la diversité des histoires ancrées dans les corps, dimension que l'autrice des *Années* a soulignée à plusieurs reprises à travers l'expression « écrire depuis » :

> C'est ainsi que j'ai conçu mon engagement dans l'écriture, lequel ne consiste pas à écrire « pour » une catégorie de lecteurs, mais « depuis » mon expérience de femme et d'immigrée de l'intérieur, depuis ma mémoire désormais de plus en plus longue des années traversées, depuis le présent, sans cesse pourvoyeur d'images et de paroles des autres. (Ernaux, *Conférence Nobel*)[9]

Ce paradigme de l'histoire incorporée permet de penser l'acte artistique jusqu'au bout, vers son achèvement. Dans l'épigraphe de son dernier livre publié, *Le Jeune homme*, Ernaux affirme : « Si je ne les écris pas, les choses ne sont pas allées jusqu'à leur terme, elles ont été seulement vécues » (9). L'expression « danser les choses jusqu'à leur terme » pourrait justement bien décrire l'un des objectifs du travail de Marco D'Agostin et surtout de Marta Ciappina, laquelle pour la première fois a pu affronter publiquement l'événement de la mort de son père grâce à *Gli anni*. Bien que l'écriture, à l'instar de la danse, soit souvent considérée comme une entreprise collective, elle semble néanmoins

9 https://www.nobelprize.org/prizes/literature/2022/ernaux/201000-nobel-lecture-french/ Dernier accès le 08/02/2025.

FIGURE 14.4 Marta Ciappina confrontée aux images de son enfance. Michelle Davis © Marco D'Agostin—Associazione Culturale VAN

requérir un travail solitaire. Si D'Agostin a créé avant tout des solos[10], c'est peut-être parce que son travail porte la trace d'une solitude, d'une conversation avec soi-même qui, s'ouvrant aux autres, parvient à saisir, de façon singulière, cette autre « perception du temps » si justement décrite par Annie Ernaux.

Ouvrages cités

Agnew, Vanessa et al. *The Routledge Handbook of Reenactment Studies. Key Terms in the Field.* Routledge, 2020.

Baldacci, Cristina, et Susanne Franco (dir.). *On Reenactment : Concepts, Methodologies, Tools.* Accademia University Press, 2022.

Bergson, Henri. *Matière et mémoire. Essai sur la relation du corps à l'esprit.* PUF, 2012.

Chernetich, Gaia Clotilde. « Il corpo-archivio nelle politiche della memoria : il caso di Pina Bausch ». *Ricerche di S/Confine*, vol. 5, 2019, p. 66-77.

Ernaux, Annie. *Annie Ernaux, les historiennes et les historiens.* Rencontre enregistrée en public le 5 octobre 2024 à Yvetot (espace culturel Les Vikings). https://parolesdhistoire.fr/index.php/2024/11/04/354-annie-ernaux-les-historiennes-et-les-historiens/ Dernier accès le 05/02/2025.

Ernaux, Annie. *Le Jeune homme.* Gallimard, 2022.

Ernaux, Annie. *L'Atelier noir.* Gallimard, 2022.

Ernaux, Annie. *Gli anni.* Traduit par Lorenzo Flabbi. L'Orma Editore, 2015.

Ernaux, Annie. *Les Années.* Gallimard, 2008.

Ernaux, Annie. *La Vie extérieure.* Gallimard, 2000.

Ernaux, Annie. *Journal du dehors.* Gallimard, 1993.

Ernaux, Annie. « Vers un *je* transpersonnel ». *Autofictions & Cie*, dir. Serge Doubrovsky et al., *Cahiers RITM*, vol. 6, Université de Paris X – Nanterre, 1993, p. 219-222.

Lepecki, André. « The Body as Archive : Will to Re-Enact and the Afterlives of Dances. » *Dance Research Journal*, vol. 42, no. 2, 2010, p. 28-48.

Mesager, Mélanie. *Littéradanse, Quand la chorégraphie s'empare du texte littéraire. Fanny de Chaillé, Daniel Dobbels, Antoine Dufeu et Jonah Bokaer.* L'Harmattan, 2018.

Saber, Ghada. « Du texte aux gestes : la transposition chorégraphique du roman *Ce que j'appelle oubli* de Laurent Mauvignier ». *Studi Francesi* vol. 198 (LXVI, III), 2022 http://journals.openedition.org/studifrancesi/50666 Dernier accès le 05/02/2025.

10 Sa nouvelle création, *Asteroide*, a débuté au Teatro Piccolo di Milano le 3 juin 2025. https://www.marcodagostin.it/works/asteroide/ Dernier accès le 25/07/2025.

PART 3

Annie Ernaux on Stage

15

L'Événement, ou l'impossible retour au temps

Jean-Baptiste Richard

Abstract This chapter addresses the temporal challenges of Françoise Gillard and Denis Podalydès's adaptation of Annie Ernaux's *L'Événement*. Significantly reducing the book's reflective elements by focusing on Annie Duchesne's clandestine abortion, the adaptation introduces a completely different relationship to time. Unlike reading, where we control the flow of time, theater demands its unfolding within an immediate, irreversible duration, thereby rendering impossible the "return to time" of Ernaux's book. Finally, Bergson's distinction between measurable time and "internal duration" highlights how adaptation radically transforms the experience and understanding of a narrative.

Keywords adaptation – auto-socio-biography – theater – temporalities – *écriture plate* – *plateau nu* – lived duration

Un des principaux défis posés par l'adaptation d'une œuvre littéraire, qu'elle soit cinématographique ou théâtrale, réside dans la transposition temporelle du récit. Cela implique de repenser la manière dont le temps est conçu et structuré dans l'œuvre originale afin de l'adapter aux spécificités du nouveau médium dans lequel il se trouve. Dès lors, dans un récit dont l'écriture cherche ouvertement à « retourner au temps », il peut s'avérer nécessaire et difficile de procéder à une adaptation qui sache conserver l'essence et la cohérence de l'histoire racontée.

Bien que le cinéma et le théâtre soient parfois considérés comme des « arts du temps », cette caractéristique ne découle pas nécessairement d'un rapport au temps tel qu'il est dépeint en littérature, surtout lorsqu'il s'agit de transposer une structure temporelle complexe comme celle de *L'Événement* d'Annie Ernaux. Plus particulièrement encore, la dramatisation théâtrale de cette auto-socio-biographie en questionne l'une des tensions fondamentales car elle procède à l'aboutissement scénique radical de l'écriture plate d'Ernaux. En effet, contrairement à l'écriture plate qui « retourne au temps », le théâtre s'inscrit de manière irréductible dans un temps présent : la représentation s'appuie sur l'ici et le maintenant, c'est-à-dire dans un présent immédiat et partagé entre la scène et la salle. Si le théâtre, comme le cinéma, peut agir sur des formes de temporalité par des procédés narratifs tels que les flashbacks ou les ellipses,

© 2026 KONINKLIJKE BRILL BV, LEIDEN | HTTPS://DOI.ORG/10.1163/9789004760219-017

il reste fondamentalement ancré dans une durée qu'on ne peut retenir, ce qui entrave la possibilité de « retourner au temps » comme peut le faire une œuvre littéraire. Pour les différencier, nous pourrions reprendre la notion d'objet temporel proposée par Bernard Stiegler (47). Selon ce point de vue, la différence entre la littérature et d'autres arts se situerait dans l'écoulement du temps : soit l'écoulement est commandé par le.la lecteur.rice, soit il est commandé par l'œuvre elle-même dans le cas d'une musique, d'un film ou d'une représentation. Contrairement aux lecteur.rice.s, les auditeur.rice.s ou spectateur.rice.s ne peuvent pas commander l'écoulement du temps. Ainsi, là où la littérature offre la possibilité d'une expérience vécue et nuancée du temps, l'adaptation cinématographique ou théâtrale d'une œuvre littéraire semble échouer à en restituer la profondeur car la nature propre à ces médiums contraint de donner à leur adaptation une forme indécomposable de « temps réel ».

Pour en comprendre les enjeux, cette étude questionnera l'adaptation filmique, mais surtout l'adaptation théâtrale de *L'Événement* car ce spectacle s'origine dans la théâtralité que Denis Podalydès et Françoise Gillard ont perçue dans l'écriture d'Annie Ernaux[1]. Cinq points de réflexion permettront d'aborder le passage opéré par Gillard et Podalydès de l'écriture plate au plateau nu. Passage qui a nécessité, comme nous le verrons, tout un travail de resserrement dramatique (principalement par le biais de nombreuses coupes) pour ne garder du récit que les quelques mois qui vont d'octobre 1963 à janvier 1964 – c'est-à-dire les quelques mois lors desquels Annie Duchesne, alors étudiante rouennaise de 23 ans, s'aperçoit que ses règles n'arrivent pas jusqu'à son avortement clandestin dans la nuit du 20 au 21 janvier 1964. Cet événement a été mis en scène assez simplement, notamment par l'usage d'une chaise, pour lui donner de l'immédiateté et pour descendre dans le temps par une dramatisation déjà contenue dans *L'Événement*. Une fois ces éléments posés, nous montrerons dans un dernier point qu'en passant de l'écriture plate au plateau nu, c'est-à-dire en faisant en sorte que ce ne soit plus une affaire de temps mais une affaire de durée, l'adaptation rend impossible ce retour au temps qui était pourtant au cœur de l'écriture ernausienne.

---

1 Tout a commencé avec une idée de Denis Podalydès, qui souhaitait mettre en scène un texte d'Ernaux. Il propose cette idée à Françoise Gillard, laquelle lit plusieurs livres, hésite jusqu'à ce que Podalydès lui conseille *L'Événement* qui l'enthousiasme immédiatement. Ce texte sur l'avortement clandestin d'une jeune femme dans la France des années 60 lui apparaît alors comme une évidence, et depuis la création de ce seule-en-scène en 2017, Gillard le défend, motivée notamment par le désir de faire entendre un témoignage issu d'une époque qui précède la loi du 17 janvier 1975 relative à la dépénalisation de l'interruption volontaire de grossesse. (Voir également l'entretien de Françoise Gillard avec Michèle Bacholle, *infra*.)

1 De l'écriture plate au plateau nu

Annie Ernaux initia, avec *La Place*, une « écriture plate » qui lui est venue comme une sorte d'évidence et qu'elle décrit comme « celle-là même que j'utilisais en écrivant autrefois à mes parents pour leur dire les nouvelles essentielles » (24). Comme elle l'expliquera plus précisément dans *L'Écriture comme un couteau*, avec *La Place*, son écriture change pour raconter l'histoire de son père. Ne supportant plus le surplomb d'une écriture des dominants, Ernaux opte pour une écriture volontairement dépouillée, sans fioritures, où chaque mot est choisi pour sa simplicité et sa précision dans le compte rendu du réel.

> Il n'était plus question de roman, qui aurait déréalisé l'existence réelle de mon père. Plus possible non plus d'utiliser une écriture affective et violente, donnant au texte une coloration populiste ou misérabiliste, selon les moments. La seule écriture que je sentais « juste » était celle d'une distance objectivante, sans affects exprimés, sans aucune complicité avec le lecteur cultivé (complicité qui n'est pas tout à fait absente de mes premiers textes). [...] Ces lettres auxquelles je fais allusion étaient toujours concises, à la limite du dépouillement, sans effets de style, sans humour, toutes choses qui auraient été perçues par eux comme des « manières », des « embarras ». Par et dans le choix de cette écriture, je crois que j'assume et dépasse la déchirure culturelle : celle d'être une « immigrée de l'intérieur » de la société française. J'importe dans la littérature quelque chose de dur, de lourd, de violent même, lié aux conditions de vie, à la langue du monde qui a été complètement le mien jusqu'à dix-huit ans, un monde ouvrier et paysan. Toujours quelque chose de réel. (ECC 34-35)

C'est dans cette suite logique d'une exploration du réel que se situe *L'Événement*. D'ailleurs, Ernaux elle-même le classe parmi ses « auto-socio-biographies » comme *La Place*, *Une femme* ou *La Honte*. Elle précise que *L'Événement* n'est que partiellement « auto-socio-biographique » car ce n'est pas uniquement un témoignage intime sur son avortement clandestin, il s'inscrit aussi dans une réflexion plus large sur la condition des femmes, sur la société et sur les normes de son époque. Elle fait ouvertement du récit de son expérience personnelle une exploration de nos réalités sociales et culturelles, tout en conservant une dimension autobiographique. Et coller à ce réel nécessite une écriture qui soit littérairement sans relief ni profondeur. De ce fait, l'écriture plate se veut ici une écriture que l'on prive de tout jugement qui serait implicitement contenu dans l'écriture même.

Le spectacle qui en est tiré par Gillard et Podalydès, au contraire, n'adapte pas la trame narrative du livre d'Ernaux dans sa totalité, mais rabat le texte à la simple expérience personnelle qui en est le fil conducteur. C'est-à-dire que ce n'est pas une adaptation littérale, mais plutôt un condensé qui procède par une série de coupes et de sélections. Françoise Gillard expliquait que cette transposition les interrogeait. Selon elle, l'histoire racontée par Annie Ernaux n'est pas «juste une petite histoire»: «C'est d'une grande histoire dont elle parle. Comment on fait passer ça? C'est difficile» (Aznar n.p.). Mais de fait, tout ce qui faisait du texte d'Ernaux une œuvre singulière disparaît lorsque Gillard et Podalydès en extraient le récit et se l'approprient. Toutes les parties plus récentes, qui servent de récit-cadre et se passent à la fin des années 90 sont complètement omises, tout comme la plupart des parenthèses réflexives qui accompagnent le récit qui se passe sur les quelques mois qui vont d'octobre 1963 à mi-1964, c'est-à-dire de la réalisation qu'elle est enceinte aux conséquences de l'avortement clandestin. Enfin, même le récit qui couvre cette période a lui aussi subi de nombreuses coupes pour le dynamiser.

Toute la difficulté que représente cette adaptation scénique réside alors dans l'acte même de faire passer cette langue du texte à la scène. «Vous êtes vecteur de passage d'une langue», explique Françoise Gillard. «C'est-à-dire qu'il [n']y a pas de personnage à incarner. [Il] faut juste faire entendre un récit, une langue dans quelque chose d'extrêmement simple» (Aznar n.p.). Elle précise ensuite qu'il n'y a aucun jeu ni aucune *physicalité* à développer, «c'est quelque chose de très sobre, de très simple pour faire entendre [...] le verbe d'Annie Ernaux».

Comme le dit Gillard, pour être «au plus près de la respiration de son écriture» (Aznar n.p.), si maîtrisée et minimaliste, la mise en scène ne se contente pas de l'absence de gestes superflus mais passe par plusieurs moyens proprement théâtraux. Les mots joués sur scène gardent «la respiration» de ceux d'Ernaux, mais plus que par les mots, l'écriture plate trouve écho dans une mise en scène au langage théâtral épuré. L'écriture plate et le plateau nu se rejoignent alors en ce sens qu'ils créent un rapport particulier au réel et aux sensations et émotions que l'on peut ressentir devant ce réel. Gillard ne joue pas le texte d'Ernaux ni ne le surjoue-t-elle. «Les mots sont tellement forts qu'on n'a pas besoin de les jouer», explique-t-elle, «On peut être là juste au service du verbe» (Aznar n.p.). C'est précisément pour se mettre à son service que plutôt que de le surligner par son jeu, elle cherche seulement à le restituer de la manière la plus sobre et authentique possible. Elle se pense et se veut en quelque sorte «passeuse du texte», ce qui nous permet d'accéder directement à l'*événement*, sans détour, sans effets factices qui pourraient distraire du récit.

2 Mettre en scène l'événement

Au centre de la scène, une chaise en bois et tubes de métal, comme celles que l'on trouvait autrefois dans les écoles, est positionnée dossier au public. À même le plateau, côté jardin, juste à côté de cette chaise, un petit livre attire l'attention. Ce livre – que l'on reconnaît immédiatement être l'édition folio de *L'Événement* d'Annie Ernaux – se trouve étrangement posé là… comme oublié par l'équipe. Avant que le spectacle ne commence, ce petit livre suscite une interrogation. À quoi pourra-t-il bien servir? La comédienne n'y touchera pas de tout le spectacle, mais sa présence hante déjà la scène.

Par ce détail du livre d'Ernaux posé non loin de la chaise, nous sommes comme constamment rappelé.e.s au témoignage qui a inspiré cette auto-socio-biographie. Cela donne une dimension supplémentaire d'autorité à ce qui est dit, comme une réalité vécue qui est physiquement sur scène sous la forme d'un livre et qui renforce indirectement l'effet de vérité : tout ce qui est joué sur scène a été vécu, écrit et publié.

Quand le noir se fait, on devine, dans la pénombre, Françoise Gillard entrer sur scène. Lorsque les lumières reviennent, la comédienne est assise à travers le dossier de la chaise… et c'est comme cela que le spectacle commence. Gillard restera presqu'immobile tout au long du spectacle. Elle porte une robe simple, unie, un gros pull de laine vert et des ballerines noires avec un petit nœud sur le devant – costume recréé par Bernadette Villard à partir d'une photographie d'Annie Ernaux datant des années 60. Au-dessus d'elle, dans les cintres, deux grands projecteurs, accompagnés d'autres lumières venues du fond de la salle, éclairent le plateau de manière à former une zone qui délimite comme un carré lumineux autour de la chaise. C'est dans cette configuration scénique minimaliste qu'elle racontera qu'en octobre 1963, elle a attendu longtemps ses règles qui n'arrivaient pas. Puis elle continuera en racontant ses cours d'étudiante, puis son agenda qui lui sert de journal intime, etc.

Cette mise en scène épurée et dépouillée invite à se concentrer totalement *sur* le texte *par* le jeu. La chaise qui bloque la comédienne rappelle l'isolement du personnage enfermé dans la situation qui se met en place, la lumière qui dessine un carré autour de la chaise l'emprisonne encore davantage, et le jeu presque figé, tout en gestes mesurés, accentue cette impression de fuite impossible et d'enfermement dans l'attente d'un événement subi qui transforme la vie d'Annie. En réduisant les effets et les éléments scéniques à leur strict minimum, la mise en scène organise une plongée dans l'expérience personnelle d'Annie qui, par ses mots, nous fait vivre et nous pousse à réfléchir sur ce qui lui arrive.

D'ordinaire, la configuration matérielle d'une scène, que ce soit par ses dimensions, son ameublement ou ses ouvertures, etc., conditionne entre autres la chorégraphie des acteur.rice.s. Là où la chaise pourrait être un obstacle qui organise les mouvements de la comédienne, elle devient au contraire un empêchement. Au lieu de faciliter l'action, elle contraint le corps de Françoise Gillard et limite son expressivité. La chaise se transforme en piège pour la comédienne. Gillard bouge très peu sur scène en plus de ne pas surjouer ce qui est écrit. Seule l'action d'écrire dans son agenda vient ponctuer son jeu : chaque fois que le personnage écrit dans son agenda, Gillard lève le bras droit et, mimant le fait de tenir un crayon, fait un geste calme tout en disant ce qu'elle y écrit d'une voix plus grave, neutre et froide que quand elle raconte l'événement proprement dit. Le reste du temps, ses mains sont posées sur ses cuisses.

Plus encore, le fait d'être assise à travers le dossier de sa chaise impose à Gillard une semi-immobilité qui empêche les gestes amples et les déplacements, pourtant parmi les principaux canaux d'expression de tout.e acteur.rice. Coincée dans cette position, la comédienne ne peut plus jouer dans l'espace scénique ; cet empêchement la force à réduire son jeu à la voix, aux regards et à quelques petites actions.

L'idée était de ne pas s'emparer du livre d'Ernaux mais « de le rendre plus près de sa vérité » ou de « transmettre la parole, transmettre le verbe d'Annie Ernaux » (Hurault n.p.) dont le style « a une musicalité qui est proche du théâtre » (Chaine n.p.). À ce choix s'ajoute l'adresse constante de ce monologue au public, qui crée une atmosphère de complicité particulière et ajoute une dimension factuelle à cette histoire qui nous est racontée, comme une conteuse le ferait, autrement dit, comme si ce récit était partagé directement avec nous, sans aucun détour qui pourrait nous distraire de lui.

Enfin, la contrainte corporelle imposée par la chaise renvoie au texte à travers lequel nous sommes toujours dans un inconfort. Loin de n'être qu'un simple accessoire scénique, la chaise devient métaphore de l'isolement, de la contrainte sociale ou psychologique qui étouffe la capacité d'Annie d'agir librement. Elle matérialise scéniquement une partie des réflexions d'Annie Ernaux à propos d'Annie Duchesne dans *L'Événement*, jusqu'à l'avortement clandestin.

L'un des rares gestes du spectacle est un geste brusque qui précède immédiatement l'expulsion de l'embryon. Après une heure assise là, à ne faire que des petits gestes, Françoise Gillard se lève brusquement de sa chaise en arrachant le dossier pour le garder dans ses mains, comme si elle tenait dans ses bras l'embryon expulsé. « J'ai ressenti une violente envie de chier » (LE 100)[2]

2 Les passages cités renvoient à l'édition folio de *L'Événement*, c'est-à-dire à l'édition présente sur scène dans le spectacle.

annonce-t-elle alors en tenant le dossier au-dessus de sa tête. Gillard raconte que cette mise en scène est née d'un accident : la chaise était parmi plusieurs autres dans leur salle de répétition, et en la prenant, la traverse du dossier lui est restée dans la main. Cette chaise cassée, ils l'ont gardée car le dossier, une fois défait, leur rappelait symboliquement un berceau. C'est de cet accident que la mise en scène a été élaborée. Ainsi la sensation qu'Annie Duchesne est « coincée » dans un tout petit espace où elle ne sait pas quoi faire. Isolée et immobilisée sur cette chaise jamais utilisée comme une chaise normale, Annie n'a plus aucun appui.

3 Descendre dans le temps

Structurellement, *L'Événement* raconte l'histoire d'une femme se souvenant d'une période de sa jeunesse où elle a été piégée par son propre corps. Tout l'effort du texte d'Annie Ernaux consiste donc à replonger dans cette période durant laquelle elle était prisonnière d'elle-même : « Il fallait aussi avoir la force de descendre dans le temps pour rejoindre l'étudiante piégée, se sentant ramenée à sa condition sociale, et revivre avec elle une expérience de vie et de mort » (Rousseau n.p.). Ce mouvement qui consiste à « descendre dans le temps » ou « redescendre le temps » se fait, selon Ernaux, à partir du moment qu'elle désigne comme *événement*, c'est-à-dire le moment où elle est enceinte sans l'avoir voulu et où elle sait qu'elle ne désire pas garder ce qui grandit en elle. À partir de là, c'est comme un piège qui se referme sur le personnage et elle ressent comme une « obligation d'aller jusqu'au bout » (LE 86), d'aller avec détermination là où l'on ne va pas, où l'on ne veut pas aller : l'avortement clandestin.

Cette obligation de faire progresser le récit pour « aller jusqu'au bout » est poussée plus loin encore par l'adaptation théâtrale car en resserrant tout sur ce seul événement, Gillard nous le fait vivre par écoulement du temps. Les parenthèses réflexives qui agissent comme des pauses et qui font la singularité de *L'Événement* sont supprimées pour tout resserrer sur le personnage d'Annie Duchesne, lorsqu'elle était une étudiante rouennaise de 23 ans entre 1963 et 1964. Un des exemples marquants de ces transformations est celui de la faiseuse d'anges.

> Dans *L'Événement*, la faiseuse d'anges se trouve associée, dans le souvenir de la narratrice peut-être plus que dans la réalité de son passé, et concrètement dans la parenthèse d'analyse sociologique, à un type du milieu populaire, à partir du détail symbolique des chaussons qu'elle garde pour raccompagner la jeune femme jusqu'à la gare. (Moricheau-Airaud n.p.)

À la scène, tout cela disparaît. Or, tout le principe du texte ernausien est d'être entrecoupé en permanence de réflexions personnelles et métatextuelles, souvent parenthétisées et toujours situées au moment où elle écrit, c'est-à-dire pratiquement quarante ans après avoir vécu l'avortement clandestin qui est ici raconté. Cet acte d'écrire est conçu pour dire – et taire enfin – ce vécu en le mettant à distance, par exemple en datant plus ou moins précisément les choses. Une parenthèse prend ainsi son premier livre pour point de repère (LE 97), écrit huit ans après son avortement clandestin – et qui fictionnalisait déjà cet acte par l'attente du fœtus avorté. Mais plus que cela, c'est l'ensemble du récit-cadre qui procède de cette manière. C'est par exemple la peur d'avoir le sida qui ramène Annie à cette période passée. Au début de *L'Événement*, elle fait un test, et même si le résultat négatif nous est livré presqu'aussitôt après, c'est l'attente du résultat qui provoque la descente d'Annie dans le temps. C'est de là que part le récit-cadre qui fera sans cesse le parallèle entre elle-même en 1999 et la jeune femme qu'elle était en 1963.

Tous les passages parenthétiques et qui encadrent l'histoire racontée sont supprimés lors du passage à la scène. Ces éléments avaient pour fonction, dans le livre, de créer une distance ou de donner du recul, voire de remettre en perspective cette histoire, permettant à la personne qui lit de s'interroger ou de nuancer le récit qui en est fait. Sur scène, ce retrait disparaît. Toutes les parenthèses qui ne concernent pas directement l'agenda sont enlevées, ce qui fait que le regard rétrospectif posé par la femme qu'elle est devenue disparaît aussi.

Ne sont gardées que la constatation brutale du «je suis enceinte» et les conséquences de celle-ci. Que va-t-elle faire maintenant? Nous suivons alors Annie Duchesne, action après action, dans le tourbillon d'incertitudes, de doutes et de possibles qui s'ouvre devant elle, toujours au plus près des situations qui s'enchaînent inéluctablement. Chaque décision, chaque action (même si elle reste immobile sur sa chaise) se déploie peu à peu à mesure qu'elle traverse tout cela dans l'urgence du moment, jusqu'à celui où elle avortera clandestinement. Ce récit direct, pour faire entendre ce qu'il se passait avant 1975, était un choix voulu par Podalydès et Gillard: «Nous, on voulait vraiment rester sur le récit de ce qui arrive à cette jeune femme et pas faire des flashbacks sur le moment où elle écrit le livre et pourquoi elle l'écrit. Donc on était sur une immédiateté» (Chaine n.p.). Le «montage théâtral» ainsi créé a été soumis à Annie Ernaux, qui l'a accepté.

Cette approche, qui focalise plus immédiatement l'attention du public sur l'intrigue et l'action, a pour conséquence majeure d'effacer la réflexivité de la protagoniste sur son propre passé. Dans le texte, ce regard introspectif, souvent accompagné de réflexions de toutes sortes, approfondissait la compréhension de son propre parcours. En exposant ses pensées actuelles, en livrant ses jugements sur elle-même et son parcours, elle assume qui elle est devenue. Mais, une fois porté sur la scène, ce regard est effacé. On ne dispose plus des espaces mentaux pour nous arrêter sur ce qui est dit car nous sommes plongé.e.s, par la mise en scène brute et immédiate de l'histoire, dans le présent de la scène, sans les pauses réflexives qui permettraient d'analyser ce qui s'y passe ou d'adopter un point de vue décalé au moment même où les choses arrivent.

Transformation plus qu'importante car les longues réflexions et introspections deviennent enchaînement d'actions et, ce faisant, nous passons de l'arrêt sur une mémoire passée à l'écoulement de l'instant présent. Le fait d'écarter les parenthèses et les effets de retour en arrière crée un rythme nouveau, plein d'une tension dramatique qui s'intensifie car elle prive le public de moments où il peut souffler. Nous sommes dans un flux qui nous emporte dans le présent scénique, c'est-à-dire dans cette dynamique incertaine de la subjectivité, de l'immersion en temps réel dans l'intimité du personnage. Sans en avoir l'air, l'adaptation théâtrale transforme ainsi radicalement le texte. Tout ce qui est de l'ordre du recul narratif devient superflu et se voit effacé pour lui préférer un « ici et maintenant » de la scène.

Malgré les nombreuses coupes, le texte a été préservé dans sa continuité tout en restant inchangé. Mais si les mots d'Ernaux subsistent tels qu'ils ont été écrits, le contexte esthétique de l'adaptation théâtrale est trop différent pour susciter les mêmes émotions ou les mêmes réflexions. Les moyens littéraires ne sont pas les moyens théâtraux, et les mêmes mots, lus sur une page de livre ou entendus joués sur scène ne produisent pas le même sens. De plus, les quelques rares modifications ont ce même effet, et l'une d'elles peut ici servir d'exemple : un paragraphe, extrait du premier tiers du livre, sert de paroles finales au spectacle et fait se terminer l'histoire sur un léger recul historique. Annie y rappelle que c'est parce que plus aucune interdiction ne pèse aujourd'hui sur l'avortement qu'elle peut enfin « affronter, dans sa réalité, cet événement *inoubliable* » (LE 27, souligné par Ernaux). Or, ce déplacement s'insère dans une fin qui ouvre, qui fait retour ou qui pose enfin un regard intro- et rétrospectif sur l'ensemble du récit, là où, dans le texte, il achève un cheminement qui se faisait entièrement sur ce mode.

4 Accumulation d'images successives

Pour descendre dans le temps, Annie Ernaux procède par analyses et par arrêts sur images. Elle dramatise donc déjà le récit dans le texte et explique, en un passage clé de *L'Événement*, vouloir « descendre dans chaque image » :

> Je veux m'immerger à nouveau dans cette période de ma vie, savoir ce qui a été trouvé là. Cette exploration s'inscrira dans la trame d'un récit, seul capable de rendre un événement qui n'a été que du temps au-dedans et au-dehors de moi. Un agenda et un journal intime tenus pendant ces mois m'apporteront les repères et les preuves nécessaires à l'établissement des faits. Je m'efforcerai par-dessus tout de descendre dans chaque image, jusqu'à ce que j'aie la sensation physique de la « rejoindre », et que quelques mots surgissent, dont je puisse dire, « c'est ça ». D'entendre à nouveau chacune de ces phrases, indélébiles en moi, dont le sens devait être alors si intenable, ou à l'inverse si consolant, que les penser aujourd'hui me submerge de dégoût ou de douceur. (LE 26-27)

Cette réflexion (absente du spectacle) renvoie à une spécificité fondamentale de la littérature par rapport à d'autres arts, et en particulier le théâtre et le cinéma. Une image littéraire construite par les mots n'est pas une image théâtrale qui, dans le cas de *L'Événement*, accompagne les mots d'Ernaux, ni même une image cinématographique qui les recrée. Malgré les similitudes dans l'approche et la structuration d'un art à l'autre, l'image implique chaque fois un rapport très différent au temps, à l'espace et à la subjectivité. Dans *L'Événement*, l'image est principalement construite par le biais des mots, des descriptions et des analyses qu'Annie Ernaux en fait. Chaque lecture part d'une réflexion qui permet de construire, à partir de ce que lui suggère le texte, une image qui appartient à son imagination, une image qui ensuite mènera à une émotion. C'est de cette manière qu'Ernaux dramatise le récit.

Au théâtre, et plus encore au cinéma, la dramatisation est différente. Le spectacle de Gillard et Podalydès reprend les images du texte d'Ernaux en en créant d'autres sur scène, incarnées par la comédienne assise sur une chaise et transmises en temps réel par la mise en scène, tandis que le film d'Audrey Diwan (sorti en 2021 sur un scénario de Diwan et Marcia Romano) nous plonge au plus près des situations interpersonnelles et confronte le public aux images mêmes des actions, sans aucun détour. Ce sont là deux adaptations aux temporalités radicalement différentes du texte de *L'Événement*. L'une s'attache à la langue d'Ernaux quand l'autre s'en détache. Au théâtre, les situations qui sont jouées en temps réel déplacent notre point de vue sur elles, là où au cinéma, toutes les situations se déroulent directement sous nos yeux.

Cette différence pose ainsi la question de l'adaptation. Le récit littéraire de l'avortement clandestin vécu par l'auteure dépasse le seul récit intime pour questionner socialement et historiquement cet événement avant d'en façonner une image mentale car, pour arriver à cette image, il aura fallu la lecture de tout un texte porté par l'évolution du discours de la narratrice de la fin des années 90 dans le ressouvenir des situations du début des années 60. Les moyens propres au théâtre dramatisent cet événement autrement. Pour « amener ce récit dans l'émotion qu'il pouvait provoquer rien qu'avec les mots qui étaient ceux de l'auteure » (Hurault n.p.), plutôt que de reproduire l'action en accordant à chaque élément une matérialité scénique ou de traduire les mots par les corps, les espaces, les gestes, etc., la transposition reprend les mots de l'auteure[3]. Cela s'éloigne donc du film de Diwan, puisque les moyens propres au cinéma *montrent* l'avortement clandestin tel qu'il est décrit dans *L'Événement.*

Autre point de comparaison. Celui du commencement. Le spectacle omet le récit-cadre et commence avec les règles qui n'arrivent pas : « Au mois d'octobre 1963, à Rouen, j'ai attendu pendant plus d'une semaine que mes règles arrivent. [...] J'ai commencé d'écrire sur mon agenda tous les soirs, en majuscules et souligné : **RIEN** » (LE 17). En reprenant les mots d'Ernaux, en collant à la narration à quelques morceaux près, l'adaptation théâtrale se révèle presqu'aussi profonde que le récit auto-socio-biographique. Les modifications, notamment en ce qui concerne l'exposition, s'avèrent mineures.

Contrairement au spectacle de Gillard et Podalydès, le film de Diwan et Romano se veut être une expérience immersive, et commence donc par une série de situations initiales absentes du texte d'Ernaux durant lesquelles Anne (Anamaria Vartolomei) et deux de ses amies, Hélène et Brigitte (respectivement interprétées par Luàna Bajrami et Louise Orry Diquero), mènent leur vie d'étudiantes. Quatre scènes occupent les huit premières minutes qui précèdent la disparition des règles. D'abord, les trois jeunes femmes s'habillent, se préparent et se rendent à une soirée où elles dansent un peu et se font aborder par des jeunes hommes. Elles assistent à un cours magistral sur un poème de Louis Aragon, « Les Yeux d'Elsa » (1948), à propos duquel Anne est interrogée par l'enseignant et dont elle propose une brillante analyse littéraire qui caractérise son personnage de future écrivaine. Plus tard, Anne et ses deux amies discutent de leurs examens, assises sur un banc. Et ce n'est qu'ensuite qu'arrive l'élément déclencheur, à savoir l'absence de règles sur sa culotte blanche. Anne le remarque lorsqu'elle se déshabille, puis elle écrit sur son carnet « Rien. *Toujours rien!* » et l'intertitre « 3 semaines » apparaît alors en lettres blanches au centre de l'écran. Par la suite, le film sera rythmé par ces semaines de grossesse qui s'écoulent malgré les efforts du personnage pour l'empêcher. « 4 semaines », « 5 semaines » et ainsi de suite.

---

3 Ces mots sont essentiellement ceux des p. 98-105, sans les parenthèses réflexives des p. 98-99 et 104-105 qui prennent du recul par rapport à l'avortement clandestin qui est raconté.

Si le film, du fait des moyens spécifiquement cinématographiques qui sont les siens, pousse encore davantage la dramatisation de *L'Événement* pour nous immerger au plus proche de ses personnages, caméra à l'épaule, dans des moments de vie montrés qui mèneront jusqu'à l'avortement vécu, il s'affranchit et s'éloigne des mots d'Ernaux et de son « écriture plate ». Plate parce qu'elle est une langue dont la visée est objective, politique et sociale. Ernaux cherche à généraliser le « je » pour le questionner sociologiquement avant que de former des images mentales qui susciteront des émotions.

Quant à la dramatisation théâtrale d'un événement dont la portée est d'abord littéraire, elle est tout à fait particulière. Elle se fait par un travail scénique de resserrement dramatique dans les mots mêmes d'Annie Ernaux, comme dans le spectacle de Gillard et Podalydès, mais sans qu'il ne devienne une complète réécriture dramatique comme celle du film de Diwan. C'est dans ces spécificités que se loge la réalité sensible et immédiate de l'événement raconté.

5 L'impossible retour au temps

En définitive et pour terminer cette étude, que font apparaître ces adaptations ? Que le retour au temps tel qu'il est mis en place dans *L'Événement* est rendu impossible par les moyens d'autres arts.

« Avec ce récit », écrit Ernaux au début de son auto-socio-biographie, « c'est du temps qui s'est mis en marche et qui m'entraîne malgré moi. Je sais maintenant que je suis décidée à aller jusqu'au bout, quoi qu'il arrive, de la même façon que je l'étais, à vingt-trois ans, quand j'ai déchiré le certificat de grossesse » (LE 26). Cet entraînement implique que temps réel et temps fictif se confondent. Mais encore faut-il savoir ce que l'on entend par « temps ». D'autant plus que le « temps impersonnel » est une variété du temps mesurable et toute la question est de savoir comment concevoir sa mesurabilité. « Temps » et « temps mesurable » sont tenus pour synonymes, « et distingués tous deux de la durée interne vécue par une conscience » (Bergson 48).

Le temps de *L'Événement* qu'évoque Annie Ernaux est un temps impersonnel et objectif. Toutefois, il devient durée vécue dès que le récit est adapté par des arts tels que le théâtre ou le cinéma, quoique selon des modalités différentes du fait des moyens différents par lesquels ils racontent les histoires. Qu'il soit filmé ou représenté, le récit est libéré du temps mesurable pour devenir durée. L'on passe alors à une subjectivité temporelle totalement différente de celle de la littérature.

> S'il se demandait ce qu'il mesure, s'il fixait son attention sur le temps lui-même, nécessairement il se représenterait de la succession, et par conséquent de l'avant et de l'après, et par conséquent un pont entre les deux (sinon, il n'y aurait que l'un des deux, pur instantané) : or, encore une fois, impossible d'imaginer ou de concevoir un trait d'union entre l'avant et l'après sans un élément de mémoire, et par conséquent de conscience. (Bergson 45-46)

Annie Ernaux construit son récit de telle sorte que sa lecture soit une exploration du réel. Elle s'arrête sur des images pour les analyser. Par les moyens littéraires, elle descend dans un temps objectif, mesurable. Un temps d'analyste. Si la littérature peut étudier et mesurer un temps en le spatialisant par les images, le paradoxe est qu'en l'adaptant au théâtre, c'est-à-dire en faisant de ce temps mesuré un temps effectivement spatialisé sur scène, il devient tout autre. Au théâtre, il devient un temps intérieur, subjectif, une expérience continue et indivisible qui ne se prête plus à la mesure, à moins de ne pas se prêter au jeu. Ce temps théâtral vécu dans la durée du spectacle est essentiellement différent du temps mesurable et mesuré du texte littéraire, tout simplement parce que lire permet une maîtrise du temps que ne permet pas le théâtre.

Pour Henri Bergson, la durée est l'expérience du temps tel qu'il est vécu par la conscience. Cette durée est donc un flux ininterrompu, une continuation qui ne peut pas être mesurée objectivement car elle est une expérience intérieure. En mettant en scène *L'Événement*, Gillard et Podalydès ont inscrit le récit dans la durée vécue d'un spectacle. L'approche ernausienne du temps est qualitativement différente de l'approche théâtrale. Dans *L'Événement*, le temps se déploie au fil des mots, guidé par une dimension métanarrative qui tente de saisir ce qui arrive, de fixer des instants de vie où la subjectivité s'universalise, où les émotions naissent de la réflexion pour créer une connexion intime avec ce qui est raconté. La lecture permet une distance, un recul qui n'est pas seulement celui du souvenir ou du passé vécu, mais bien celui de la réflexion sur ce passé.

Lorsque ce récit est transposé au théâtre, une nouvelle dimension temporelle est ajoutée. Le récit devient une expérience partagée en temps réel, autrement dit dans la durée, entre la comédienne et le public. Sur scène, il prend une forme qui échappe à toute mesure. Les moyens propres au théâtre font que cette adaptation modifie profondément la manière dont le récit est raconté. Il est dès lors impossible de descendre dans le temps pour pouvoir se mettre à la place d'Annie Duchesne. Impossible aussi de retourner au temps si précisément écrit par Ernaux puisqu'il passe d'un art du temps impersonnel à un art de la durée vécue.

Ouvrages cités

Aznar, Sabine. « Interview de Françoise Gillard, Sociétaire de la Comédie-Française – 10 avril 2017 », interview publiée le 18 avril 2017 sur *Pianopanier*. https://pianopanier.com/interview-francoise-gillard-comedie-francaise/ Dernier accès le 31/12/2024.

Bergson, Henri. *Durée et simultanéité : À propos de la théorie d'Einstein*. Presses universitaires de France, 2009 (1922).

Chaine, Judith (discussion menée par). « Françoise Gillard, Pierre Louis-Calixte & Didier Sandre – Seul-en-scène – QC ! s03ep33 », vidéo ajoutée le 9 mai 2023 par Comédie-Française. https://www.youtube.com/watch?v=X5sSj4YeGqo Dernier accès le 31/12/2024.

Hurault, Chantal (entretien animé par). « La causerie, mardi 2 juin – entretien avec Françoise Gillard », vidéo ajoutée le 2 juin 2020 par Comédie-Française. https://www.youtube.com/watch?v=j1cycHgAGws Vidéo privée, dernier accès le 31/12/2024.

L'Événement. Réalisé par Audrey Diwan, Rectangle, 2021.

Moricheau-Airaud, Bérengère. « Propriétés stylistiques de l'auto-sociobiographie : l'exemplification par l'écriture d'Annie Ernaux. » *COnTEXTES*, vol. 18, 2016 http://journals.openedition.org/contextes/6235 ; DOI : https://doi.org/10.4000/contextes.6235 Dernier accès le 30/12/2024.

Rousseau, Christine. « Annie Ernaux, une femme pudique. » *Le Monde*, 31 mars 2000 https://www.lemonde.fr/archives/article/2000/03/31/annie-ernaux-une-femme-pudique_3689178_1819218.html Dernier accès le 30/12/2024.

Stiegler, Bernard. *De la misère symbolique. 1, L'époque hyperindustrielle*. Éditions Galilée, 2004.

16

Quand Annie Ernaux entre en scène, *Mémoire de fille* devient la mémoire vivante des filles

Delphine Edy

Abstract Examining French and German stage adaptations of *A Girl's Story*, this chapter determines how specific dramaturgical and scenographic strategies either extend or create critical distance from the original narrative. It reflects on the ways in which theatrical adaptations function as acts of remembrance, articulating the memory of trauma while mediating between individual and collective memory, ultimately aiming toward constituting a theatrical assembly founded on shared experience.

Keywords Sarah Kohm – Schaubühne – Silvia Costa – Comédie-Française – transmediality – memory – shame – trauma – gender – common

L'analyse de la programmation des théâtres ces dernières années montre un réel engouement pour le récit de soi, entre autobiographie et autofiction, comme si l'époque était au récit de parcours de vie mis en scène. Or, l'écho que le théâtre réserve à ce type de récits a de quoi nous étonner, tant ils sont, par définition, personnels, situés dans une histoire familiale et un contexte socio-politique singuliers, bien loin de cette «somme de publics différents, distincts, [...] ayant chacun leur point de vue topographique, social et interprétatif sur ce qu'ils voient» (Biet 83) que constitue l'assemblée théâtrale. Deux raisons semblent expliquer ce succès: d'une part, l'actualisation au plateau rend visiblement possible le passage de l'expérience intime à une expérience universelle et, d'autre part, il semblerait qu'un récit de soi suscite le désir de penser/écrire d'autres récits de soi. Pour Frédéric Biessy, directeur de La Scala Provence, «la nouvelle génération [...] a comme une urgence à monter sur scène pour livrer une parole en toute liberté. Et, comme toujours quand un mouvement se crée, il s'autostimule» (Blanchard n.p.). Les récits de transfuges de classe – une catégorie spécifique de récits de soi – ne font pas exception sur la scène française contemporaine. L'enthousiasme accru pour de tels textes se manifeste dans les programmations, en particulier en faveur de ceux d'Édouard Louis, de Didier Éribon et d'Annie Ernaux dont on compte de multiples adaptations, aussi bien à Paris qu'en province, par de petites compagnies ou des metteur.euse.s en scène reconnu.e.s[1].

© 2026 KONINKLIJKE BRILL BV, LEIDEN | HTTPS://DOI.ORG/10.1163/9789004760219-018

Cette réalité a largement débordé des scènes françaises avec des performances particulièrement remarquées dans le monde entier, ce qui, là encore, ne va pas de soi : comment la vie d'Ernaux à Yvetot, en Normandie, articulée à son histoire de mobilité sociale – très exactement situées dans un contexte franco-français, à la fois géographiquement et historiquement – peut-elle être adaptée dans un tout autre contexte ? Pourtant les cas sont pléthore : Eline Arbo, directrice artistique du International Theater Amsterdam (ITA) depuis 2023, a créé *De Jaren* (*Les Années*) en 2022 au Het Nationale Theater ; le spectacle a été repris en décembre 2024 à l'ITA, après avoir été adapté dans une version anglaise (*The Years*) créée à l'Almeida Theatre de Londres fin juillet 2024[2]. Annie Ernaux a également conquis les scènes allemandes : en 2022, *Erinnerung eines Mädchens* (*Mémoire de fille*) entrait au répertoire de la Schaubühne, dans une mise en scène de Sarah Kohm, et Laura Linnenbaum créait *Das Ereignis* (*L'Événement*) l'année suivante au Berliner Ensemble. Une explication à ce succès réside probablement dans le fait que ces spectacles actualisent l'écriture singulière de l'autrice au cours d'un processus transmédial et transculturel. Les mises en scène ouvrent alors un entre-deux dialogique avec les spectateur.rice.s, interrogeant les mécanismes de domination et d'oppression à plusieurs niveaux, et permettent ainsi de réinterroger nos rapports aux mots, aux images et à notre histoire.

Après un rapide état des lieux qui permettra de mieux cartographier la place d'Ernaux sur les scènes contemporaines française et allemande, cet article prendra appui sur deux mises en scène de *Mémoire de fille* – celle de Silvia Costa pour la Comédie française (2023) et celle de Sarah Kohm pour la Schaubühne (2022) – et montrera comment les dispositifs scéniques prolongent ou mettent à distance les récits initiaux, en les faisant déborder dans notre présent et en tissant de nouvelles relations. Il s'agira de réfléchir tout particulièrement à la manière dont ces adaptations permettent (ou non) de faire mémoire du trauma et créent des passages entre mémoires individuelles et mémoire collective, pour tenter de constituer une assemblée théâtrale qui fasse *commun*, de sorte que l'objet théâtral autobiographique et autoréflexif apparaît, plus que jamais, comme un paradigme cognitif pour se (re)connaître soi-même.

1 Interroger le moteur de recherche du site de référence https://www.artcena.fr en entrant ces trois noms propres permet de se faire une idée assez juste du phénomène.

2 Voir le texte de Lyn Thomas dans l'intermezzo *infra*.

1 Du récit au plateau : état des lieux, France & Allemagne

Une visite sur le site de référence *Artcena* (*Centre national des arts du cirque, de la rue et du théâtre*) permet de prendre la mesure des productions théâtrales des textes d'Ernaux depuis 2011 : l'année 2022 semble marquer un tournant décisif, à la fois sur le plan quantitatif et qualitatif. La liste des dix-sept spectacles référencés entre 2011 et 2022 montre que, sur cette décennie, les spectacles créés à partir des récits d'Ernaux sont principalement de petites productions de théâtres privés, sous forme de seule-en-scène, ayant reçu assez peu d'écho médiatique. Avec l'entrée, en 2023, sur le plateau du Vieux-Colombier de la Comédie-Française de *Mémoire de fille* dans la mise en scène de Costa, on change visiblement de régime et d'échelle. Pourtant, déjà en 2017, un texte de l'autrice avait été sélectionné par Françoise Gillard, sociétaire de la Comédie-Française, dans le cadre de la deuxième édition du Festival Singulis : en créant *L'Événement* au Studio-Théâtre de la Comédie-Française le 19 avril 2017, Gillard répondait au désir de l'acteur et metteur en scène Denis Podalydès (qui signe la collaboration artistique du spectacle[3]), de « faire entendre la théâtralité de l'écriture d'Annie Ernaux » au travers d'« un récit d'une immense simplicité et d'une immense portée » (Ruf 15) dans lequel l'écrivaine revient sur les trois mois de sa vie fin 1963 précédant sa décision de se faire avorter, tout comme sur les raisons qui l'ont empêchée, si longtemps, de « transgresser l'actuel silence social par l'écriture » (Ruf 15).

En réalité, ce désir du monde théâtral pour l'écriture d'Ernaux n'est pas si récent. En 1989, Michèle Uzan créait *Une femme* au Théâtre des arts de Cergy-Pontoise[4]. Ce serait la première adaptation théâtrale référencée d'Ernaux. Uzan en signe le texte scénique, ainsi que la mise en scène, mais est également la seule interprète sur le plateau. Cette pièce sera jouée en tournée, en janvier 1990, au Théâtre National de Strasbourg (l'un des cinq théâtres nationaux français), ce qui tend à relativiser l'effet *catimini* produit par la liste (jusqu'en 2022) des adaptations disponibles sur le site *Théâtre contemporain*[5]. Au total, fin décembre 2024, on recense cinquante-neuf spectacles issus des textes d'Ernaux, produits entre 1989 et 2024. Là aussi, il s'agit d'être prudent : une poignée de références sont des doublons et certaines productions (pour-

3 Le spectacle a d'ailleurs été repris pour une série de quinze dates hors-les-murs au Théâtre 14 en janvier 2025 (https://www.theatre14.fr/index.php/programmation-24-25/l-evenement Dernier accès le 31/12/2024). Voir l'entretien de Michèle Bacholle avec Françoise Gillard *infra*.

4 https://www.artcena.fr/agendas/spectacles/une-femme-1989 Dernier accès le 30/12/2024.

5 Qui n'est plus en ligne à ce jour, remplacé depuis par celui de l'*Artcena*.

tant recensées sur la fiche *Wikipédia* de l'autrice) n'y figurent pas[6]. Cela étant, en croisant toutes ces données, on ne peut manquer de relever un effet d'accélération très sensible à partir de 2016-2017, littéralement décuplé par l'« effet Nobel », ce qui explique notamment les douze adaptations théâtrales françaises répertoriées en croisant les données pour les seules années 2023 et 2024. Et comme cela a été esquissé précédemment, cet effet d'amplification n'est pas spécifique à la sphère française et trouve même une expression absolument singulière sur les scènes allemandes.

Dans une communication intitulée « Annie Ernaux à l'international : résonances et réceptions d'une œuvre universelle », lors du colloque international « Circulation des récits de transfuges de classe » en juin 2024, Élise Hugueny-Léger a rappelé l'exceptionnelle réception allemande de l'œuvre d'Ernaux avec plus de 65 000 livres vendus en 2023, un chiffre très largement supérieur à tout autre pays dans le monde[7]. Pourtant, ce n'est qu'à partir de 2017 que l'autrice gagne en popularité en Allemagne, comme le rappelle sa traductrice outre-Rhin, Sonja Finck (Gubela n.p.), dont les traductions sont publiées aux éditions Suhrkamp[8]. Non qu'il n'y ait eu d'autres traductions avant 2017[9], mais elles restèrent relativement confidentielles. En réalité, ce n'est pas le Nobel qui renouvelle la réception d'Ernaux en Allemagne, mais cette phrase de Didier Éribon dans *Retour à Reims* :

> J'ai reconnu très précisément ce que j'ai vécu à ce moment-là en lisant les livres qu'Annie Ernaux a consacrés à ses parents et à la « distance de classe » qui la séparait d'eux. Elle y évoque à merveille ce malaise que l'on ressent lorsqu'on revient chez ses parents après avoir quitté non seulement le domicile familial mais aussi la famille et le monde auxquels, malgré tout, on continue d'appartenir, et ce sentiment déroutant d'être à la fois chez soi et dans un univers étranger. (28)

6 Il y aurait là un rigoureux travail de répertoriage et d'archivage à effectuer.

7 Élise Hugueny-Léger, « Annie Ernaux à l'international », *COnTEXTES*, vol. 36, 2025 http://journals.openedition.org/contextes/13062 Dernier accès le 19/09/2025.

8 2017 : *Die Jahre* (*Les Années*, 2008) ; 2018 : *Erinnerung eines Mädchens* (*Mémoire de fille*, 2016) ; 2020 : *Der Platz* (*La Place*, 1983) ; 2021 : *Die Scham* (*La Honte*, 1997), *Das Ereignis* (*L'Événement*, 2000), *Eine Frau* (*Une femme*, 1987) ; 2022 : *Das andere Mädchen* (*L'Autre fille*, 2011) ; 2023 : *Der junge Mann* (*Le Jeune homme*, 2022) ; 2024 : *Eine Leidenschaft* (*Passion simple*, 1991) ; 2025 : *Die leeren Schränke* (*Les Armoires vides*, 1974), *Ich komme nicht aus der Dunkelheit raus* (*« Je ne suis pas sortie de ma nuit »*, 1997).

9 1988 : *Das bessere Leben* (trad. Barbara Scriba-Sethe et S. Fischer, *La Place*, 1983) ; 1993 : *Das Leben einer Frau* (trad. Regina Maria Hartig et S. Fischer, *Une femme*, 1987), rééditée sous le titre *Gesichter einer Frau*, Goldmann, 2007 ; 2003 : *Sich verlieren* (trad. Gaby Wurster Goldmann, *Se perdre*, 2001) ; 2004 : *Eine vollkommene Leidenschaft. Die Geschichte einer erotischen Faszination* (trad. Regina Maria Hartig, Goldmann, *Passion simple*, 1991).

Retour à Reims, paru en Allemagne en 2016, connaît un succès époustouflant – près de 90 000 exemplaires se vendent en une seule année et l'auteur est alors invité partout. Éribon, et Édouard Louis dans son sillage, ou peut-être, plus exactement, leur travail autobiographique mêlant introspection personnelle et analyse sociologique, ouvrent donc la voie à la reconnaissance tardive d'Ernaux, et le monde du théâtre s'est immédiatement engouffré dans la brèche, comme il l'avait fait d'ailleurs précédemment pour le sociologue. *Retour à Reims* est mis en scène dès 2017 par Thomas Ostermeier, directeur artistique de la Schaubühne, d'abord dans une version anglophone au Festival d'Édimbourg puis en allemand à Berlin, avant qu'une version française ne soit créée à Paris au Théâtre de la Ville en 2019. Depuis ont suivi une nouvelle version allemande (2021), une version italienne au Piccolo Teatro de Milan (2019) et une version suédoise au Göteborgs Stadsteater (2022).

Il en va de même pour Ernaux dont les textes sont montés dans l'espace germanophone dès 2020. Claudia Seigmann met en scène *Die Jahre* (*Les Années*) au *theaternyx** à Linz (Autriche) en mars 2020 dans une version pour trois comédiennes[10]. Suivront en mai 2021 *Erinnerung eines Mädchens* (*Mémoire de fille*), dans une mise en scène de Silvia Costa au Residenztheater de Munich avec également trois comédiennes[11], puis *Der Platz* (*La Place*) en octobre 2021, mise en scène par Julia Wissert au Theater Dormund. À partir de 2022, les adaptations se succèdent à un rythme toujours plus soutenu. *Erinnerung eines Mädchens* (*Mémoire de fille*) arrive à Berlin en avril 2022 au Studio de la Schaubühne, dans la mise en scène de Kohm. De sorte que, fin 2024, le site des éditions Suhrkamp – qui gèrent les droits de l'écrivaine en Allemagne (aussi pour les versions scéniques) – recense plus de quinze mises en scène (dont six pour la seule année 2024) depuis la création initiale de Seigmann en 2020.

Cet engouement récent du public allemand pour l'autrice est donc étroitement lié aux opérations de transposition, à la fois *via* les traductions (d'Éribon puis d'Ernaux) et les actualisations scéniques. Comme si l'approche de la réalité intime, socialement et historiquement située des transfuges de classe français, méritait un déplacement, un « pas de côté, [un] détour par ce qui est étranger [afin de] favoriser un regard de re-connaissance du réel » (Sarrazac 38). Le détour par le théâtre serait donc l'un des moyens privilégiés d'amplifier ce qui résonne intimement et de le faire vibrer collectivement jusqu'à nos consciences.

---

10 https://www.theaternyx.at/termine/die-jahre-von-annie-ernaux/ Dernier accès le 31/12/2024.

11 https://www.residenztheater.de/stuecke/detail/erinnerung-eines-maedchens Dernier accès le 31/12/2024.

Mais pour cartographier au plus juste ces effets d'amplification dans la réception d'Ernaux, peut-être ne faut-il pas sous-estimer les possibles effets du mouvement #MeToo (depuis octobre 2017, à la suite de l'affaire Harvey Weinstein) qui a permis aux femmes de prendre la parole, de se réapproprier leur histoire, de réinterroger les rapports de domination et de violences au sein d'un système patriarcal qu'il s'agit aujourd'hui de déconstruire. Dans ce domaine, Ernaux a été une pionnière, avec son regard implacable sur le réel que son écriture parvient à faire exister sur la page et sur la scène, ce que Podalydès a parfaitement su saisir :

> Elle sait rendre compte du réel sans majuscule. Il faudrait un autre mot, et montrer comment, dans la phrase, une perception aiguë de l'époque et du monde social est exercée par une conscience subjective à la fois personnelle et impersonnelle : un point de vue singulier sur des perceptions collectives, qui est aussi un point de vue collectif sur des perceptions singulières. Nous nous identifions immédiatement. (Ruf 30)

Pour mieux appréhender ces opérations de passage, il s'agit à présent d'entrer dans la fabrique du théâtre et d'analyser la manière dont les dispositifs scéniques prolongent ou mettent à distance les récits initiaux, en les faisant déborder dans notre présent et en tissant de nouvelles relations.

2 Des dispositifs scéniques, véritables chambres d'échos pour faire mémoire

Mémoire de fille a donc fait très récemment son entrée sur les scènes de deux théâtres européens de renom : en 2022, Sarah Kohm, jeune metteuse en scène allemande formée à la Hochschule für Musik und Theater de Hambourg, signait sa première mise en scène à la Schaubühne dans le cadre du Find-Festival. Créé en 2000, ce festival international de théâtre contemporain a le souci de faire découvrir textes et auteur.rice.s du monde entier au public allemand. La création du récit d'Ernaux au Studio, le 9 avril 2022, est un véritable succès, unanimement salué par la critique. Le spectacle n'en restera d'ailleurs pas à la série de neuf dates initialement prévue : depuis la saison 2022-2023, la pièce est inscrite au répertoire du théâtre[12] et se joue à guichets fermés et elle sera par

12 https://www.schaubuehne.de/de/produktionen/erinnerung-eines-maedchens.html?m=318 Dernier accès le 31/12/2024.

ailleurs recréée en français, avec Suzanne de Baecque dans le rôle-titre, le 14 novembre 2025 à la Cité européenne du théâtre et des arts Domaine d'O Montpellier.

Un peu plus d'un an plus tard, le 7 juin 2023, *Mémoire de fille* faisait son entrée sur le plateau du Vieux-Colombier dans une mise en scène de Silvia Costa, diplômée en arts visuels et théâtre de l'Université IUAV de Venise, qui travaillait pour la première fois avec la Troupe de la Comédie-Française et que l'on a découverte en France en tant qu'assistante de Romeo Castellucci, avant qu'elle ne s'engage en son propre nom aussi bien au théâtre qu'à l'opéra. Sa grammaire et son vocabulaire scéniques portent des traces fortes de ce compagnonnage initial, dans ce qu'elle vise à dépasser la singularité de l'expérience et les limites de la conscience individuelle[13].

On se souvient des enjeux du texte. Dans *Mémoire de fille*, l'autrice âgée de 76 ans au moment de la publication (2016), enquête sur les traces de son propre passé pour « explorer le gouffre entre l'effarante réalité de ce qui arrive, au moment où ça arrive et l'étrange irréalité que revêt, des années après, ce qui est arrivé » (MF 165). Cette « note d'intention » qui précède le geste d'écriture permet de mieux appréhender ce qu'est ce récit : en écrivant, Ernaux se lance dans un processus de remémoration de la jeune fille qu'elle fut et de sa première fois avec un homme alors qu'elle était animatrice dans une colonie de vacances. Ce faisant, plus de cinquante ans après les faits, elle reconnaît les événements d'alors comme des expériences de violence sexuelle et verbale et un lien profond entre le désir féminin et la subordination patriarcale des corps féminins se fait alors jour : celle qui rêvait du grand amour tel que le chantent les chansons populaires dans une société conservatrice et patriarcale, fut stigmatisée comme « fille facile » et exclue du petit monde de la colonie, dix ans avant la révolution politique et sexuelle de 1968. Deux metteuses en scène talentueuses s'emparent de ce récit de la honte et de l'humiliation pour le porter au plateau. Comment le font-elles ?

Chez Costa, le plateau est sobre, lumineux, très élégant avec ses murs bleu nuit et son parquet en marqueterie couleur miel. Les cadres de portes et de fenêtres sont nettement soulignés en blanc, une ouverture murale dans le fond de scène côté cour brise le réalisme de la scénographie de cet apparte-

13 On oublie souvent que cette création au Français est en fait une recréation. Costa avait en effet déjà créé *Mémoire de fille* le 21 mai 2021 au Residenztheater de Munich – première création du texte en Allemagne. Cette production est entrée au répertoire du théâtre et a été encore jouée en janvier et février 2025. https://www.residenztheater.de/stuecke/detail/erinnerung-eines-maedchens Dernier accès le 31/12/2024.

FIGURE 16.1 *Mémoire de fille*, Silvia Costa, Comédie-Française, 2023 © Monika Rittershaus

ment. Le décor est minimaliste : une petite commode, deux lampes, une vieille chaîne stéréo, une table, bientôt recouverte d'une nappe blanche, des chaises, le tout dans un style années 50, totalement vintage pour le public d'aujourd'hui. L'impression qui se dégage est celle d'une épure, comme si seules les lignes de cet espace étaient tracées, grandeur réelle, comme si elles étaient là pour nous permettre, à nous public, d'assembler tous ces éléments et de les activer, comme si nous étions sur le seuil du réel, un « seuil intranquille » dirait le metteur en scène et scénographe Daniel Jeanneteau :

> Se tenir sur le seuil d'une porte, c'est un mouvement; c'est un endroit où l'on pense plus vite, où la pensée subit une sorte d'accélération. Il y a une sorte d'activation du mouvement qui s'opère à l'endroit du seuil, peut-être parce qu'on sait qu'on ne peut pas y rester, que par définition tout seuil est un lieu de passage. Ce qui m'intéresse c'est de produire des espaces qui ne sont pas habitables, où on ne peut pas s'arrêter, des seuils intranquilles où l'on demeure dans une sorte de mouvement suspendu, immobile et infini. (Jeanneteau n.p.)

Au seuil du réel, nous sommes aussi au seuil d'un espace-temps délimité par trois bornes temporelles – 1958, le temps de l'écriture et l'instant T de la représentation –, à l'intersection de plusieurs mondes où tout « interroge la frontière entre présent et passé, entre conscient et inconscient, entre réel et irréel »

(Jeanneteau n.p.), à l'endroit exact où la mémoire est tout autant présence qu'absence. Or, c'est bien là l'enjeu du récit d'Ernaux: comment s'« approcher davantage de la réalité » (MF 50) de 1958 avec autant d'années d'écart? Comment raconter ce qui « s'efface » (MF 165) au fur et à mesure qu'on écrit? Sinon « en sautant d'une image à l'autre, d'une scène à l'autre, des scènes dont la durée réelle n'a pas dû souvent excéder quelques minutes, voire secondes, mais qui a été démesurément distendue dans la mémoire, comme si celle-ci en rajoutait un peu plus à chaque passage » (MF 51). Pierre Nora l'a montré il y a longtemps: « l'histoire est la reconstruction problématique et incomplète de ce qui n'est plus », elle est une « reconstruction du passé », elle « ne connaît que le relatif » (XIX). C'est à cette dialectique histoire/mémoire que se confronte Ernaux en écrivant, et c'est l'articulation entre elles que la scénographie de Costa cherche à matérialiser en suggérant qu'elle est à (re)construire pour chaque membre de l'assemblée théâtrale, soulignant ainsi « les vertus mnémoniques du théâtre » (Teulade et al. n.p.).

C'est toujours un trio de femmes, toutes du même âge, qui prend en charge le texte d'Ernaux: Sibylle Canonica, Juliane Köhler et Charlotte Schwab à Munich, Clotilde de Bayser, Anne Kessler et Coraly Zahonero à Paris. Toutes trois affichent des coiffures soignées, des tenues sévères lorsqu'elles sont habillées en blanc et noir au début de la représentation, qui évoluent vers davantage de couleur et de fluidité dans les matières au fur et à mesure, comme si « la vie entre deux images [...] depuis longtemps invisible » (MF 51) finissait par trouver petit à petit le moyen de se réinfiltrer.

Pour approcher le passé, Ernaux a une technique largement éprouvée: partir de photographies ou d'objets, non pour inventer, mais pour s'en servir de points de départ, faire affluer les souvenirs et, ainsi, mieux se (re)trouver. Dans un même geste, Costa met en scène un ballet de mouvements lents qui s'organise autour de déplacements d'objets (vêtements, chaussures, cadre, foulard ou bonbons...), d'entrées et de sorties de scène. C'est une chorégraphie de la mémoire qui se danse, incarnée dans ces trois corps qui sont à la fois distincts et ne forment qu'un tout. La mémoire affleure aussi dans les jeux subtils de miroir et s'inscrit au sol, grâce à une poudre noire, pour tracer les contours d'une silhouette d'un corps sans vie. Ainsi, les images créées au plateau sont comme des photographies de l'absence, des photographies qui n'existent pas et qui pourtant viennent laisser une trace au présent de cette expérience douloureuse du passage à l'âge adulte d'Annie Duchesne qui expérimente alors violemment les rapports de pouvoir homme-femme.

Ce faisant, les trois comédiennes construisent un portrait fragmenté, distancié et subtil de l'autrice, révélant toutes les tensions à l'œuvre dans l'écriture de ce *je-elle*. En effet, se souvenir, faire revivre la jeune femme de 58, c'est

FIGURE 16.2 *Mémoire de fille*, Silvia Costa, Comédie-Française, 2023 © Monika Rittershaus

emprunter les chemins de la mémoire qui oscille entre les affects et les analyses, entre l'expérience vécue et celle qui cherche à se remémorer, le tout à partir du geste performatif de l'écriture. La metteuse en scène répartit le texte de manière équitable, mais non systématique, entre les trois actrices, pour faire entendre les différentes voix de l'autrice : « la voix de la fille de 58, la voix de l'écrivaine au présent, la voix sociétale entre présent et passé » (Programme 10).

Chez Kohm, le projet est assez différent. D'abord, il est quasi exclusivement féminin : autrice (Annie Ernaux), metteuse en scène (Sarah Kohm), dramaturge (Elisa Leroy), comédienne (Veronika Bachfischer), scénographe et costumière (Lena Marie Emrich), ce qui n'a rien d'un hasard, car il s'agit pour l'équipe artistique de faire de l'histoire d'Ernaux une expérience collective féminine[14]. Emrich a créé un espace sobre et épuré, intemporel et minimaliste. Une paroi articulée fait office de miroir et nous renvoie sans cesse des images à la manière d'un kaléidoscope – celles de Veronika Bachfischer qui performe son propre rôle, tout en se métamorphosant en Annie Duchesne/Ernaux, celles aussi des premiers rangs du public – de sorte que texte performé et images scéniques se

14 La seule touche masculine est apportée par le compositeur musicien Leonardo Mockridge.

FIGURE 16.3 *Erinnerung eines Mädchens*, Sarah Kohm, Schaubühne, 2022 © Gianmarco Bresadola

réfléchissent en mettant en évidence le jeu des regards et permettent au public d'appréhender le *male gaze*, ce regard masculin qui structure en grande partie notre culture.

La dimension intemporelle de la scénographie (une table de pique-nique à cour, la paroi-miroir articulée à jardin donnant vie à des espaces, quelques accessoires – jupe, brosse à cheveux, perruque, photo…) permet de faire ressortir les enjeux transgénérationnels du récit initial d'Ernaux et restitue la tension entre passé et présent, rétrospection et réflexion. En collaboration avec la comédienne, la metteuse en scène explore ces tensions dans un monologue concentré, qui cherche à restituer l'histoire d'Annie comme une expérience féminine globale. L'homme n'apparaît pas sur scène ; seule sa veste en cuir accrochée à la paroi constitue une trace visible de son passage dans cette vie.

Sur ce plateau minimaliste, Bachfischer revit la nuit du 16 au 17 août 1958 et l'ensemble des expériences bouleversantes qui s'ensuivent, au cours d'un monologue précis de près de cent minutes, le tout accompagné d'une bande-son des années 1950. Lorsqu'Annie est moquée et insultée au sein de la colonie, Bachfischer écrit le mot « pute » en lettres majuscules sur la paroi-miroir. Après cela, Annie se lance dans des aventures sans lendemain et souffre de troubles alimentaires, incapable, pendant de nombreuses années, de vraiment

FIGURE 16.4 *Erinnerung eines Mädchens*, Sarah Kohm, Schaubühne, 2022 © Gianmarco Bresadola

mesurer ce qu'elle a vécu. La comédienne ne laisse jamais retomber la tension qu'elle fait monter *crescendo* tout au long de sa performance et cela peut avoir de quoi fortement raviver des traumatismes chez certaines spectatrices[15].

Le parti pris ici est d'écrire un texte scénique collectif où Bachfischer intègre ses propres expériences de femme, les violences subies, pour faire le lien entre les générations, aborder la socialisation sexuelle actuelle des femmes et les discours féministes contemporains. Elle raconte des expériences liées à la loi de la masculinité sauvage, au désir, à l'autopunition. Elle décrit les doutes qu'Annie avait sur son apparence. Comment, elle aussi, a dû faire face à des jugements constants sur son physique (par exemple sur ses jambes). Elle évoque son métier d'actrice, notamment lorsqu'elle intègre en 2016 la troupe de la Schaubühne, où elle est régulièrement confrontée au sexisme. Tout au long du spectacle, elle fournit des exemples troublants qui s'intègrent parfaitement dans le texte, un texte écrit à trois voix, par la metteuse en scène, la dramaturge et la comédienne qui réussissent à créer une langue scénique qui fonctionne

15 Des avertissements concernant les descriptions explicites des troubles ont été publiés par le théâtre sur son site internet.

FIGURE 16.5 *Erinnerung eines Mädchens*, Sarah Kohm, Schaubühne, 2022 © Gianmarco Bresadola

comme une nouvelle épaisseur de celle d'Ernaux. Il n'y a pas collage et/ou montage mais bien hybridation, ce qui permet à ce texte de tendre vers une forme de tension littéraire, d'unité et donc d'universalité : quand Bachfischer monte sur scène, elle y entre également en tant que femme. Chacune des femmes dans le public a alors la possibilité de reconnaître quelque chose de sa propre expérience.

Vers la fin du spectacle, un chœur de femmes retentit en voix off. D'abord, celle, reconnaissable entre toutes, de la grande comédienne Ilse Ritter, puis d'autres voix de femmes – incarnant celles de Simone de Beauvoir et d'autres figures de la lutte féministe – se rejoignent, créant une mosaïque sonore d'émancipation féministe. Toujours seule en scène, Bachfischer est pourtant à présent accompagnée de présences spectrales dont on mesure l'intensité. De cette traversée littéraire et performative, de ce véritable combat qu'elle livre sur scène, elle sort victorieuse. La voilà en effet parvenue à confronter ses traumatismes, à en faire mémoire, une mémoire qu'elle parvient à transcender, et on se prend à rêver que cela soit le cas de toutes les femmes victimes de violences sexuelles et de genre.

3 Faire tomber ensemble le mur de la honte

La réception par le public a été suffisamment unanime pour que les deux théâtres allemands choisissent de faire entrer ces spectacles dans leur répertoire et de les jouer depuis, sans discontinuité[16]. Quelles sont donc les raisons qui justifient cet accueil de *Mémoire de fille* ? Comment l'assemblée théâtrale parvient-elle à se constituer autour d'un récit non-dramatique autobiographique et autoréflexif ? Chez Costa, les trois actrices au plateau – qu'il s'agisse du trio allemand ou français – ne sont ni les *alter ego* d'Ernaux, ni trois faces ou trois âges différents de l'autrice. On est même en droit de se demander si elles incarnent des personnages, avec ce sentiment qu'elles interviennent presque en leur propre nom sur le plateau. D'ailleurs, dans l'entretien reproduit dans le programme de salle, Costa explique qu'elle a organisé un *workshop* en amont du spectacle, invitant les trois comédiennes à un travail de mémoire intime pour retrouver la jeune fille de dix-huit ans qu'elles étaient – une recherche dont témoignent trois vitrines, à l'entrée de la salle du Vieux-Colombier, dans lesquelles le public découvre des objets personnels leur ayant appartenu.

La polyphonie permet certes de faire entendre les différentes strates du récit – les trois voix évoquées plus haut –, mais elle dépasse ce cadre : il y a un geste archéologique qui consiste à traquer la mémoire au travers d'une quête-enquête autour d'objets, de photographies, qui débordent de la seule sphère intime et tendent vers une forme d'universalité. Ernaux est cette femme d'aujourd'hui qui raconte, mais elle est aussi la femme qui écrit en 2016 et la fille de 58 ; Clotilde de Bayser, Anne Kessler et Coraly Zahonero portent ce *je* et ce *elle*, pour mieux les transcender en un *nous*.

Cette profondeur de l'écriture est sublimée par les jeux d'échos et de miroir que construisent la scénographie et la musique de la violoniste, compositrice et plasticienne, Ayumi Paul : *pizzicato*[17] et *tenuto*[18] au violon créent une épaisseur doublée par le chant des oiseaux du jardin d'Ernaux, le tic-tac de l'horloge, les bruits des gouttes d'eau… Le temps s'étire ou s'accélère, comme pour mieux nous faire emprunter les méandres de la mémoire qui d'individuelle se fait collective, car cette juste distance permet à tout un chacun de se souvenir à son tour.

Enfin, et peut-être surtout, l'utilisation conjointe des miroirs réfléchissants, de voix enregistrées (où la parole se détache du corps) et de sons réels ou musi-

16 À la Comédie-Française, les enjeux sont un peu différents puisqu'une des conditions d'entrée au répertoire est que la pièce soit jouée en Salle Richelieu.

17 Son sec et percutant atteint par le pincement des cordes.

18 Prolongation de la durée des notes par rapport à leur valeur écrite.

caux, permet de créer un double effet de distanciation et de fabrication du récit sous les yeux du public. Pour Costa, l'idée était « que les actrices soient créatrices du récit en même temps que de l'espace, en continu », que cela crée une « cérémonie de la mémoire, que l'on assiste à la naissance, fragmentaire, du souvenir » (Programme 11). De sorte qu'un tel dispositif offre la possibilité aux spectateur.rice.s de construire leur propre mémoire à partir de leur histoire, de leurs traumas.

En 2021, dans un entretien avec la romancière italienne Simonetta Greggio, Ernaux affirmait qu'elle était heureuse d'avoir écrit *Mémoire de fille* avant le mouvement #MeToo, c'est-à-dire sans pression, librement :

> [P]our moi la question était très exactement l'instant du consentement. J'interroge cet instant-là. Pour ma part, je consens à ce qui se passe cette nuit-là. Je consens à tout ce que cet homme me fait. Mais pourquoi ? Et qui était cette fille ?
>
> J'avais 70 ans quand j'ai écrit ce texte, et cette fille en avait 18. Je ne suis plus la même, je ne suis plus elle. L'époque n'est plus du tout la même non plus. Jamais à cette époque, ce qui s'est passé cette nuit-là n'aurait été appelé un viol. C'était la règle. Lui, il ne m'a posé aucune question, ça allait de soi (Greggio n.p.).

Pourtant, elle a très vite soutenu le mouvement #MeToo publiquement (Gesbert n.p. et Salamé n.p.), pleinement consciente de la nécessité de réaffirmer des positions fortes contre les violences sexistes et sexuelles et de l'urgence de faire en sorte que « la honte change de camp » – une formule, souvent entendue dans les luttes féministes, devenue aujourd'hui le symbole du combat de Gisèle Pelicot[19]. C'est sur ce mur de la honte – « la grande mémoire de la honte, plus minutieuse, plus intraitable que n'importe quelle autre. Cette mémoire qui est en somme le don spécial de la honte » (MF 19) – que Bachfischer inscrit en lettres capitales le mot « pute ». C'est ce mur-miroir que la performance vient percuter sans relâche jusqu'à le faire s'effondrer.

Pour Kohm, le potentiel théâtral du texte d'Ernaux réside à l'évidence dans l'enquête rétrospective *via* l'écriture, un geste qui nous invite collectivement à déconstruire notre propre socialisation sexuelle, à réévaluer nos expériences personnelles et à nous interroger sur le regard que l'on pose sur le corps d'une actrice (d'une femme) avec cette question en sous-texte : est-il possible de développer un langage – verbal, littéraire, scénique… – pour le désir féminin, qui puisse se déployer au-delà du regard masculin ?

---

19 Gisèle Pelicot a déclaré – au travers de la voix de son avocat Me Stéphane Babonneau – le 2 septembre 2024, à l'ouverture du procès de ce que l'on a nommé « l'affaire des viols de Mazan », qu'elle n'avait pas à avoir honte, « que la honte [devait] changer de camp ».

Dans une interview, la metteuse en scène raconte comment l'équipe artistique a assisté « à une projection du film *Brainwashed*, dans lequel la réalisatrice Nina Menkes analyse la manière dont nous avons internalisé le regard masculin sur les corps féminins à travers les codes du cinéma. Elisa Leroy, la dramaturge, y a vu l'image d'une pollution de notre cerveau pendant des années » (Eismann n.p.). Cette intuition rejoint l'essai féministe de Chloé Thibaud, *Désirer la violence. Ce(ux) que la pop culture nous apprend à aimer*, dans lequel elle analyse précisément, au moyen d'un large corpus, la manière dont la fiction cinématographique influence nos représentations de l'amour jusqu'à nous faire accepter l'inacceptable et intégrer la culture du viol, ce mot qu'Ernaux refusait encore d'utiliser en 2016 (MF 120). Comme l'a rappelé Anne Grand d'Esnon, c'est à la faveur du documentaire « Violé.es : une histoire de dominations » (2020, Allezard et Cassar n.p.) pour lequel Ernaux est interviewée, que l'autrice choisit de faire entrer le sens biographique et littéraire de son expérience de 58 dans le mot « viol ». De sorte que « cette trajectoire conjointe d'Annie Ernaux et de *Mémoire de fille* invite à penser le rôle de la réception dans les reprises de pouvoir face aux violences sexuelles, ainsi que l'historicité et la conflictualité des différents cadres interprétatifs disponibles associés au mot 'viol' » (Grand d'Esnon n.p.).

C'est ce geste interprétatif – qui fait de la réception, dans les pas de Hans-Georg Gadamer[20], un espace de production de sens – que prolongent les deux metteuses en scène, Costa et Kohm. Le processus de remémoration et de réflexion amorcé par l'écriture, qui favorise une forme de guérison, ne s'arrête jamais, ni pour l'autrice, ni pour les artistes qui choisissent de le prolonger en l'actualisant au plateau. C'est dans cette dynamique d'enrichissement par le frottement de cette expérience singulière avec d'autres, que se construit collectivement le sens d'une scène – celle de l'été 58 – qui transcende pleinement l'intimité d'Annie Duchesne pour faire écho aux violences sexuelles subies par les femmes de toutes générations, partout dans le monde.

Mettre en scène *Mémoire de fille* s'apparente donc ainsi à une course de relais dans laquelle il s'agit de témoigner et de transmettre le témoin, celui de l'expérience de la fille de 58, « le texte toujours manquant. Toujours remis. Le trou inqualifiable » (MF 17) qui résonne si fort dans notre contemporanéité et s'actualise dans chaque histoire de violence sexuelle, en particulier celles des femmes présentes lors de ces soirées théâtrales. La question posée en ouverture du spectacle, « Est-elle moi ? Suis-je elle ? », trouve sa réponse à la toute fin du

20 « La compréhension n'est pas une attitude uniquement reproductive, mais aussi et toujours une attitude productive » (136).

spectacle, « Elle est moi et je suis elle », mais pas uniquement au sens où l'écrit Ernaux (MF 86). Dans l'opération de mise en scène de ce texte qui est aussi une « mise au jour d'une vérité dominante que le récit de soi recherche pour assurer une continuité de l'être » (MF 125), l'identification se veut transmission, prise de conscience, sororité. Elle se veut aussi injonction en mode ternaire : injonction à écrire pour « transformer la honte » (AN 159), injonction à faire du théâtre le lieu d'un véritable commun, injonction à agir au sein de la société.

Ouvrages cités

Allezard, Clémence, et Séverine Cassar. « Violé.es : une histoire de dominations. » *La Série Documentaire*, France Culture, 7-10 décembre 2021 https://www.radiofrance.fr/franceculture/podcasts/serie-viole-es-une-histoire-de-dominations Dernier accès le 31/12/2024.

Biet, Christian. « Séance, performance, assemblée et représentation : les jeux de regards au théâtre (XVIIe-XXIe siècle). » *Littératures classiques*, vol. 82, no. 3, 2013, p. 79-97.

Blanchard, Sandrine. « Festival d'Avignon : le seul-en-scène en haut de l'affiche du 'off'. » *Le Monde*, 02/07/2024 https://www.lemonde.fr/culture/article/2024/07/02/au-festival-off-d-avignon-le-seul-en-scene-en-haut-de-l-affiche_6246154_3246.html Dernier accès le 30/12/2024.

Eismann, Sonja. « Die Lehrmeisterin. » *Missy Magazine*, 14/03/2022 https://missy-magazine.de/blog/2022/03/14/die-lehrmeisterin/ Dernier accès le 31/12/2024.

Éribon, Didier. *Retour à Reims*. Flammarion, 2018 (2009).

Éribon, Didier. *Rückkehr nach Reims*. Traduit par Thomas Haberkorn, Suhrkamp Verlag, 2016.

Ernaux, Annie, *Mémoire de fille*, Gallimard, Folio, 2020 (2016).

Ernaux, Annie. *L'Atelier noir*, Gallimard, L'Imaginaire, 2022 (2011).

Gadamer, Hans-Georg. *Vérité et méthode : les grandes lignes d'une herméneutique philosophique*. Traduit par Paul Ricœur, Le Seuil, 1976.

Gesbert, Olivia. « Entretien avec Annie Ernaux. » *La Grande Table*, France Culture, 27 juin 2018 https://www.radiofrance.fr/franceculture/podcasts/la-grande-table-2eme-partie/de-metoo-a-simone-veil-la-condition-feminine-selon-annie-ernaux-2188875 Dernier accès le 29/12/2024.

Grand d'Esnon, Anne. « 'Vous avez raison et maintenant *j'ai raison* de dire viol'. » *Revue critique de fixxion française contemporaine*, vol. 24, 2022 http://journals.openedition.org/fixxion/2085 Dernier accès le 31/12/2024.

Greggio, Simonetta. « Annie Ernaux : 'Je suis toujours révoltée'. » *Marie Claire*, no. 823, avril 2021 https://www.marieclaire.fr/annie-ernaux-interview-sexisme-feminisme-ivg-metoo-romans,1371731.asp Dernier accès le 31/12/2024.

Gubela, Leonie. « Übersetzerin von Annie Ernaux. Ihre Stimme auf Deutsch. » *Die Tageszeitung*, 10/12/2022 https://taz.de/Uebersetzerin-von-Annie-Ernaux/!5898612/ Dernier accès le 31/12/2024.

Jeanneteau, Daniel. « Le Plateau comme seuil. » *Agôn*, no. 5, 2012 http://journals.openedition.org/agon/2348 Dernier accès le 30/12/2024.

Nora, Pierre. « Entre mémoire et histoire. La problématique des lieux. » *Les Lieux de mémoire*, dirigé par Pierre Nora, Gallimard, 1984, pp. XVII-XLII.

Ruf, Éric. *Festival Singulis. Quatre seuls-en-scène*, Comédie-Française, 2017.

Salamé, Léa. « Entretien avec Annie Ernaux. », *L'invité de 7h50*, France Inter, 28 novembre 2019 https://www.radiofrance.fr/franceinter/podcasts/l-invite-de-7h50/annie-ernaux-le-mouvement-metoo-a-ete-pour-moi-comme-une-grande-lumiere-une-deflagration-3809629 Dernier accès le 31/12/2024.

Sarrazac, Jean-Pierre. *La Parabole ou l'enfance du théâtre*. Circé, 2002.

Teulade, Anne, Audrey Giboux, Gaëlle Debeaux, et Charline Pluvinet. *Vertus mnémoniques du théâtre*, no. 14, 2023 http://www.crlc.paris-sorbonne.fr/FR/Page_revue_num.php?P1=14 Dernier accès le 31/12/2024.

Thibaud, Chloé. *Désirer la violence. Ce(ux) que la pop culture nous apprend à aimer*. Hachette, 2024.

17

From *A Girl's Story* to *Memoria di ragazza*: the Auto-Socio-Biographical Three-Dimensionality of Annie Ernaux in Italian Theaters

Sara Durantini

Abstract This essay explores the theatrical adaptation of *A girl's story* by Daria Deflorian, Monica Demuru, and Monica Piseddu. It contextualizes the adaptation within the contemporary Italian feminism, emphasizing how it broadened the scope of Ernaux's narrative, encouraged dialogue on women's current condition, the being and becoming a woman, the social constraints on the female body, and the power of words to enforce submission or, conversely, lead to knowledge and reclaiming one's own history.

Keywords feminist literature – memory – Daria Deflorian – theatrical adaptation – gender equality – transmediality – social transformation – Italian theater

Memory as the silent compass of existence. To recount the intimate and personal experience of the summer of '58, the experience that would later shape *A Girl's Story*, Annie Ernaux engages in a process of writing and remembering, a work of excavation that, much like the efforts of an archaeologist and with the same rigor as an ethnologist, reconstructs individual experience and transforms it into a universal narrative. Memory turns into words, transferring onto the blank, untouched page, a writing project capable of making her relive those events beyond the confines of time. Scattered fragments resurface, disjointed yet persistent, slowly finding their place in the larger picture of her past. And from above, soaring into flight, Annie Ernaux looks at the girl she was in '58 and gives a name to what happened to her. After all, she reminds us that what matters is not what happens, but what one does with what happens (GS 224). This way of driving the knife deep into the exploration of reality, of both the intimate and the social through memory, led me to reflect, from my very first reading of *A Girl's Story*, on Ernaux's use of the personal pronoun *I*: her own lived experience narrated through a historical and social lens and integrated into a collective discourse. Annie Ernaux's words become testimony, a living document of her harrowing experience in the summer of 1958. The testimony is made even more vivid by *ekphrastic* insertions: narrated but never shown photographs that retrace her story before and after that sum-

© 2026 KONINKLIJKE BRILL BV, LEIDEN | HTTPS://DOI.ORG/10.1163/9789004760219-019

mer. Through this photographic-narrative interweaving, the thread of memory unfolds, and we, as readers, alongside and guided by Ernaux herself, witness everything contained within a single narrated image. How much reality and how much memory can those photographs hold? If no photograph can truly convey the passage of time but only fix a single moment (UP 135, 136), in *A Girl's Story*, this notion becomes so true that it permeates the entire text. Over time, through multiple readings and re-readings of *A Girl's Story*, I have reflected on the structure that underpins it: from these pages, an auto-socio-biographical three-dimensionality emerges. This three-dimensionality arises from the intertwining of three fundamental elements: the authorial voice that narrates, the memory of the girl from '58 evoked through the photographs, and the social reality that serves as the backdrop to her story. These three elements, interwoven and layered, create a complex dynamic, a communion that asserts itself on the narrative stage.

I have experienced firsthand the power of *A Girl's Story*, not only as a literary work but also on a social and political level. Published in Italy in the early months of 2017, just before the #MeToo movement, this story arrived in my country at a time when the need to rethink emotional and affective education had not yet fully emerged. It opened a space for reflection on the female body and voice, on breaking the patriarchal legacy that legitimizes abuse of power and control over women. Ernaux's writing has illuminated women's lived experiences, often relegated to the realm of the "unspoken," breaking the barrier of silence with words that expose themselves, make themselves vulnerable, and transform individual shame into collective redemption. In *A Girl's Story*, the author not only addresses sexual consent, eating disorders, violence, and humiliation but also raises crucial questions: why must what happens to women remain unspoken? why is the female body still a battlefield, an object of domination?

Ernaux's words in *A Girl's Story* have been and continue to be tools of resistance, intertwining issues of gender and class. From the outset, the book became a moment of dialogue, debate, encounter, and awareness for many Italian readers, spreading beyond traditional boundaries and reaching festivals, theaters, public squares, and cultural venues. The crossmedial power and narrative force of *A Girl's Story* became particularly evident with its theatrical adaptation by the artistic trio Daria Deflorian, Monica Demuru, and Monica Piseddu. Through their voices and bodies, the story was reinvented, multiplied, and transformed into a living space for reflection on femininity, trauma, and the power of words. On stage, *A Girl's Story* echoed the struggle for self-determination and freedom in a country that still struggles to confront crucial issues such as the recognition of consent, as demonstrated by its not opposing the removal of the European directive's article against gender-based violence that defines rape as a non-consensual act.[1]

In the context of this deeply personal reflection, my intent is to explore the journey that led *A Girl's Story* to become a theatrical performance in Italy, analyzing how the auto-socio-biographical, three-dimensionality of Ernaux's writing translates to the stage and how this transition remains relevant in the current cultural debate. This adaptation contributes to rethinking the power dynamics that still regulate women's bodies and voices in Italy today.

1 The Girl of '58: Three-Dimensionality of Experience between Memory, Body, and Identity

A year before Ernaux's Nobel Prize in Literature, a year before the Italian translation of *Le Jeune homme*, a year before the world heard Annie Ernaux proclaim "I will write to avenge my people,"[2] I found myself in the presence of the woman who wrote history, the woman who, in my eyes, was and will continue to be History.[3] Sitting in the living room of her home, I listened to Annie Ernaux recount her transformation into "someone who experiences things as if they will one day be written" (GS 222), a being shaped by the intersectionality of social experiences and historical-cultural constructs, as they interact with the surrounding reality. I listened to Annie Ernaux narrate her journey toward writing, beginning in the summer of 1958 with an experience that would forever shape how she perceived herself in the world, first as a woman and later as a writer. The recounting of those events, along with what followed, delves into personal memory, which she molds using transpersonal mnemonic material to deconstruct and evoke the girl of '58, a process that brings to light the humiliated memory of class and gender. She herself will transform that human, personal material, inherited from the girl of '58, into traces from which to launch an in-depth exploration, reviving what we might define as her way of being and existing in the world.

This story, from the first time I read it, resonated within me, vibrated through my body, my flesh, a story addressed to women like me, women who were striv-

1 https://eur-lex.europa.eu/legal-content/EN/TXT/?uri=celex:52022PC0105 Last access 02/22/2022. This has sparked a heated debate that involves a legal and social culture that too often continues to downplay sexual violence, placing the burden of proof on victims rather than perpetrators.

2 https://www.nobelprize.org/prizes/literature/2022/ernaux/lecture/ Last access 12/24/2024.

3 See my book, *Annie Ernaux. Ritratto di una vita.*

ing, and are still striving, to recover the feminist capacity for action that fuels ongoing social transformations. In *A Girl's Story*, Annie Ernaux uses the written page as a space where the feminine language expresses itself at its fullest power. This work transcends simple autobiography, as it gives voice to what has happened to many other women, both young and old, bringing to light experiences that have long been shrouded in silence and repression. By confronting complex themes such as sexual consent, shame, trauma, and the discovery of oneself and one's body, Ernaux manages to put into words experiences that, due to their emotional intensity and cultural taboos, often escape traditional narratives. In the process of reintroducing these experiences to the world, Annie Ernaux seems to fulfill what Hélène Cixous theorized years earlier in *Le Rire de la Méduse* about the awareness of female subjectivity: entering the world and history through writing and acquiring and constructing one's subjectivity based on deeply personal and singular values.

Reflecting on Ernaux's deployment of autobiographical writing, both a tool of resistance and an affirmation of gender identity, the author's voice reaches me, clear and crystalline: "Avant d'écrire, pour moi, il n'y a rien, qu'une matière informe, souvenirs, visions, sentiments, etc. Tout l'enjeu consiste à trouver les mots et les phrases les plus justes, qui feront exister les choses, 'voir', en oubliant les mots, à être dans ce que je sens être une écriture du réel" (ECC 35). In *A Girl's Story*, things exist, and reality emerges through an excavation of material memory, a process revealing how writing is both personal and collective, a conscious and political act, granting words the power to question, denounce, and transform. Writing becomes the space where these fragments are recalled and then recomposed—not as a mere reconstruction of events, but as an act of re-signification. The past is not a static archive but a living matter that, through words, transforms into awareness and action. In this act of evocation and recomposition, Ernaux's gaze takes on an analytical dimension, a phenomenological exploration of reality, traversed at its core by a profoundly ethnological form of writing (AN 101), a way of seeing the world as if she were an archivist, playing a fundamental role in cataloging reality, especially when it is defined through photographic elements. The photographs in *A Girl's Story* are not shown but narrated. They blend the past with the sensations of the moment when they were taken and with the detachment of the present, when they are observed from a distance. This interweaving of words, images, and memory makes writing a tool capable of reaching an emotional depth that goes beyond the silence of photography. The *ekphrastic* descriptions mark the point where new meanings emerge: each narrated photograph poses an essential question to the reader: what is memory, if not a continuous reinterpretation of the past, an image that changes every time we look at it? Thus, the described photographs become symbols of the tension between what was captured and what remains elusive, between the visible and the invisible, inviting reflection on the three-dimensionality of the auto-socio-biographical language that pervades the story. Indeed, the narration unfolds through a layering of perspectives that emerge and overlap, creating depth and density.

The *ekphrastic* inserts assume a fundamental structural function: they are not mere visual references but openings through which the past infiltrates the present of the narration, establishing a dialogue with the authorial voice and the sociocultural context of the time. The three-dimensionality of the text takes shape at this intersection, structured around three main axes: the narrating voice that evokes the past, the memory of the girl from '58 imprinted in the photographs, and the social reality that frames her experience. In this interplay of reflections and references, the complexity of the relationship between memory and truth emerges. Through her authorial voice, Ernaux does not merely revisit her past but scrutinizes it with an analytical, almost surgical gaze, deconstructing and reconstructing lived experience. Her narrative splits in two: on one side, the adult woman who writes; on the other, the girl from '58 resurfacing in memory. This fracture generates a constant tension between the time of writing and that of lived experience, producing a temporal stratification that makes the narration dense with emotional and intellectual overlaps. The narrating voice, in this precarious balance between past and present, becomes a bridge, a medium of an inner dialogue that never ceases to question its own existence. The historical and sociological dimension elevates the narration to a form of auto-socio-biographical, the fixed image that turns into words, a mnemonic device through which Ernaux deciphers her past. Photographic *ekphrasis* serves as a tool of confrontation and friction: what the photo captures and what memory retains do not always coincide, creating a rupture between image and lived experience. It is within this gap that the girl from '58 is situated, suspended between the concreteness of the snapshot and the mutability of recollection, simultaneously a real subject and an object of evocation.

2 The Struggle for Women's Voices: Annie Ernaux, Consent, and the Persistence of Patriarchy in Italy

Arriving in Italy on the eve of the #MeToo movement, *A Girl's Story* sparked a profound and lucid reflection on the female body and voice, challenging a patriarchal culture that legitimizes the abuse of power on and the control of women. Ernaux's writing has illuminated the experiences of many women, long relegated to silence. The themes addressed in Ernaux's work remain as urgent as ever, particularly in Italy where gender-based violence and patriarchal structures continue to shape both cultural and institutional frameworks. In my country, the fight for women's rights is far from over. It is a long and uphill journey made even more complex by recent political developments, particularly regarding the European directive on violence against women and the repeal of Article 5, which defined rape as non-consensual intercourse, along with provisions on workplace harassment and online violence.

On March 8, 2022, on International Women's Day, European Commissioner Helena Dalli introduced a directive to combat violence against women, emphasizing victim protection and prevention and defining rape as a crime in the absence of consent, including for minors. On February 6, 2024, the EU Council approved a final version that removed Article 5 and training for law enforcement. Italy did not take a clear and determined stance; it did not fight to ensure that consent remain a fundamental pillar in the legal definition of rape. Even the Prime Minister, Giorgia Meloni (in office since October 2022) "did not say a word" (Facchini n.p.),[4] a deafening silence in a country that, until 1981, allowed the practice of "matrimonio riparatore"—a law that permitted rapists to evade punishment by marrying their victim. In a country that recognized rape as a crime against the person only in 1996, after it had long been considered an offense against public morality. In a country where patriarchy, as a socio-symbolic system rooted in culture and institutions, is taking on new and dangerous forms. Journalist Ida Dominijanni emphasized this in *Voxeurop*, an independent online newspaper, speaking of a "wounded post-patriarchy," a structure that reacts violently to the freedoms won by women: "We are facing a patriarchy wounded by the freedom gained by women, which, as a result, reacts to this freedom in a brutal way" (Barca n.p., translation mine). Male dominance in Italy is not just about control over bodies but also the colonization of minds, as journalist, essayist, and feminist activist Lea Melandri has repeatedly denounced. To this day, the situation in Italy regarding sentimental and emotional education, as well as sexual consent, remains inadequate. In early February 2025, Laura Boldrini, a member of the Italian Parliament, presented a bill to explicitly introduce the concept of consent into the penal code. A necessary step forward, highlighting the shameful process that, even today, Italian girls and women are forced to undergo after reporting violence and rape. But the issue is not only legal; it is also, and above all, cultural.

---

4 Valigia Blu, "La nuova direttiva europea sullo stupro e il nodo del consenso," by Alice Facchini, February 6, 2024, in Valigia Blu. Available at: https://www.valigiablu.it/direttiva-unione-europea-stupro-consenso/ Last access 30/09/2025.

3 *Memoria di ragazza*: Lack of Consent Brought to the Stage by Daria Deflorian, Monica Demuru and Monica Piseddu

In this literary, social, and political context, which is increasingly attentive to gender-based violence and the need to reconsider the past with new critical tools, *Memoria di ragazza* has persisted in reaching an ever-increasing readership throughout Italy. Its far-reaching power became evident from the very first weeks following its Italian release in May 2017, in the public debate at the Turin International Book Fair, where radio host Daria Bignardi engaged hundreds of young women. The following year, a reading organized by actress Sonia Bergamasco at the Sanzio Theater in Urbino further amplified its reach. Similarly, during the International Women's Rights Day, a reading of the book was among the initiatives held in the Tuscany region. Podcasts and radio stations have also embraced the power of Ernaux's story. I recall with interest the episode dedicated to *Memoria di ragazza* in the podcast *Voci in attesa*, launched in 2020 as part of the integrated project *Donne, genere, generazioni: il lavoro, i diritti e i linguaggi*, coordinated by the Antonio Gramsci Piedmont Institute Foundation, the Vera Nocentini Foundation, and the Gaetano Salvemini Institute of Historical Studies, in collaboration with Torino Città del Cinema. Equally noteworthy was the moment dedicated to *Memoria di ragazza* during the live event at Palazzo Farnese in Rome for the launch of the Rai Radio3 program *Cose che succedono la notte*, featuring readings by actress Lucia Mascino and actor Francesco Villano, accompanied by live soundscapes created by Ghighi Di Paola.

Among the most intense and significant experiences I have had in the cross-medial path of *Memoria di ragazza* in Italy, the work of the artistic trio composed of Daria Deflorian, Monica Demuru, and Monica Piseddu was, without a doubt, the one that struck me the most. Their interpretation proved to be particularly interesting and noteworthy, not only for its artistic quality but also for the depth with which they managed to negotiate the formal literary and the intimate language of Annie Ernaux. It was not merely a theatrical transposition but a true process of immersion, capable of conveying, on stage, the inexhaustible energy of a text that, in live performance, found new possibilities of expression and meaning.

Actress, author, and theater director Daria Deflorian is one of the most intriguing voices on Italy's contemporary scene. Her extensive artistic career spans collaborations with theater companies and enduring creative partnerships.[5] In early spring 2014, as she prepared to leave for France for an intense

5 Most notably with performer Antonio Tagliarini. Together, they have developed numerous

FIGURE 17.1 From the left: Monica Demuru, Monica Piseddu, Daria Deflorian. Photo by Tiziano Pandocchi, Milan, *Da vicino nessuno è normale* festival, 2018

schedule of theatrical commitments, she came across writer, essayist, and literary critic Franco Cordelli's review of the Italian translation of *La Place*, published in *Il Corriere della Sera*. Deflorian was deeply struck by Cordelli's review, which also mentioned another book not yet translated into Italian, *Les Années* (personal communication, November 2024).[6] Regarding her encounter with Annie Ernaux's writing, which ultimately led her to adapt *A Girl's Story*, she stated: "In that article, as I said, Cordelli described *The Years* as a fundamental masterpiece of contemporary literature. I was so intrigued that I immediately bought *A Man's Place*. I read it in no time, captivated by this way of narrating her father" (personal communication, November 2024). The following weeks were very hectic for Deflorian as she prepared for her move to Paris. Some of her works were to be presented at the Théâtre de la Colline, where she would also work as an actress under the direction of Stéphane Braunschweig. "At the time, I didn't know the language, I had never studied it, but it was during the solitude of that rather bleak Parisian life that I began to read and learn French,

innovative theatrical projects, including standout works such as *Rewind* (2008), a homage to *Café Müller* by Pina Bausch, *Reality* (2012) and *We're leaving so as not to cause you any more worries* (2013), which won the Ubu Prize for Best Dramaturgical Innovation the following year.

6 All Deflorian quotes below come from this phone interview and are my translation.

buying Ernaux's books" (personal communication, November 2024). In Paris, in fact, Deflorian had access to all of Annie Ernaux's books and found them with much greater ease than in Italy. She started reading Ernaux in French, not without difficulty, but her "passion for her writing, which grew page by page, managed to overcome every linguistic barrier." (personal communication, November 2024).

In the first weeks of Deflorian's stay in Paris and during her period of learning French by reading Ernaux's books, her relationships with nationally and internationally recognized actress, singer, and writer Monica Demuru and award winning theater and film actress Monica Piseddu intensified. The professional relationship of the artistic trio Deflorian, Demuru, and Piseddu is shaped by a shared sensitivity. Over the course of 2014, Ernaux's books brought the three actresses even closer together, as they began exchanging them and discussing the same texts.

While working and regularly attending the Théâtre de la Colline, Deflorian wrote Ernaux a letter, in which she described the wonder and engagement evoked by an autobiographical writing style devoid of any narcissistic self-indulgence. And one afternoon, Annie Ernaux walked into the Théâtre de la Colline during the performance *Reality*, dedicated to the poet Janina Turek. "For me, it was like seeing Dostoevsky walk in," Deflorian confessed to me over the phone. "A literary figure. I have a very vivid memory of her presence in the audience." After the show, they stopped at the theater bar to talk. It was an intense encounter, which in the following months developed into a rich epistolary correspondence. Deflorian, together with Piseddu and Demuru, began to reflect on the possibility of creating a theatrical work inspired by Ernaux's texts. Deflorian shared the idea with the author, who suggested several essential readings, including Albert Camus, Pierre Bourdieu, and Marguerite Duras, to help them develop a complex and layered reflection on the relationship between narrative, theater, and identity. The desire for collaboration among the three artists intensified in 2016 when they began reading the French edition of *A Girl's Story*. The encounter with it was so powerful and engaging for Deflorian, almost as if it were a deeply personal experience, that it became essential to prioritize the voice and the strength of the words, without getting lost in the pursuit of an overly elaborate form. With this intention, the trio's work progressed swiftly: Deflorian approached the dramaturgy in an essential way, focusing on significant details and making deliberate choices to convey the intensity of Ernaux's words. There was no need to construct a theatrical apparatus around the story of *Memoria di ragazza*, so she offered Piseddu and Demuru to present it as a staged reading, enriched here and there with musical pieces, such as "Histoire d'un amour" by Dalida. Songs served as a common thread, intertwining the narrative with an additional layer of meaning. Their approach was essential: the only support came from the selected dramaturgical excerpts, while the rest relied solely on their bodies on stage. In addition to working on the dramaturgy, Deflorian also took on the role of an actress, standing alongside Piseddu and Demuru. While Piseddu embodied the intimate and concrete experience of meeting the boy, recalling the first night with him, Demuru represented everything else, the world that moves around the story, a dimension more linked to music and sound, capable of enriching the entire scene.

With each theatrical performance of *Memoria di ragazza*, the performance took on a dry, even tragic tone. The stage is empty, except for the lecterns and the presence of the three actresses. This emptiness is an aspect not to be underestimated if we consider the fundamental role that space has always played in the theatrical performances of Deflorian, Piseddu, and Demuru. It is significant that there is nothing on stage except for the story itself, told through the words of Annie Ernaux: the audience's attention can only focus on those words and the unfolding narrative. The interpretation of excerpts from the book, their reading, a few gestures of the hands while the body remains standing, motionless, and the eyes occasionally shift from the lectern to the audience, all of this gives the impression of witnessing a kind of inner dialogue that the actresses bring to the stage, a dialogue that Annie Ernaux carries on with herself in an attempt to stay connected with the surrounding reality during the process of mnemonic elaboration. The reading is then interspersed with the lightness of music. Readings and music alternate in an emotional crescendo that leads the audience to perceive the drama of the events. Meanwhile, the actresses remain on stage, still, immobile. The only movements occur through their hands and the gaze that meets the audience, who imagine the pain of this story.

Deflorian, together with Piseddu and Demuru, recreates on stage the three-dimensional complexity of the auto-socio-biographical language that unfolds in the book. Following the dramaturgical principle of exploring the immersions and emergences of memory, also through the selection of specific passages to bring to the stage (in this sense, deciding what to remember and how to remember it), the direct reading, performed in front of the audience, creates a deeply emotional connection. The book is not just a fundamental object; it becomes an intermediary in its own right.

The stage presence of Deflorian, Piseddu, and Demuru contributes significantly to reconstructing the story narrated in *A Girl's Story*. While maintaining their individual identities, the actresses, through their readings on stage and the inclusion of resonant musical pieces, create an *other* space: an undefined place that evokes the summer camp, the dance, H's room, the encounter with the boy, the pain, the distance, and then London and the friend. This space

FIGURE 17.2 From the left: Monica Demuru, Monica Piseddu, Daria Deflorian, *Venti d'estate* Festival, 2017

becomes the theater of a metamorphosis, both that of the girl of 1958 and that of the writer who, more than fifty years later, recalls and writes about those events. In this context, memory emerges in fragments, like a mosaic reassembling itself.

Just as Annie Ernaux distances herself from the events she narrates, stepping away from the scene to position herself among the readers, observing and analyzing the memory-image as though it were foreign to her, and transforming reality through new forms of *ekphrasis*, so too does the artistic trio bring to the stage a work that is both archaeological and creative. The archaeological approach refers to the meticulous search within the text of *A Girl's Story*, an investigation that brings to light words, phrases, rhythms, and linguistic constructions that best express Ernaux's fragmented and analytical memory. Just as an archaeologist uncovers artifacts and reassembles them to reconstruct an image of the past, the three artists delve into the author's writing to identify its essential elements and structure their stage adaptation. Alongside this archaeological approach, there is a creative dimension concerning the way this material is then reinterpreted and brought to life on stage. In this process of transposition and transformation, the three actresses themselves become the girl of '58, the one of 1959, the one of 1960. In other years, in other beds, in other vicissitudes of life: "we have been that girl. With different songs, with different books, with a different best friend," but "[W]e remembered it, we relived it."[7]

The work of Deflorian, Piseddu, and Demuru has the merit of amplifying the narrative power of *A Girl's Story* and the lesson inherent therein: "what matters is not so much what happens but what one chooses to do with what happens" (GS 224–225), an amplification that the audience has embraced with great enthusiasm. As evidence of the audience's deep engagement and the growing need to address these themes, one only must consider the numerous requests the actresses have received to take the performance on tour across Italy. To name just a few, they have been invited to participate in *Inquiete—Festival delle Scrittrici*, at the historic Arena del Sole theater in Bologna, at *La Notte dei Poeti Festival* in Pula, Sardinia, at the Teatro Zeppilli in Cento, and at the Casa Internazionale delle Donne in Rome for the *Venti d'estate festival*.

The Italian stage adaptation of *A Girl's Story*, created by Deflorian, Piseddu, and Demuru, reminds us of the transformative power of Annie Ernaux's writing: not only as a means through which female subjectivity takes shape and asserts itself, but also as a battleground where shame and pain become forces of change. Writing, then, is not just about remembering, it is about opening spaces of struggle, subverting dominant narratives, and rewriting the past to shape the present and the future.

Works Cited

Barca, Francesca. "Lea Melandri: 'L'amore ha fatto da velo alla violenza domestica.'" *Voxeurop*, 4 marzo 2024 www.voxeurop.eu/it/lea-melandri-amore-violenza-domestica/ Last access 02/10/2024.

Cixous, Hélène. *Le Rire de la Méduse*. Editions Galilée, 2010.

Cordelli, Franco. "La gloria postuma di un padre anonimo." *La Repubblica*, 2014, p. 13.

Deflorian, Daria, and Antonio Tagliarini. "Il cielo non è un fondale a Prato / Noi e Annie (Ernaux)." *Doppiozero*, 9 Feb. 2017 https://www.doppiozero.com/noi-e-annie-ernaux Last access 11/21/2024.

Durantini, Sara. *Annie Ernaux. Ritratto di una vita*. deiMerangoli editrice, 2022.

7 Deflorian, Daria, et al. *Memoria di ragazza*. Deflorian/Tagliarini, 2017, https://www.deflориantagliarini.eu/memoria-di-ragazza-2017/ Last accessed 02/11/2025, translation mine.

Ernaux, Annie. *Il ragazzo*. Translated by Lorenzo Flabbi. L'orma editore, 2022.
Ernaux, Annie. *L'Atelier noir*. Édition augmentée, Gallimard, 2022.
Ernaux, Annie. *Memoria di ragazza*. Translated by Lorenzo Flabbi. L'orma editore, 2017.
Ernaux, Annie. *Gli anni*. Translated by Lorenzo Flabbi. L'orma editore, 2015.
Ernaux, Annie, et Frédéric-Yves Jeannet. *L'Écriture comme un couteau*. Stock, 2003.
Facchini, Alice. "Stupro e consenso: il fallimento europeo sulla direttiva contro la violenza di genere." *Valigia Blu*, 6 Feb. 2022 https://www.valigiablu.it/direttiva-unione-europea-stupro-consenso/ Last access 11/18/2024.

Index

www.ingramcontent.com/pod-product-compliance
Ingram Content Group UK Ltd.
Pitfield, Milton Keynes, MK11 3LW, UK
UKHW022219051026
15624UKWH00001B/241